PREMIÈRE PARTIE. — Principes de la *Philosophie absolue.* — Mort sociale. — L'hélice du Progrès. — Commune, République et Monarchie.

DEUXIÈME PARTIE. — *L'Athéisme scientifique scientifiquement réfuté.* — Positivisme. — Influence de la nature sur le monde moral. — Entretiens d'Ariste et d'Éleuthère. — Projet de loi sur les cultes.

PARIS

CH. DELAGRAVE ET Cie, LIBRAIRES-ÉDITEURS

58, RUE DES ÉCOLES, 58

1874

LA
DÉFENSE DU PAYS

PAR

HENRY MONTUCCI

PARIS

CH. DELAGRAVE ET Cᵉ, LIBRAIRES-EDITEURS

68, RUE DES ÉCOLES.

1871

OUVRAGES DU MÊME AUTEUR:

De l'Enseignement secondaire en Angleterre et en Écosse, rapport adressé au Ministre de l'Instruction publique par MM. Demogeot et Montucci. Paris, chez Hachette, 1868. Un vol. gr. in-8. Prix : *. . . . . 12 fr.

De l'Enseignement supérieur en Angleterre et en Écosse, rapport adressé au Ministre de l'Instruction publique par MM. Demogeot et Montucci. Paris, chez Hachette, 1870. Un vol. gr. in-8. Prix : . . . . _2. fr.

Résolution numérique complète des Équations du cinquième degré, *et Abaissement des équations trinomes de tous les degrés.* Paris, chez Delagrave et Cᵉ, 1869. Brochure gr. in-8. Prix : 1 50

---

* Les Conférences de M. Montucci sur la Philosophie absolue, ou *Identité des lois physiques et des lois sociales*, se publient, depuis le mois de juillet 1870, dans la Revue populaire de Paris, paraissant tous les mois en livraisons de 64 pages. Prix : 6 fr. par an à Paris, 7 fr. dans les départements.—Direction : Mlle Louise Bader et Dr Bader. Administration, 48, rue Saint-Dominique.

Voir un Post-scriptum à la 3ᵉ page de la couverture.

Paris. — Imprimerie Jules Bonaventure, 55, quai des Augustins.

PRÉFACE

Depuis le commencement de la lutte néfaste qui vient de répandre le deuil sur la France, j'en ai suivi les phases, comme, hélas ! tous mes concitoyens, avec une douloureuse attention, aiguisée plus particulièrement chez moi par un but spécial, celui de puiser dans cette guerre de nouvelles preuves à l'appui de certains principes développés par moi, l'année dernière, dans une série de conférences publiques, sur ce que j'appelle la PHILOSOPHIE ABSOLUE.

Cette philosophie, diamétralement opposée à celle qui, sans y avoir le moindre titre, a usurpé le nom de *positive*, a pour but de démontrer L'IDENTITÉ DES LOIS PHYSIQUES ET DES LOIS SOCIALES (1).

Le développement de ce principe fondamental conduit directement à l'anéantissement de l'école dite *humanitaire*, qui, par ses doctrines énervantes, a grandement contribué à notre affaiblissement militaire autant que moral.

Pour donner au lecteur la celf de la filiation d'idées par laquelle j'arrive aux jugements que je passe sur les hommes et les choses, je vais ici esquisser, en peu de lignes, les données que me fournit ma philosophie pour traiter mon sujet actuel, la DÉFENSE DU PAYS. Les voici :

1° De même que le monde physique, la société humaine est une œuvre de la NATURE ;

2° Ce que nous appelons *nature* n'est qu'une combinaison de deux éléments inséparables : FORCE et MATIÈRE ;

3° Les lois qui régissent la société ne diffèrent de celles que l'on voit à l'œuvre, en physique et en chimie, que par la forme ; sous tout autre rapport, ces deux ordres de lois sont identiques ;

4° La société humaine, en admettant provisoirement qu'il n'y en ait qu'une seule, a eu un commencement ; donc elle aura une fin. Le progrès indéfini, si l'on entend par là le bien-être toujours croissant, est une chimère ;

5° La nature ne peut créer sans détruire, ni détruire sans créer. C'est dans ce double but qu'elle nous a donné des *passions* et des *illusions*, qui sont les ressorts sans lesquels il n'y aurait pas de société possible ;

6° Or, la guerre n'est que la résultante de certaines de nos passions et de nos illusions ; la nature s'en sert pour nous détruire, comme elle se sert de la paix pour nous multiplier ;

(1) Voir la *Revue populaire de Paris*, depuis la livraison de juillet 1870.

7° La guerre est donc une évolution régulière d'une loi fondamentale de la nature, et dès-lors, non-seulement inévitable, mais util et nécessaire à l'ensemble du corps social, bien que localement désastreuse. Et chaque région l'a eue et l'aura à son tour.

Tel est un aperçu fort incomplet de ma PHILOSOPHIE ABSOLUE, qui ne raisonne que d'après les *faits*.

Or, en tâchant d'appliquer ces données aux événements qui se déroulaient devant moi, j'ai été frappé de l'absence d'une condition que, dans toutes les luttes qu'elle provoque, la nature aime à favoriser : *l'alternative*. Cette succession non interrompue de désastres se succédant l'un après l'autre, est contraire autant à la marche ordinaire des choses qu'à la doctrine mathématique des probabilités.

C'était là un phénomène aussi curieux pour moi que pouvait l'être pour Galvani le mouvement convulsif de sa grenouille ; et, après avoir vainement cherché à l'expliquer par un dessous des cartes qui nous serait resté caché, je me suis pris à examiner d'un peu plus près notre machine gouvernementale, les principes qui nous ont guidés jusqu'ici en politique comme dans l'art militaire, dans la jurisprudence et dans l'instruction publique, les théories qui ont trouvé des partisans parmi nous, et diverses autres choses d'un intérêt général ; et j'ai dû reconnaître, à mon grand étonnement, que la nation qui a joui jusqu'ici de la réputation militaire la mieux établie n'est pas, par ses institutions, outillée pour la guerre.

Dès lors, la *Défense du Pays* embrasse tout ; il n'y a pas un seul élément de la machine gouvernementale qui puisse en être exclu. Mais comme je n'ai pas la prétention d'être un homme universel, je ne m'occuperai que des choses que je crois à ma portée ; j'écarterai, entre autres, les questions relatives aux perfectionnements de l'artillerie, pour lesquelles je renvoie le lecteur aux excellents articles de M. Henri de Parville, qu'il reproduira sans doute dans ses intéressantes *Causeries scientifiques* (1).

Certaines parties de l'art militaire ne me sont pas toutefois absolument étrangères, et j'en traiterai dans la seconde section de cet ouvrage, si le public lui accorde quelque faveur. La première section sera exclusivement consacrée aux questions d'organisation intérieure pour la défense du pays : c'est dans ce sens que je l'appelle *Section administrative*.

Je donne maintenant la parole à mon livre, en priant le public de le lire avec autant de réflexion que j'en ai apporté à sa rédaction, moins pour adopter mes idées, qui peuvent laisser beaucoup à désirer, que pour en faire jaillir d'autres meilleures : car il s'agit ici de l'existence même de la France comme nation.

L'AUTEUR.

Paris, le 2 mars 1871.

(1) Publiées par J. Rothschild.

LA

DÉFENSE DU PAYS

<hr>

SECTION ADMINISTRATIVE.

<hr>

CHAPITRE PREMIER

Nos illusions font notre faiblesse.

Le moment me paraît venu de rechercher, indépendamment de toute complication politique et des erreurs
commises, les causes de la paralysie dont semblait atteinte
la France lors du désastre de Sedan.

Le luxe du second Empire, l'imprévoyance du Gouvernement, deux circonstances auxquelles on aime à
attribuer nos malheurs, ne furent pourtant que des causes
bien secondaires, car elles n'étaient que les conséquences
d'un mal qui avait jeté parmi nous de profondes racines,
et dont peut-être nous ne sommes pas encore guéris à
l'heure qu'il est.

La paix est sans doute un immense bienfait, mais
elle a le grand inconvénient inévitable d'énerver une nation, par la même raison que les muscles, laissés longtemps en repos, finissent par se relâcher.

Les cinquante-cinq années qui se sont écoulées sans invasion sont donc bien pour quelque chose dans nos revers de 1870, mais il existe une autre cause infiniment plus puissante.

La PHILOSOPHIE ABSOLUE compte parmi les ressorts de l'activité humaine les *illusions* bonnes ou mauvaises. Or les nations ne sont que de grands individus : elles ont leurs illusions, qu'elles propagent de génération en génération, et auxquelles elles se cramponnent avec une ténacité désespérante.

Eh bien, la France a les siennes, dues en partie à des prédications insensées, et en partie à notre prestige militaire gagné sur des champs de bataille dont l'Europe se souvient encore en frissonnant. Je vais en indiquer quelques-unes.

Première illusion : « Tous les peuples sont frères ; dès lors il n'y a plus de guerres possibles ; débarrassons-nous donc des armées permanentes et faisons des économies. »

Cette illusion, soit dit en passant, est encore tellement enracinée, qu'on a écrit sur ce thème de gros volumes qu'on lit sérieusement : on y a même bâti dessus des systèmes de philosophie. Lorsque l'ouragan de 1848 sévit en suscitant partout des insurrections, et en allumant la guerre malheureuse où le Piémont succomba devant l'Autriche, on entendait encore dire aux partisans de la paix universelle que ce phénomène n'était que passager, et amené seulement par le malaise des peuples sous le joug d'une longue tyrannie.

Puis lorsqu'éclata la guerre de Crimée, une belle guerre classique celle-là, comme on en faisait au XVIIIe siècle, on a cru rêver : « Tiens ! s'est-on dit : il y a donc encore des guerres pour tout de bon ? Grand Dieu, quel singulier phénomène ! » Et alors sont venus les Congrès de la Paix avec leurs beaux triomphes oratoires, au milieu desquels on a vu naître les guerres d'Italie, des États-Unis, du Mexique, de l'Allemagne, et enfin, comme couronnement de l'œuvre, la guerre désastreuse de 1870, où l'on a bien vu comment le Prussien entend la fraternité des peuples.

Eh bien, malgré tout cela, cette croyance maladive à la fraternité des peuples paraît incurable ; car au milieu des invectives, bien méritées d'ailleurs, qu'on lance contre les Prussiens, l'idylle de la fameuse fraternité ne cesse de percer.

Cette fraternité n'en est pas moins un rêve irréalisable, contraire aux lois de la nature, laquelle se sert des passions qu'elle nous a données pour nous pousser de temps à autre à nous entre-détruire (1).

Deuxième illusion : « Nous avons battu le monde entier, et pour nous vaincre il n'a pas fallu moins que l'Europe coalisée. »

Hélas, quel désenchantement en 1870 ! et d'autant plus cruel que nous nous disions, comme *troisième illusion* :

« Les Prussiens ? Bah ! nous en avons vu les talons à Iéna, et cette fois nous irons à Berlin en promenade militaire »

« Laissons, disait le comte de Latour au sein du Corps Législatif (2), laissons nos voisins de l'Est, qui ont remporté une seule victoire en cinquante ans, admirer les bases de leur organisation ; mais nous, qui ne comptons pas nos succès depuis un demi-siècle, nous n'avons aucun motif de transformer notre système. »

Fatale erreur ! Et c'était pourtant là l'avis de tout le

(1) Voir à ce sujet ma conférence publiée dans la *Revue populaire de Paris*, livraison d'août 1870, pages 449 et suivantes.

(2) Discussion sur la loi militaire, séance du 20 décembre 1867.

monde. Nos victoires passées n'étaient, aux yeux de tous, que des arrhes à valoir sur nos victoires futures.

Qu'est-il arrivé? Le Prussien a pris sur nous une revanche éclatante. Nous lui avions jadis enseigné l'art de la guerre; aujourd'hui il nous rend la leçon. Avouons en toute humilité que cette fois, à côté de lui, nous n'avons été que des écoliers. Nous avons beau lui dire des injures à l'endroit de ses réquisitions, de ses éclaireurs, de ses espions, le fait est qu'il en sait plus long que nous. *Désormais la guerre ne pourra plus se faire autrement.*

Bref, renonçons à nos illusions (1) et voyons les choses telles qu'elles sont. Notre position géographique est excellente en ce que, du côté de terre, nous n'avons en réalité qu'un seul côté à défendre. Mais elle est mauvaise en ce sens, qu'acculés contre l'Océan, nous n'avons le moyen de nous étendre que précisément du côté de notre frontière orientale, pour faire de la place à notre population croissante. C'est justement aussi le cas de l'Allemagne, qui nous oppose une pression égale à la nôtre. De là la *guerre de races*, qui vient tout naturellement se mettre à la place de la *fraternité universelle.*

En présence de cette condition, à laquelle nous sommes condamnés à perpétuité par notre position géographique, que devons-nous penser de ces économies de bouts de chandelle sur le budget de la guerre que nous ont fait pendant un demi-siècle nos sages législateurs, surtout à l'approche des élections générales? Aurions-nous eu aujourd'hui à payer ces milliards *de damno emergente et lucro cessante,* si l'on n'avait pas toujours crié contre toute dépense pour nos places fortes, nos arsenaux, notre armée et la garde mobile? Car prétendre tout expliquer par un gaspillage qui ne repose sur aucune donnée sé-

____

(1) Je passe sous silence bien d'autres illusions, car le moment n'est pas encore venu d'en parler.

rieuse, que l'on a sans doute cherchée, et qu'on se fût empressé de publier si on l'eût trouvée, c'est simplement puéril. Où sont-elles ces fortunes colossales qu'auraient dû faire surtout les officiers supérieurs, si réellement il y avait eu de la malversation sur une échelle quelque peu considérable? Qu'on les cite : il s'agit de millions, et les millions, s'ils existent, ne sauraient se cacher. Le fait réel, c'est que nos budgets de la guerre ont toujours été insuffisants.

Toutes les fois qu'il s'est agi de rogner le budget, les humanitaires se sont abattus avec la férocité du vautour sur la guerre et sur la marine. Car, la civilisation et le progrès, les intérêts commerciaux et les chemins de fer n'avaient-ils pas rendu toute guerre impossible? Aveugles, aveugles qui n'ont pas compris que pour avoir la paix il faut être armé jusqu'aux dents!

Profitons de la paix, quand nous l'aurons, pour nous garantir d'une nouvelle invasion, et, au lieu de donner nos milliards à l'ennemi, donnons-les à nos armements.

CHAPITRE II

Insuffisance de notre législation militaire.

Sans une bonne législation sur l'état de guerre, il n'y a pas de bonne organisation militaire possible.

Or, ce qui nous frappe tout d'abord dans la guerre de 1870, c'est le mutisme de notre législation de guerre à l'égard de certains crimes dont nous avons vu de bien tristes exemples.

Ainsi, Vitry-le-François s'est rendu sans une ombre de résistance, en enclouant ses canons. Laon s'est rendu de même, sans coup férir, sur l'insistance de la population. La catastrophe qui a eu lieu après est absolument indépendante de ce fait.

Soissons s'est rendu après peu de jours de bombardement; Péronne de même, fait que le général Faidherbe a énergiquement flétri.

Quelle est la raison que l'on apporte pour de pareilles lâchetés, lesquelles n'inspirent que du mépris à l'ennemi lui-même qui en profite, et nous font au point de vue de notre honneur militaire, aux yeux de l'Europe, infiniment plus de mal que vingt batailles perdues en rase campagne?

Mon Dieu, la raison, la voici : Les habitants de ces villes ne trouvaient pas amusant de se faire bombarder. Ça vous tue des gens, ça vous abîme vos maisons; franchement, on aime mieux se rendre!!

Mais Strasbourg et Toul se sont laissés bombarder pendant un mois, et ne se sont rendus qu'à la dernière extrémité! Mais Paris, la ville qu'on prétendait énervée, la ville du luxe et des plaisirs, la Babylone moderne, a soutenu quatre mois et demi de siége, y compris un mois de bombardement! Non-seulement il y a eu des victimes dans les rues, et des maisons abîmées, des incendies heureusement maîtrisés; mais ses citoyens sont allés se faire tuer à Montretout et à la Bergerie! Certes, ce n'était pas amusant, mais on l'a fait tout de même. De quel droit messieurs les citoyens de Vitry, de Laon, de Soissons, de Péronne, ont ils voulu se soustraire au danger commun, lorsque même une petite ville ouverte comme Châteaudun a voulu se défendre?

Et Paul-Louis Courier a écrit cette idylle où il rêvait que chaque haie, chaque arbre cacherait un paysan prêt à tuer un envahisseur! Comme cela s'est bien réalisé, n'est-ce pas? On a vu des propriétaires abandonner leurs maisons, en y laissant du vin et des provisions à l'intention de messieurs les Prussiens. On a vu des paysans refuser leur blé au gouvernement, pour le donner à l'ennemi, auquel ils ont assez souvent volontairement servi d'espions.

Voilà, ô France, où tu en es, faute d'une bonne législation militaire ; voilà pourquoi je te dis que, malgré les guerres du premier Empire, malgré celles du deuxième, où la gloire ne t'a pas manqué, tu n'étais pas outillée pour la guerre effroyable de 1870 !

Des faits semblables à ceux que je viens de citer se sont produits assez souvent pour qu'on soit en droit de se demander s'il existe des lois pour les punir, et pour exiger qu'on en fasse si elles manquent dans notre Code.

Or, l'amas confus de dispositions diverses qui constitue actuellement notre législation militaire est absolument muet sur ce point.

Avons-nous, au moins, quelque précédent pour nous guider?

Il en existe un à ma connaissance dans notre histoire moderne : c'est le cas de Verdun. La République d'alors fit, on le sait, guillotiner les femmes et les filles qui avaient fêté l'entrée de l'ennemi. Un exemple aussi barbare n'est pas admissible de nos jours; il porte d'ailleurs l'empreinte des rancunes politiques de l'époque. Ce massacre effroyable ne fut pas infligé afin de punir Verdun, mais parce que, la ville étant légitimiste, elle avait, en se rendant, agi selon sa conscience politique.

Tout ce que nous pouvons rationnellement déduire de ce précédent, c'est qu'aux yeux de nos pères, c'était un crime capital que de rendre à l'ennemi, sans la défendre, une place forte en bon état de défense.

Or, je le répète, les lâches capitulations que j'ai citées n'ont pas été prévues par notre législation militaire, pas plus que la conduite bénévole du paysan français envers l'ennemi. Je n'y trouve que des dispositions générales relatives à l'espionnage, à la désertion et à l'infidélité en matière de fournitures en pays ennemi. Le législateur n'a pas cru devoir supposer le cas qu'un français pût jamais faire cause commune avec l'envahisseur.

Eh bien, malheureusement, ce cas doit se prévoir comme tant d'autres.

Citons ici, pour mieux éclaircir la question, certaines dispositions pénales que renferme notre Code militaire.

I. Tout embaucheur pour l'ennemi, pour l'étranger ou pour les rebelles, sera puni de mort. Celui qui, en donnant asile à un déserteur, chercherait à le dérober aux poursuites, sera puni de six mois d'emprisonnement au moins, et deux ans au plus. (*Loi du 4 nivôse an IV, articles 1 et 5.*)

II. Nul délit n'est militaire s'il n'a été commis par un individu qui fait partie de l'armée. (*Loi du 22 messidor an IV, article 1.*)

III. Nul ne sera traduit au conseil de guerre, que les militaires, les individus attachés à l'armée et à sa suite, les embaucheurs, les espions et les habitants du pays ennemi occupé par les armées de la République, pour les délits dont la connaissance est attribuée au conseil de guerre. (*Loi du 13 brumaire an V, article 9.*)

IV. Tout militaire ou autre individu attaché à l'armée ou à sa suite, convaincu de trahison, sera puni de mort. Sont réputés coupables de trahison : ..... 7° Tout militaire ou autre individu attaché à l'armée ou à sa. suite, qui, sans ordre de son supérieur, ou sans motif légitime, aurait encloué ou mis hors de service un canon, mortier, obusier ou affût; ainsi que tout charretier ou conducteur qui, dans une affaire, déroute ou retraite, en présence de l'ennemi, aurait, sans ordre de son supérieur, coupé les traits des chevaux, brisé ou mis hors de

service aucune pièce ou équipage confié à sa conduite. —
8° Tout commandant d'une place assiégée, qui, sans
avoir pris l'avis, ou contre le vœu de la majorité du conseil militaire de la place (auquel devront toujours être
appelés les officiers en chef de l'artillerie et du génie),
aura consenti à la reddition de la place avant que l'ennemi
y ait fait brèche praticable ou qu'elle ait soutenu un
assaut. (*Loi du* 21 *brumaire an V*, *titre III*, *art.* 1 *et* 2;
voir aussi l'art. 255 du décret du 13 octobre 1863, por-
tant règlement sur le service dans les places de guerre
et villes de garnison.)

V. La révolte, la sédition ou la désobéissance combinée de la part des habitants du pays ennemi occupé par
les troupes de la république, sera punie de mort, soit que
la désobéissance se soit manifestée contre les chefs militaires, soit que la révolte ou sédition ait été dirigée
contre tout ou partie des troupes de la république. Sera
puni de la même peine tout habitant du pays ennemi
convaincu d'avoir excité le mouvement de révolte, sédition ou désobéissance, quand même il n'y aurait pas
autrement pris part, ou que ses efforts pour l'exciter
auraient été sans succès. (*Même loi, titre VIII, art.* 4.)

VI. Les peines de la désertion seront, suivant les circonstances du délit : 1° La mort; 2° le boulet ; 3° les
travaux publics ; 4° l'amende dans tous les cas. (*Arrêté
du* 12 *vendémiaire an XII, titre IV, art.* 44.)

CHAPITRE III

Principes ressortant de la Législation actuelle.

Les articles que je viens de citer sont les seuls ayant
quelque rapport avec la question qui nous occupe ; il y

en a même parmi eux qui reposent sur un principe faux.

En voici pourtant un qui me semble ressortir de la législation actuelle. Le voici :

« Celui qui se rend complice de l'ennemi commet le crime que le Code militaire qualifie de TRAHISON. »

Ce premier principe me paraît un axiôme irréfutable.

Le Code, en effet, qu'appelle-t-il trahison ?

Il le définit fort bien dans l'article dont je n'ai cité plus haut qu'une partie (*Loi du* **21** *brumaire an V, titre III, art.* **2**) : Clameurs séditieuses, fausses consignes, faux renseignements, communication de secrets ou de mots d'ordre à l'ennemi, correspondance secrète avec lui, destruction de matériel, reddition sans motif, négligence en fait de vivres.

Le Code regarde évidemment tous ces crimes comme rémunérés par l'ennemi : car autrement il serait illogique de leur appliquer le nom de trahison.

Dès lors, et forcément, on doit appeler *traître* tout individu qui commet l'un ou l'autre de ces actes parce qu'il aime mieux l'argent que sa patrie.

Eh bien, c'est justement le cas d'une ville qui encloue ses canons ou qui se rend pour éviter le bombardement.

Car le bombardement détruit les maisons, et celles-ci représentent de l'argent.

Que l'ennemi donne de l'argent au traître, ou qu'il évite de lui en faire perdre, cela revient au même.

Or, la ville est plus coupable que le traître vulgaire :

1° Parce qu'en se livrant à l'ennemi, elle lui offre un point d'appui qui peut devenir fort désastreux au pays ;

2° Parce que, si les nécessités de la guerre obligent les forces nationales à faire le siége de la ville pour la reprendre, celle-ci leur fait ainsi perdre des hommes et du temps.

La trahison n'est pas moins évidente dans le cas où la

municipalité ameuterait le peuple pour forcer le commandant à capituler pour éviter le siége. La municipalité se compose ordinairement des gros propriétaires de la localité, et par les démarches qu'ils font auprès du commandant, ils prouvent qu'ils aiment mieux leur argent que la patrie.

Mon premier principe me semble donc démontré.

Mais, dira-t-on, ce n'est pas uniquement l'amour de l'argent qui les fait agir ainsi : c'est aussi la crainte de perdre la vie par les projectiles.

A quoi je réponds :

« De quel droit vous croiriez-vous exempts du devoir de risquer la vie pour la patrie, quand ses soldats, vos concitoyens, courent à chaque minute le même risque ? »

Et ceci me conduit au *deuxième* principe, que je formule ainsi :

« En temps de guerre tout citoyen est soldat. »

Ce principe n'est pas plus contestable que le premier : il est depuis longtemps consacré sous la forme de la *levée en masse*.

Quel est le pays qui se refuserait ce moyen de salut en cas d'invasion ? Pour ma part, je n'en connais pas.

Il a d'ailleurs reçu en France diverses sanctions.

La première, c'est la conscription. Du moment que tout homme, sans distinction, est appelé à tirer au sort, le principe en question est implicitement reconnu.

Il se trouve d'ailleurs nettement formulé dans la Constitution de 1848, dont l'article 102 est ainsi conçu :

« Tout Français, sauf les exceptions fixées par la loi, doit le service militaire et celui de la garde nationale. »

La loi de 1867 sur la garde mobile n'est, sous une autre forme, que la consécration du même principe.

La loi du 29 août 1870, appelant au service actif tous les hommes de vingt-cinq à trente-cinq ans ayant servi

dans l'armée, et tous les officiers retraités valides, l'affirme encore plus explicitement, puisqu'il s'agit là
d'hommes ayant déjà payé leur dette à la patrie.

Enfin, le même principe est nettement formulé dans le
préambule du décret du 30 octobre 1870, ainsi conçu :

« Considérant que, dans la crise suprême que traverse
la France, tous les citoyens doivent se lever, combattre,
et, s'il le faut, mourir pour chasser l'étranger, etc. ».

On le voit, ce n'est pas légèrement que j'adopte mes
deux principes.

Et aujourd'hui que la guerre se fait, non plus par armées, mais par nations entières, ce ne sont même plus des
principes, mais des nécessités inévitables.

S'il en est ainsi, l'habitant d'une place forte qui veut
forcer le commandant à la rendre pour éviter le risque
personnel qu'il pourrait courir dans un bombardement,
se soustrait ainsi au devoir imprescriptible du service militaire pour sa patrie.

Les deux principes que je viens de développer fort
sommairement ici atteignent également celui qui refuserait des vivres aux troupes nationales afin d'en faire
profiter l'ennemi, ou qui se rendrait coupable de tout
autre acte favorable à l'envahisseur. L'habitant, soldat né,
manque ainsi à son devoir, et commet le crime militaire
de trahison.

Établissons enfin un *troisième* principe que nos lois ne
paraissent pas avoir suffisamment reconnu ; le voici :

« La sédition en présence de l'ennemi, dans le but de
renverser le gouvernement existant, est un acte assimi-
lable à la trahison militaire »

Ce crime est de ceux que l'on a de nos jours jugés
avec trop d'indulgence, par suite d'une étrange confusion
d'idées qui empêche notre siècle de distinguer nettement
le bien du mal. Lorsque certains esprits exaltés s'obs-

tinent à vouloir, par la sédition armée, réaliser je ne sais quels rêves, on se dit : « Au fait, c'est leur manière de voir — ils ont bien le droit de manifester leur opinion. » Et on laisse faire, sans réfléchir que nul n'a le droit d'imposer à la majorité des citoyens un système quelconque ; qu'en un mot « aucun individu, aucune fraction du peuple » ne peut s'attribuer l'exercice de la souveraineté (1).

Il faut qu'il soit bien entendu que ces sortes de démonstrations sont, en temps de guerre, des crimes punissables par les lois militaires.

CHAPITRE IV

Application des principes énoncés.

Reprenons maintenant nos deux premiers principes, qui peuvent se formuler de manière à comprendre implicitement aussi le troisième ; voici en quels termes :

1° « Se faire complice de l'ennemi, c'est faire acte de trahison militaire.

2° « Tout citoyen est soldat . »

Ces principes fondamentaux, incontestables, se rencontrent-ils partout dans notre législation, et leur obéit-on toujours ? Ou bien les a-t-on quelquefois perdus de vue, ou même répudiés ? C'est ce qu'un examen plus rigoureux des citations ci-dessus, pages 17 et suiv. va nous apprendre.

La citation I concerne l'embaucheur pour le compte de l'ennemi. Or celui qui refuse les vivres à notre armée pour les vendre à l'envahisseur ne s'embauche-t-il pas

______

(1) Constitution de 1848, article premier.

lui-même ? Ne se fait-il pas, en d'autres termes, complice de l'ennemi?

Donc, il tombe sous la disposition de la loi : il mérite la mort.

Il n'y a là rien d'exagéré. Si le coupable était isolé, on pourrait dire que l'exiguité du mal qu'il fait l'excuse d'après le principe du droit: *De minimis non curat lex*, sans que pour cela il soit moralement absous. Mais non-seulement il n'est pas isolé, non-seulement le fait se répète mille fois, mais l'exemple le rend commun : c'est la tache d'huile qui s'étend, en répandant la corruption morale sur tout le pays envahi.

Dans ces conditions, les vivres ainsi obtenus par l'ennemi ne sont plus une chose minime : ils deviennent un élément important de ravitaillement, qui, en dernière analyse, se traduit par la mort d'un nombre quelconque de nos défenseurs. Or, devons-nous à ce prix épargner la vie d'un mauvais citoyen, d'un traître, dont l'exécution porterait le fruit salutaire d'effrayer ceux qui seraient tentés de l'imiter? Évidemment non.

Passons à la citation II, d'après laquelle nul délit n'est militaire s'il n'a été commis par un individu faisant partie de l'armée.

Cette disposition, on le voit, est en opposition flagrante avec le deuxième principe, qui pourtant a été mainte fois explicitement reconnu.

Si, en effet, tout citoyen est soldat en temps de guerre, de quel droit le simple fait qu'il n'est pas matériellement attaché à l'armée, bien qu'il le soit moralement, le dispenserait-il de l'obligation d'observer les lois militaires de son pays?

L'article premier de la loi du **22** *messidor an IV* mérite donc d'être abrogé.

La citation III est à peu près dans le même cas. Le civil ne doit pas être traduit devant un conseil de guerre, à moins, distinction curieuse, qu'il ne soit habitant du pays ennemi! Ainsi, vous, Prussien, vous me faites du mal en bon patriote : c'est tout naturel; mais il est tout naturel aussi que je vous arrête et vous traduise devant le conseil de guerre, qui vous fusillera peut-être—c'est un détail. Vous êtes coupable envers moi, c'est vrai, mais très-méritant envers votre patrie. Mais voici un misérable qui, quoiqué Français, trahit la France, et je ne puis pas le traduire devant le conseil de guerre? Ce gibier de potence, dont le crime, vu sa nationalité, est cent fois plus grave que le vôtre, échappe au tribunal redoutable qui vous jugera, vous qui êtes honnête homme par le fait même que, en ennemi loyal, vous êtes coupable envers moi? Voilà, il faut l'avouer, une singulière logique! Monsieur, parce qu'il est Français, a le droit de trahir sa patrie, au prix modique de peut-être quinze jours de prison infligés par la correctionnelle! Et ce droit, notons-le bien, lui est d'autant plus acquis qu'il laisse aux autres la besogne de se battre, en se réservant, lui, celle beaucoup moins fatigante de les trahir!

Ah, si c'était un pauvre diable de soldat qui a vu le feu, je ne dis pas : on le fusillerait; mais monsieur... comment donc! il n'a pas vu le feu lui—quinze jours, c'est bien assez!

Décidément, s'il y a quelque chose qui prouve, mieux que toute autre, l'excellent caractère de la nation française, c'est qu'on ait pu la gouverner jusqu'ici avec des lois pareilles!

Au lieu de réprimer la trahison à l'intérieur, on lui octroie des immunités. A quand la couronne civique?

Bref, pour moi, l'article 9 de la loi du 13 *brumaire an V* doit être abrogé au plus tôt, comme toute disposition établissant une distinction entre l'homme civil et le militaire.

Nous arrivons à la citation IV, concernant la trahison. Ce crime y est très-minutieusement défini, et la seule critique que je me permettrai se réduit à demander la suppression de cette même distinction entre le civil et le militaire, laquelle se rencontre partout. Aux mots : « Tout militaire ou autre individu attaché à l'armée ou à sa suite, » je substituerais ceux-ci : « Tout Français, tout étranger au service de la France. »

Les conditions de la guerre, je le répète, sont changées : lorsqu'au lieu d'armées régulières on fait entrer en ligne des nations entières, chacun est nécessairement soldat, il n'y a plus de civils. C'est la Prusse qui a inauguré cette sorte de guerre, et désormais il n'y en aura pas d'autres.

La citation V n'a trait qu'à la révolte, sédition ou désobéissance combinée de la part des habitants *du pays ennemi*. Pourquoi cette restriction ? Je n'ai à faire valoir ici que les mêmes arguments employés plus haut dans le cas d'un seul individu. Les habitants du pays ennemi sont dans leur droit en nous refusant l'obéissance : ils font un acte méritoire que nous-mêmes nous exigeons des nôtres. Que de notre côté nous les traitions en ennemis, rien de mieux : nous sommes en guerre ; mais de même que je réclame pour nos habitants, devenus nécessairement soldats, les droits de belligérants, de même aussi je réclame ces droits pour ceux du pays ennemi, et je demande qu'après le combat que pourra entraîner leur révolte, ils soient traités en prisonniers de guerre, et qu'en ce qui concerne leurs actes d'hostilité la peine de mort soit abolie.

Mais quant à nos habitants à nous, à nos concitoyens oublieux de leurs devoirs au point de se rendre com-

plices de l'ennemi envahisseur par la révolte, la sédition
ou la désobéissance, crimes qui, par un oubli inquali-
fiable, ne figurent pas dans notre Code militaire, c'est
à eux spécialement que j'appliquerais l'article 4 du
titre VIII de la loi du 21 *brumaire an V*. Oui, ce sont les
traîtres à l'intérieur qui méritent la mort : les habitants
des pays étrangers envahis par nous sont au contraire des
belligérants, car, encore une fois, il n'y a plus, et il n'y
aura plus désormais, grâce à la Prusse, que des nations
entières en guerre.

Quant à la citation VI, relative à la désertion, je n'ai
qu'un mot à dire : c'est qu'il me semble à la fois juste
et logique d'assimiler au crime de désertion les actes
signalés à Vitry-le-François, à Laon, etc. Désarmer
volontairement ses remparts en face de l'ennemi, c'est
la même chose que jeter ses armes sur le champ de
bataille et s'enfuir. Rendre sans coup férir une place
forte bien approvisionnée, c'est déserter avec armes et
bagages. C'est à mes yeux une chose tellement évidente,
que je croirais faire injure à l'intelligence de mes lecteurs, si je m'y arrêtais plus longtemps.

CHAPITRE V

Protégeons nos francs-tireurs.

Je viens de répudier l'article 1er de la loi du 22 *messidor an IV*, parce qu'il est en contradiction avec le deuxième principe irréfutable que « tout citoyen est soldat. »

Avouons pourtant que les contradictions ne s'arrêtent
pas là, et qu'il en existe une autre plus choquante.

N'avons-nous pas à cor et à cri excité le paysan à

courir sus à l'ennemi, même avec un mauvais fusil de chasse à défaut de chassepot?

Pourquoi? Parce que nous invoquons instinctivement le deuxième principe : « Tout citoyen est soldat. »

Donc, le paysan est soldat, et, en tirant sur l'ennemi, il est dans son droit et fait son devoir.

Nous avons seulement oublié un petit détail : c'est que, si nous voulons qu'il se batte pour nous, nous, de notre côté, NOUS LUI DEVONS PROTECTION.

Lui en avons-nous donné? Pas le moins du monde!

Notre Code est absolument muet sur ce point, et le Prussien a fort gaiement fusillé nos paysans lorsqu'ils l'ont attaqué, et même lorsqu'ils défendaient leur bien.

Et nous, qui avons appelé nos paysans à la guerre de partisans, nous nous sommes contentés de nous récrier sur la cruauté de l'envahisseur et nous n'avons pas fait de représailles !

Or de deux choses l'une : ou le paysan est soldat ou il ne l'est pas. S'il l'est, pourquoi, encore une fois, le soustraire à la jurisprudence militaire s'il commet un délit au préjudice de l'armée? S'il n'est pas soldat, de quel droit exigez-vous de lui qu'il se mêle de combattre l'ennemi, et surtout avec des armes ridiculement insuffisantes?

Mais il est effectivement soldat, et, comme tel, il a droit à votre protection, à laquelle vous n'avez même pas songé.

Or, cette protection ne peut se donner que par des représailles.

Dans la guerre de 1870, le Prussien a fusillé ceux qui, n'étant pas enrégimentés, tiraient sur lui. Vous avez trouvé cela fort mauvais, vous avez jeté les hauts cris; mais le Prussien pouvait parfaitement vous répondre :

1° Que, dans les guerres de l'Empire, nos troupes en ont fait autant en Prusse ;

2° Que notre législation est muette sur ce point.

Or, mettez qu'avant la guerre de 1870 nous eussions fait une loi déclarant explicitement que tout Français devait être regardé comme appartenant à l'armée, qu'il fût ou non en uniforme, et imposant, sous peine de destitution, au général français le plus rapproché de l'endroit où l'ennemi aurait fusillé des campagnards pour avoir commis des actes d'hostilité, le devoir absolu de faire des représailles, voici comment, sous l'égide de cette loi, les choses auraient pu se passer dans le cas prévu (1).

Le général de division le plus rapproché du lieu de l'exécution aurait écrit au général ennemi une dépêche conçue à peu près en ces termes :

« Général,

« J'apprends que tel jour, à tel endroit, des paysans ont été fusillés après être tombés en votre pouvoir, pour avoir tiré sur vos troupes. » (Ou bien que : « Vous avez fusillé des innocents pour venger la mort des vôtres atteints par nos francs-tireurs, » ou « Traduit devant un Conseil de guerre des voyageurs en ballon, » etc.)

« Ce fait m'oblige à vous faire connaître officiellement les dispositions de notre loi du...

« Elle déclare d'abord que tout Français est né soldat, et que, par conséquent, il a, non-seulement le droit, mais aussi le devoir de faire à l'ennemi tout le mal possible par tous les moyens en son pouvoir.

« Elle reconnaît le même droit aux habitants des pays qui seraient envahis par nos troupes, et dispose que ceux d'entre eux qui seraient pris sur le fait d'hostilités contre nous seront

____

(1) Bien entendu, si dès le début nous n'eussions pas perdu 300,000 hommes prisonniers. Chose absolument sans précédent dans les annales militaires ! véritable phénomène auquel la postérité aura de la peine à croire.

traités comme prisonniers de guerre en qualité de simples soldats.

« Enfin elle impose à tout général ou commandant de nos troupes, sous peine de destitution, le devoir exprès de procéder à des représailles dans le cas où l'autorité ennemie refuserait de reconnaître à nos paysans ou personnes civiles quelconques la qualité de belligérants que leur accorde, ou plutôt que leur impose la loi.

« Vous voyez donc, général, que ma voie est toute tracée, et que je n'ai pas le choix. Si, soixante-douze heures après la livraison de la présente dépêche, je n'ai pas reçu de vous une réponse, niant catégoriquement le fait énoncé, je ferai immédiatement tirer au sort un nombre de prisonniers égal à celui de nos paysans fusillés, et je les traiterai de même.

« Si vous prétendiez répondre à cette exécution par de nouvelles représailles, je serai prêt à vous suivre dans cette voie, pas à pas, homme pour homme, en laissant à vous seul, et la responsabilité de cette boucherie, et le choix du moment où elle devra avoir un terme.

« Soyez bien sûr qu'aucune considération d'humanité ne m'arrêtera dans la voie que vous m'aurez vous-même tracée.

« Il me reste toutefois à vous faire connaître une dernière disposition de la loi précitée : c'est qu'elle me laisse la faculté de renoncer aux représailles dans le cas où l'autorité compétente de l'armée ennemie reconnaîtrait une fois pour toutes et pour toujours à tous nos citoyens les droits de belligérants.

« Dans l'intérêt de l'humanité, je me plais à croire, général, que telle sera votre décision ou celle de votre Gouvernement, si vous croyez ne pas pouvoir la prendre vous-même.

« Veuillez vous rappeler que les armes sont journalières, que les envahis d'aujourd'hui peuvent devenir les envahisseurs de demain, et que vous récolterez à votre tour le bien ou le mal, selon que vous aurez semé.

« Recevez, etc. »

Soyons bien sûrs que ce ton ferme, et la résolution inébranlable de tenir parole, quoi qu'il advienne, tourneront au profit de l'humanité, et que bien fou serait le général ennemi si, ayant été le premier agresseur, il voulait se livrer au jeu de représailles indéfinies.

Mais reconnaissons aussi que, sans la loi que je propose, notre général pourrait faiblir. L'humanité est une si douce chose, qu'on s'y laisse aisément aller, en oubliant qu'elle peut devenir un crime, lorsqu'elle empêche de justes représailles, destinées à sauvegarder la vie de nos concitoyens au moment où ils font leur devoir. Si la loi prescrivait une boucherie inutile, il n'y a pas de général qui ne prévînt la destitution en donnant sa démission; mais l'objet de cette mesure draconienne est trop légitime pour qu'un chef militaire puisse renoncer à y recourir, et la loi, en l'y obligeant, lui rend l'immense service de le décharger de toute responsabilité.

D'autre part, le général ennemi, sachant que son adversaire est non-seulement autorisé, mais aussi contraint par les lois de son pays à procéder à toutes les extrémités, verra que, comme cette mesure est imposée à tous les chefs militaires, elle est empreinte d'une universalité effrayante; il calculera alors de quel côté sont les chances des plus grandes pertes : d'une part il en pèsera le chiffre, de l'autre sa propre responsabilité vis-à-vis du monde civilisé, et enfin les conséquences que son obstination entraînerait pour son propre pays, si la perte d'une bataille changeait la face des choses; et, tout bien considéré, il en restera là : l'humanité aura gagné une grande victoire sous le masque de la férocité.

C'est ce qui du reste arrive communément. Plus nous faisons de la sensiblerie aujourd'hui, plus nous préparons des victimes pour le lendemain. Si nous avions fusillé, sans tant de façons, les premiers espions prussiens tombés entre nos mains, il ne s'en serait plus trouvé, et peut-être cela aurait-il épargné la vie à plusieurs milliers de nos braves soldats.

CHAPITRE VI

Moyen de combler les lacunes qui existent dans notre Législation militaire.

Nous avons vu que la conduite de Vitry-le-François, de Laon, etc., constitue un crime militaire qui semble réunir en soi les deux caractères de trahison et de désertion devant l'ennemi.

Notre législation actuelle, qui n'a en vue que les individus isolés, édicte la peine de mort pour ces sortes de crimes; ce principe admis, sa conséquence logique serait l'extermination de toute la population de la ville coupable. Mais nous ne sommes pas au moyen-âge, où l'on n'aurait pas, soit dit en passant, hésité un instant à exécuter ce jugement à la lettre : il nous faut une législation moins barbare, et je ne crois pas pouvoir mieux exprimer ma pensée là-dessus qu'en la donnant sous la forme d'un projet de loi, dans lequel, outre la partie pénale, j'introduirai aussi quelques dispositions ayant pour but de récompenser les efforts des villes et des personnes qui ont bien mérité de la patrie.

Voici, sans que j'affiche la prétention d'avoir tout prévu ou tout résolu, mon projet tel qu'il est. Il est possible qu'il en reste quelque chose.

PROJET DE LOI

Ayant pour objet de combler certaines lacunes dans la législation militaire actuelle.

Dispositions.

Motifs.

TITRE I

Des places fortes.

Art. 1. — A l'approche de l'ennemi contre une place forte, le commandant doit, aussitôt l'état de siége décrété :

a) Publier, par voie d'affiches, le texte de la présente loi;

b) Expulser de la ville les individus sur le mauvais vouloir desquels il est suffisamment renseigné, et qui pourraient exercer sur leurs concitoyens assez d'influence pour en détourner une partie de leur devoir;

Car, dans l'intérêt même de l'honneur national, il vaut infiniment mieux prévenir que punir, même au risque de commettre quelque acte arbitraire.

c) Prendre pour ôtages certains membres des familles connues pour être les moins favorables à la défense;

Même motif. — Il sera toujours préférable de les soumettre à une gêne temporaire que d'avoir à les fusiller comme coupables de trahison.

d) Appeler auprès de lui les chefs des familles notables autres que les précédentes, faire appel à leur patriotisme et demander leur concours moral et matériel;

Même motif. — On agit toujours sagement en employant la persuasion et la conciliation auprès des personnes qui ne se sont pas encore compromises.

e) Faire arrêter et mettre en prison les membres de la municipalité qui tenteraient auprès de lui une démarche, soit collective, soit personnelle, pour obtenir de lui la reddition de la place avant que l'ennemi n'ait ouvert une brèche, ou que les vivres et les munitions ne soient à peu près épuisés;

Le commandant en a toujours le droit pendant l'état de siége; mais il pourrait hésiter à exercer ce droit envers des personnes notables de la ville, si la loi ne lui en imposait formellement l'obligation sous peine d'avoir à répondre lui-même au besoin devant un conseil de guerre de la non exécution de son devoir.

f) Faire juger et fusiller ceux qui, sous un prétexte quelconque, exciteraient des émeutes.

Art. 2. — Le commandant qui, dans les circonstances énoncées, aurait négligé de prendre une ou plusieurs de ces mesures, et d'en

C'est toujours le même principe : la sévérité est tellement nécessaire, qu'on doit l'imposer par une loi, et ne pas la laisser au li-

informer l'autorité centrale, pourra être condamné pour désobéissance à la loi à un emprisonnement de trois mois à un an, sans préjudice des mesures administratives dont il pourra être l'objet.

Art. 3. — Si, par le fait des habitants, la place est livrée à l'ennemi dans le but d'éviter un bombardement, la ville sera investie par les troupes nationales dès que les circonstances militaires le permettront.

Art. 4. — Si, après sommation, la garnison ennemie refuse de capituler, on procédera aussitôt aux opérations de siége, et dès qu'une batterie aura été installée, il sera procédé au bombardement des habitations pendant vingt-quatre heures.

Art. 5. — Après ce bombardement, le feu des assiégeants sera exclusivement dirigé sur les ouvrages jusqu'à la fin du siége; et, après la capitulation, la ville ne subira aucune autre peine.

Art. 6. — Si, par le fait des habitants, la ville, après avoir subi un commencement de siége, a capitulé avant qu'une brèche n'ait été ouverte au corps de la place, ou que les vivres ou les munitions aient fait défaut, le siége précité par les troupes nationales se fera sans bombardement des habitations; mais, après la capitulation, la ville sera frappée d'une contribution de guerre qui ne pourra dépasser la cinquantième partie de la valeur des propriétés foncières qu'elle renferme.

Art. 7. — Le montant de cette contribution sera fixé par une commission d'enquête nommée par le Ministre de la guerre.

bre arbitre d'un commandant peut-être trop disposé à l'indulgence.

Ce bombardement sera le juste châtiment de la ville pour avoir trahi la patrie en rendant la place par lâcheté sans coup férir. Il n'est pas nécessaire d'en donner avis, la présente loi ayant été affichée dès le début de l'état de siége. (Art. 1, a.)

Capituler avant le temps est toujours un délit qui peut causer le plus grand dommage à la cause nationale; ce délit toutefois étant évidemment moins grave que celui de la reddition sans coup férir, la peine doit l'être aussi. Le cas où une capitulation aurait eu lieu par le fait du commandant sans motif suffisant est prévu par les articles 4 et 5 du décret du 1er mai 1812.

Je préfère ici une commission spéciale à un conseil de guerre, parce que ce dernier n'est pas apte à entreprendre de longues enquêtes. Néanmoins cette commission devrait se composer presque entièrement d'hommes de guerre.

Art. 8. — Si l'ennemi, possesseur de la place qui lui a été livrée par le fait des habitants sans coup férir, abandonne la ville ou capitule à la suite de la première sommation, la ville sera occupée sans bombardement par les troupes nationales ; mais la contribution de guerre s'élèvera à un vingt-cinquième de la valeur des propriétés foncières, sans préjudice des poursuites pour trahison qui pourraient être instituées contre les meneurs.

Art. 9. — Le commandant des assiégeants ne pourra dans ce cas accepter aucune capitulation renfermant des articles tendant à protéger les habitants contre les effets de la présente loi.

Art. 10. — La même contribution sera levée sur la ville dans le cas où la paix aurait été signée avant qu'on n'eût pu l'assiéger. Aucun traité de paix ne pourra être conclu, s'il renferme des articles stipulant une amnistie pour les places qui se seraient rendues sans soutenir un siége.

Art. 11. — La contribution de guerre dont il est question à l'art. 7 ci-dessus pourra être acquittée en plusieurs annuités, dont chacune sera égale à quatre fois l'impôt foncier ordinaire, plus les intérêts à cinq pour cent de la somme qui reste à payer.

Art. 12. — La contribution de guerre indiquée aux art. 8 et 10 pourra également être acquittée par annuités, lesquelles néanmoins ne pourront s'élever à moins de huit fois l'impôt foncier annuel, plus les intérêts à cinq pour cent de ce qui reste à payer.

Ce surcroît de pénalité s'explique par la gravité beaucoup plus grande du délit, comparé à celui dont il s'agit à l'art. 6. Là, au moins, il y a eu un commencement de résistance qui a entravé les mouvements de l'ennemi, et l'on a pu faiblir plus tard sans aucune intention de trahir. Mais cette explication bienveillante n'est pas admissible dans le cas qui nous occupe : l'absence de toute tentative de défense n'indique que trop clairement un parti pris, fort probablement conseillé et fomenté par des traîtres soudoyés.

Car le commandant n'est pas législateur, et il n'a aucune autorité pour annuler une loi du pays.

En effet, la paix est un événement indépendant de la trahison passée ; celle-ci a pu même contribuer à la rendre moins avantageuse. La ville ne peut que se féliciter d'avoir échappé à un bombardement : c'est déjà trop pour ce qu'elle mérite. La paix d'ailleurs ne peut pas abolir une loi du pays.

Cette mesure bienveillante trouve son excuse uniquement dans la considération qu'il est de l'intérêt du pays de ne pas ruiner complétement un centre de population.

TITRE II.
Des habitants des départements envahis.

Art. 1er.—En temps de guerre tout Français valide est soldat.

Art. 2. — En conséquence, s'il n'a pas déjà été requis par l'autorité militaire, il doit, aussitôt que l'ennemi est signalé à cinq lieues de sa demeure, se constituer auprès du corps français le plus proche.

Art. 3. — Les vieillards, les femmes et les enfants, ainsi que les troupeaux, vivres et fourrages existant dans chaque localité, seront internés aux frais de l'Etat, de manière à faire le vide autour de l'ennemi.

Art. 4. — Ces précautions prises, le Français qui n'aura pas obtempéré, et qui sera resté dans le territoire envahi sans de sérieux motifs, pourra être traduit devant un conseil de guerre, et condamné à un emprisonnement de deux à six mois.

Art. 5.—S'il résulte du procès qu'il est resté dans le territoire envahi afin de servir de guide à l'ennemi, de lui livrer des vivres, de faire de l'espionnage pour son compte, ou de marauder, il sera passible de la peine de mort.

Art. 6. — Sera passible de la même peine tout habitant d'une partie du territoire non évacué à temps devant l'ennemi, s'il est prouvé qu'ayant refusé des vivres ou fourrages aux troupes nationales, il a su en trouver pour celles de l'ennemi.

Art. 7. — Tout Français qui aura fait à l'ennemi, contre paiement de la valeur, dans un but de lucre, et sans y être contraint, des livraisons en grand de vivres, fourrages ou munitions de guerre, sera condamné à mort.

Ce principe a déjà été discuté à la page 15.

Cette mesure, devenue facile grâce aux chemins de fer, ne constituerait qu'une mince dépense par rapport aux milliards que coûte une guerre; il en sera du reste question ailleurs.

Ce crime n'a pas, que je sache, été commis pendant l'invasion de 1870; mais les pays étrangers en offrent des exemples dont il est bon de profiter.

Art. 8. — S'il a commis ce crime contre la patrie, étant domicilié en pays étranger, il sera condamné, par défaut, à la même peine, et ses biens en France seront mis sous séquestre au profit de l'Etat. Si plus tard il venait à être arrêté sur le territoire français, il sera jugé de nouveau, et si sa défense est insuffisante, la sentence précédente sera confirmée et exécutée sur-le-champ.

Art. 9.—Toute poursuite pour les crimes et délits énoncés dans le présent titre est prescrite au bout de dix ans à compter de la date de la conclusion de la paix.

Art. 10. — Aucune des pénalités énoncées ne pourra être levée en vertu d'une stipulation dans le traité de paix.

Le Français reste français partout où il se trouve. Sa naturalisation, même en pays étranger, ne peut le soustraire à l'obligation de ne pas faire de mal au pays de sa naissance, s'il est assez dépravé pour ne pas lui faire du bien dans la mesure de ses forces.

TITRE III.

Des indemnités de guerre.

Art. 1er. — La France entière est solidaire des dégâts occasionnés par la guerre sur son territoire.

Art. 2. — Aussitôt après la levée d'un siége, la reddition d'une place, ou le départ de l'ennemi, il sera dressé un état détaillé des pertes occasionnées à la ville, bourg ou village éprouvé par l'ennemi, et sera envoyé au Ministre des finances, lequel, après vérification, en inscrira le montant au budget.

Art. 3.—Pour être indemnisé de ses pertes individuelles, chaque particulier en fera la déclaration devant l'autorité compétente, suivant le règlement arrêté par le Ministre des finances.

Art. 4. — Relativement aux combattants qui succombent dans une guerre contre l'étranger, ou qui, par suite de blessures, sont

Jamais il n'y aura défense sérieuse par les villes ou par les particuliers, si les pertes éprouvées pendant la guerre ne sont mises sur le pied d'une dette sacrée publique. Ce titre est susceptible de beaucoup de développements; le principe qu'il renferme est de la plus haute justice et admis par tout le monde; néanmoins il faut qu'il soit reconnu par la loi; autrement l'indemnité aurait plutôt l'air d'une aumône que d'un devoir.

Cet article est conforme au principe du décret du 30 octobre 1870. Ce qui doit nous choquer, c'est qu'il ait fallu un décret pour

incapables de nourrir leurs familles par le travail, l'Etat

    a) Adopte leurs enfants;

    b) Maintient leurs veuves ou
épouses sur le même pied qu'ils
les maintenaient eux-mêmes, soit
par des places rétribuées, soit en
leur donnant du travail, soit enfin
par des pensions.

cela, et que ce principe n'ait pas
été depuis longtemps inscrit dans
nos lois.

Telles sont les dispositions législatives que je crois nécessaires pour protéger, directement ou indirectement, le
pays contre l'invasion. Elles sont conformes aux principes fondamentaux énoncés, et si elles paraissent trop
sévères, c'est que cinquante-cinq ans sans invasion ont
énervé la génération actuelle, et l'ont privée à certain
point de vue de ces sentiments mâles qui seuls font la
force d'une nation.

Le titre dernier consacre le principe indispensable de
la solidarité de la nation vis-à-vis de l'ennemi. Ce sentiment est le plus ferme lien du vrai patriotisme, une for-
teresse inexpugnable dans les moments suprêmes.

Ajoutons une dernière considération, qui n'est pas des
moins importantes : c'est que le seul fait de l'existence de
cette loi, et la certitude qu'elle sera exécutée à la lettre,
rendra presque toujours superflues les peines qu'elle in-
flige. Une ville, avertie d'avance du sort qui l'attend si
elle se rend à l'ennemi pour échapper aux rigueurs de la
guerre, y regardera à deux fois avant de s'exposer à la
dure alternative d'un bombardement ou d'une grosse contribution de guerre. La loi publiée au moment de l'entrée
en campagne fera réfléchir de même ceux qui voudraient
se soustraire au service militaire, ou se livrer aux actes
qu'elle a déclarés punissables. Bref, comme toujours,
une sage sévérité est la sauvegarde la plus douce de tous
les intérêts.

CHAPITRE VII

Certaines anagrammes cachant des formules qui ressortent de la philosophie absolue.

(6 juin 1871).

A l'époque où j'ai commencé le présent ouvrage sur la Défense du pays, je n'avais encore devant les yeux que le phénomène de l'invasion étrangère. Je ne pouvais prévoir qu'une guerre civile, éclose d'une aberration mentale, et poursuivant un but irréalisable, viendrait me révéler une nouvelle faiblesse du pays, sur laquelle je n'avais pas compté. Cette circonstance m'a nécessairement déterminé à élargir mon programme; d'autre part, la marche vertigineuse des événements me fait craindre d'être devancé par eux en ce qui touche certaines formules politiques dévoilées par la PHILO-SOPHIE ABSOLUE, et que par conséquent je regarde comme ma propriété.

Or, pour empêcher la vérité de commettre un plagiat à mon préjudice, en se faisant jour d'elle-même après avoir été si longtemps méconnue, j'emploie ici un vieux moyen de m'assurer la priorité de mes théories. En agissant ainsi, je me trouve en bonne compagnie. Virgile eut recours à ses charmants *Sic vos non vobis* pour protéger ses vers contre le voleur Bathylle; Michel-Ange revendiqua la création de son *Cupidon endormi* en faisant voir le bras qu'il en avait détaché; Huyghens cacha sa découverte du satellite de Saturne sous une anagramme, et presque en même temps Newton en fit autant pour son calcul infinitésimal.

Les anagrammes de ce genre pleuvaient de tous côtés

à cette époque, seulement elles n'étaient pas toujours irréprochables. Newton ne fit que classer les lettres de sa formule, sans se donner la peine d'en faire des mots. Huyghens, au contraire, y mit de la coquetterie, car son anagramme contient un joli hexamètre, mais non sans un excédant de dix-sept lettres non placées.

Pour ma part, répudiant la licence un peu trop cavalière de Newton, je me suis d'abord attaché à faire des anagrammes *complètes*, ce qui m'a réussi dans les quatre suivantes, où le latin cache, bien entendu, du français :

PREMIÈRE ANAGRAMME.

Aquila, illuminatæ tyrannidis de jure typus, evolavit. Jam ter id lucro expiasse, fas.

2ᵉ ANAGRAMME.

En, ubi jam Napoleo I Elysio manet, querens de Galliæ exitio! His lacrymis datu amissam sedem ejulat.

3ᵉ ANAGRAMME.

Eu! vi Gallia imo, Borussiaque summo cycli. Pudent vulnera, lyra jejuna. I! pylæ æneæ Tartari patent.

4ᵉ ANAGRAMME.

I ! querente plebe, ibi plerique tremunt, itaque hostes malunt.

Quant aux autres, au nombre de seize, je me suis contenté, toujours en conservant le masque latin, de suivre la voie tracée par Huyghens. Les voici :

5ᵉ ANAGRAMME.

Nationes sceleste bella agere timento : illis pax felicitatem Cereremque pollicita est. — bllrrrt.

6ᵉ ANAGRAMME.

Ense perduellio deleatur ; nefas est : abeat! — illn.

7ᵃ ANAGRAMME.

Nonne clare gentium nex evenit, cum sævo ore hydra erroris plebi seditionem flat? — eeeeeddmr.

8ᵉ ANAGRAMME.

En pudor! Parisios stulte petentes vilem necem. Luge! — adrs.

9ᵉ ANAGRAMME.

Gallia, sat corde demens, ore decor sit. — eer.

10ᵉ ANAGRAMME.

Ne bellum elate, ut sæpe, sine prudentia incipias. — eeit.

11ᵉ ANAGRAMME.

Germani belli civilis exitui attendunt, rem fenoraque sperantes. — eflss.

12ᵉ ANAGRAMME.

Plebs stulto corde illecebris invasa, deinde furens, a Deo dolores reperiet. — iil.

13ᵉ ANAGRAMME.

Cuique patet, scripta iniqua rhetoresque volubiles plebem ad seditionem excitasse. — dillpss.

14ᵉ ANAGRAMME.

Nonne hominem deceret veritatem vestigare, nec modo insana stultaque eloqui? — fllllnns.

15ᵉ ANAGRAMME.

Concitator populi eius dominus omnino fit, illoque crudeliter inde patentes acresque miserias infligit. — dlot.

16ᵉ ANAGRAMME.

*En ! Gallia cruore rorans denique tute resipuit; luget
de strage degenere, vive pacem in æternum vovens. — e.*

17ᵉ ANAGRAMME.

*En ! Lutetia temere seditiosa, a Germanis obsessa, vel
iterum jure a Gallis victa, non periit, sed pene, morte
legum. — elt.*

18ᵉ ANAGRAMME.

*Nonne Gallis Acheronte redemptis gratulari licet? E
dolore spes elucescit. — clnrst.*

19ᵉ ANAGRAMME.

*Causidici oratione motuque decori non raro Galliam et
usque pene ad interitum pertulerunt. — comttt.*

20ᵉ ANAGRAMME.

*Satyrici politici mendaces haud insontes nostri doloris.
Eh ! charta venenum letale præliumque præbet. Id patet.
— aadppr.*

Déchiffrez, messieurs! la chose n'est pas impossible,
et, pour ma part, je n'en serai pas jaloux, car mon but
est atteint.

A vrai dire, la première formule a été vaguement proclamée par P.-J. Proudhon, qui ne manquait pas d'un
certain esprit intuitif; mais, inféodé à une opinion pré-
conçue, et n'ayant pas d'ailleurs la moindre idée de la
NATURE comme agent social, il n'a pas su tirer parti
de sa découverte; il paraît même l'avoir proclamée plutôt pour exciter l'étonnement et la colère du public que
par conviction. Il ne savait pas qu'il était dans le vrai;
il croyait faire de l'esprit.

Que savait-il de la NATURE? Rien. Comme tout le monde, il la prenait pour un simple amas de cornues, de piles voltaïques, d'animaux et de plantes. Je doute qu'il eût pris les sciences mathématiques pour un élément de la nature—à plus forte raison dès lors n'a-t-il pas considéré la science politique comme en faisant partie. Aussi a-t-il déraisonné sur cette matière avec cet aplomb qui a été la première cause de son succès auprès du public.

Quant aux autres formules, je les crois absolument vierges; il me semble que jamais la vanité humaine d'une part, l'engouement qu'on a toujours montré pour certains faux principes de l'autre, n'eussent permis de les accepter.

C'est que nous avons toujours la vérité à la bouche, mais que nous la fuyons comme une peste. Dame! elle est femme et se cache dans un puits — elle doit être bien laide!

Quoi qu'il en soit, quand l'heure sera venue, *Deo volente,* je la dévoilerai; mais quelle que soit mon impatience d'arriver aux sujets d'une urgence incontestable, telle que la suprématie présumée des villes sur les campagnes, les principes qui assurent l'ordre public, le patriotisme, la religion, et bien d'autres, je ne puis me dispenser de signaler d'abord les fautes commises, et les moyens par lesquels on aurait pu les éviter.

J'invoque donc la patience et l'indulgence du lecteur, car je ne suis encore que sur le seuil des étables d'Augias. Je le prie du reste de vouloir bien croire que je n'appartiens à aucun parti politique, et que tout ce que je dis est dicté par une impartialité absolue, chose bien rare de nos jours.

CHAPITRE VIII

Le 4 Septembre. — L'Empereur.

> Μάλα γάρ τοι τὸ τᾶς ὑγείας πολλᾶς
> Ἀχάριστον τέρμα · νόσος γὰρ
> Γείτων ὁμότοιχος ἐρείδει.
>
> AGAM. (Chœur.)

Après tant de catastrophes, tant de ruines, les esprits sont-ils enfin devenus assez calmés pour écouter un honnête homme qui, sans acception de parti, ne veut juger les événements qu'au point de vue de la philosophie? A-t-on assez dénigré *l'homme de Sedan*, a-t-on assez éclaboussé une noble dame, illustre par sa charité sans bornes, et qui n'a encouru d'autre reproche que celui de n'avoir écouté que son bon cœur dans un moment suprême?

Qu'on ne me prenne pas, je le répète, pour un homme de parti. Je n'envisage les faits qui appartiennent désormais à l'histoire que comme un jeu de dames, dont je me donne la mission de juger les coups, sans m'occuper de la personnalité des joueurs.

Le 3 septembre 1870 un empereur a perdu une bataille à Sedan. Or, de quelque manière que j'examine la question, je ne vois pas que pour cela il ait dû *légalement* perdre un trône.

D'abord, suivant le principe de la souveraineté nationale, ce trône lui ayant été conféré par un plébiscite, il ne pouvait lui être ôté que par le même moyen.

D'autre part, d'après la maxime proclamée par la Constitution *républicaine* de 1848, aucun individu, aucune fraction du peuple ne peut s'attribuer l'exercice de la souveraineté.

Or, Napoléon III a perdu le trône par le fait d'une fraction infime *républicaine* du peuple.

Voilà, ce me semble, une inconséquence assez flagrante. Décidément, le *droit* a été violé de toutes les façons.

« C'est possible » me répondront les plus modérés, « mais avouez qu'il a commis un véritable crime en lançant la France dans une guerre colossale, sans qu'elle y fût préparée. Or, ce crime méritait la déchéance. »

Ici encore, permettez-moi de vous le dire, vous avez complétement tort au point de vue légal. Qu'avez-vous réclamé à cor et à cris pendant des années? Le gouvernement parlementaire. Eh bien! l'Empereur vous l'a donné, et avec une telle largeur, qu'il en a, lui, ressenti tous les inconvénients, sans en retirer le moindre avantage. Or, quel est le principe parlementaire? *« Que le roi règne et ne gouverne pas, »* et que par conséquent les ministres seuls sont responsables. Donc, légalement, l'Empereur ne devait pas être puni pour le fait de ses ministres.

Vous me répondrez à votre tour que ses ministres n'étaient que ses créatures, et qu'il se mêlait de tout. C'est, de votre part, une supposition qui ne repose sur aucune donnée : car, d'un côté, si elle était vraie, les ministres auraient dû immédiatement donner leur démission, et, ne l'ayant pas fait, ils nous donnent le droit de les considérer comme ayant agi selon leur libre arbitre; d'un autre côté, il était notoire que M. Ollivier désorganisait à son gré tous les services contre la volonté de l'Empereur.

Quant au fait matériel de la perte d'une campagne, il n'y a pas de doctrine connue qui ait jamais proclamé la déchéance pour cela. Si Louis XIV eût perdu la bataille de Sedan, il n'en fût pas moins resté roi. L'Empereur d'Autriche a perdu la bataille de Sadowa, et il est encore sur le trône.

J'arrive maintenant au grand cheval de bataille des exaltés : Louis-Napoléon, ayant violé son serment en renversant la République, n'a jamais pu, de droit, occuper le trône de France.

C'est peut-être pour cela, pourrais-je leur répondre, que vous avez cru pouvoir violer le vôtre.

Mais j'aime mieux aller au fond des choses. La République de 1848, de quel droit existait-elle? N'est-ce pas du droit d'un coup' d'État qu'on est convenu d'appeler *révolution?* Les deux expressions sont synonymes.

Droit pour droit, franchement, j'aime mieux celui de Napoléon III.

Car, jamais, entendez-le bien, JAMAIS, dis-je, à aucune époque de son histoire, la France n'a voulu accepter la République.

Au siècle dernier, celle-ci s'imposa par la Terreur : la nation protesta par la guerre civile, et finit par se donner au premier Napoléon.

En 1830, la France change de dynastie, mais refuse net de renoncer au régime monarchique.

En 1848, elle proteste, d'abord en élisant une Constituante centre-gauche, puis par son vote du Dix-Décembre, dont le sens monarchique n'échappa à personne.

En 1871 enfin, à l'heure où j'écris, une Assemblée nationale monarchique décide des destinées du pays.

Bref, jusqu'ici la République n'a jamais été sanctionnée par le pays. En 1851 elle était un gouvernement illégal au premier chef, dont tous les actes étaient de plein droit et moralement NULS. *Quod initio vitiosum est, non potest tractu temporis convalescere* (1).

____

(1) *Digest.* lib. I. tit. xvj, 29.

Le pouvoir légal était vacant en France; à défaut des prétendants légitimes qui ne bougeaient pas, le premier venu pouvait le prendre. *Quod enim nullius est, id ratione naturali occupanti conceditur* (1). La République usurpatrice n'avait pas le droit de s'en plaindre.

« Pourtant, direz-vous, Louis-Napoléon avait prêté serment à la constitution, donc il devait la respecter. »

Permettez : Louis-Napoléon avait prêté serment à *une* constitution, répudiée d'ailleurs par la nation, qui par son vote avait créé une Législative aux trois-quarts monarchique.

Mais *la constitution qu'il déchira n'était plus celle qu'il avait juré de maintenir!* On en avait tellement faussé l'esprit par les lois organiques, qu'elle n'était plus devenue qu'un chiffon. Entre autres, on avait eu soin d'escamoter le suffrage universel, dont il ne restait plus que l'ombre.

Je ne puis pas ici développer davantage cette thèse qui n'est au fond qu'un incident : je me borne à faire observer que, si vous me faites prêter serment à un pacte dont vous faussez ensuite les clauses principales, je ne suis plus tenu à rien. C'est élémentaire.

Maintenant Louis-Napoléon, aussitôt la République renversée, consulta la Nation, qui ratifia son acte par une immense majorité, en repoussant ainsi la République encore plus catégoriquement qu'auparavant.

Dès lors le gouvernement de Louis-Napoléon acquit incontestablement le caractère de la légalité.

Si la République vaut mieux que la Monarchie, la France n'en opta pas moins pour cette dernière, et elle en avait le droit.

C'est depuis ce temps-là que le parti vaincu n'a cessé

______

(1) *Digest.* lib. XLI, tit. j, 3.

de témoigner pour Napoléon III une haine implacable.

Or, c'est précisément cette haine qui semble démontrer que le règne de Napoléon III n'était pas dépourvu de grandeur.

Quand je vois un grand poëte, qui avait acquis une certaine renommée avant d'avoir écrit les *Misérables*, l'*Homme qui rit*, et la lettre du 26 mai 1871, descendre de son Olympe pour jouer le rôle de pamphlétaire, en déversant sa bile, qui ressemble beaucoup à de la bave, sur la tête de l'Empereur des Français, et en lui octroyant le surnom de *Petit,* je suis bien forcé de me dire, ou que le poëte était perché moins haut qu'on ne le pensait, ou que l'objet de ses injures n'était pas si petit qu'il voulait bien l'insinuer.

Lorsqu'enfin j'ai vu que, non content de vomir des calomnies contre l'homme du présent, on allait déterrer avec avidité tout ce qui pouvait nuire à la mémoire du premier Empereur, c'est-à-dire au fondateur de la France nouvelle, à celui qui la fit sortir du chaos, et la dota d'une gloire militaire qui n'a pu jusqu'ici être éclipsée que (malheureusement!) tout récemment à nos dépens par celle de la Prusse, oh! alors il m'a bien fallu m'avouer à moi-même que la dynastie des Bonaparte était bien enracinée dans le cœur des Français, puisque la haine, pour l'attaquer, ne respectait pas même plus ce demi-dieu dont elle avait fait l'apothéose lorsqu'il s'est agi pour elle de renverser les Bourbons!

Oui! il y a eu de la grandeur dans le règne de Napoléon III.

Il a arrêté, d'accord avec l'Angleterre, l'ambition de la Russie;

Il a vaincu l'Autriche en tant qu'elle pouvait être menaçante pour nous;

Il a annexé trois départements à la France;

Enfin il nous a donné douze années d'une prospérité sans égale (1).

Le produit des contributions indirectes n'était en 1851 que de 738 millions, et en 1867 il s'éleva à 1252 millions !

On peut dire qu'en moyenne il y avait chaque année une augmentation de 50 millions sur ce chapitre, ce qui donne en vingt ans une augmentation totale de plus de *dix milliards* sur l'année 1851.

Sans compter ce qui, par le travail et le commerce, florissant sous la tranquillité publique, entrait dans les caisses des particuliers. C'était dix fois plus !

L'expédition du Mexique, dont on a voulu faire à la charge du chef de l'État une faute capitale, eût été au contraire pour la France, par les résultats commerciaux qu'elle aurait pu produire, une excellente affaire, si elle avait été autrement conduite.

Vous en conviendrez, Sire, si jamais par impossible ces pages passaient sous vos yeux, j'ai résumé votre actif avec la plus grande loyauté, et dans un moment où l'on risque beaucoup à le faire, sans y rien gagner. Mais, hélas ! voici votre passif, et il est bien lourd !

Sire, grâce à la sage Constitution de 1852, la France jouissait en 1864 d'une tranquillité profonde, d'une prospérité sans égale. Les pays voisins nous enviaient notre bonheur : il n'y avait de mécontents que les entrepreneurs de révolutions, car leur commerce n'allait pas.

Les campagnes, ce vrai nerf de la nation, vous appartenaient corps et âme ; la bourgeoisie bénissait votre fermeté, en frissonnant à la seule pensée de votre mort.

Que vous fallait-il de plus ? La prudence la plus vul-

---

(1) On verra plus loin pourquoi je n'en compte que douze.

gaire ne conseillait-elle pas de ne pas toucher à ce qui allait tout seul et bien ?

Voyons, ce fameux *couronnement de l'édifice* était-il bien nécessaire ? Il n'y pleuvait pourtant pas !

« Ah ! disiez-vous, mais il faut couronner ! »

Et comment vous y êtes-vous pris ?

En arrachant à la base ses meilleures pierres pour les mettre en haut !

Le centre de gravité ainsi déplacé, l'équilibre de l'édifice, trop lourd par en haut, devenait *instable*. C'est une simple loi de statique.

Voilà, Sire, un petit échantillon de la PHILOSOPHIE ABSOLUE. Elle prend les lois physiques, et cherche à les appliquer à l'ordre social. Elle n'est pas un vain mot. Si j'avais pu vous en donner un peu, vous seriez encore sur le trône, car elle vous aurait appris à ne pas briser *l'inertie du bien-être.*

En 1864 vous avez semé les premiers germes du 18 mars, en abrogeant la loi sur les coalitions.

C'est de là, Sire, que datent vos malheurs. Douze ans de prospérité vous ont paru suffisants. Vous vous êtes dit : « On est trop heureux, il faut du malaise. »

Comme ce malaise ne venait pas assez vite, vous avez écrit la trop célèbre lettre du 19 janvier 1867.

Ce jour-là, Sire, j'ai dit à mes amis : « L'Empire est perdu. »

J'eus, bien entendu, le sort de Cassandre.

Ce couronnement de l'édifice vous a-t-il valu un seul remercîment ?

Voyez vous-même.

Le bourgeois s'en est effrayé, et pour se consoler il a acheté la *Lanterne ;*

Les lanterniers se sont servis des libertés octroyées

pour vous démolir, en vous disant au nez qu'ils ne vous en savaient aucun gré;

Enfin l'Internationale, si débonnairement affranchie par vous, a fait le 4 septembre.

Cela, par exemple, c'était en effet vous *remercier*.

Ainsi à l'intérieur, une situation excellente créée par vous, et défaite par vos propres mains.

Au dehors les choses ne vont guère mieux. Vous laissez faire Sadowa, au moment où il aurait suffi d'un mot de vous pour l'empêcher.

Reconnaissant votre faute, vous vous préparez à une guerre devenue inévitable. Et votre premier pas dans cette voie — c'est la lettre du 19 janvier! pour concentrer vos forces, sans doute?

Et puis vous vous étonnez des mauvaises élections de Paris? C'est vous-même qui les avez faites!

Vous avez enfin une gauche qui compte quarante membres. Et c'est cette gauche qui, à la barbe d'une droite récalcitrante de deux cents membres, vous impose M. Émile Ollivier!

C'était faire du gouvernement parlementaire à rebours, en donnant le pouvoir à la minorité.

Et les insultes, et les calomnies qui pleuvaient sur vous de tous côtés, sous l'égide d'une prétendue loi de répression?

Que devait penser la France de tout cela?

La France, éminemment conservatrice, perdait chaque jour une parcelle de la seule ancre de salut qui lui restât, sa confiance en la sagesse de celui qu'elle avait appelé son sauveur. Vos ennemis, en attendant, préparaient sous vos yeux un Quatre-Septembre quelconque, qu'un accident favorable pouvait faire éclore d'un moment à l'autre.

Ce fut la guerre qui l'amena.

Sire, l'histoire l'a enregistré avec stupéfaction : après avoir de gaîté de cœur sapé les bases de l'ordre public fondé par vous, vous vous êtes, de gaîté de cœur encore, lancé dans une guerre colossale sans y être préparé.

Sire, c'est là une accusation terrible qui pèse sur vous. Avec trois cent mille hommes vous avez engagé la lutte contre douze cent mille. Nos arsenaux étaient vides, nos boulevards des frontières peu ou point approvisionnés, et il n'existait pas d'armée de réserve.

Ce fait est unique dans l'histoire.

Je ne me sens pas compétent pour juger la conduite militaire de la campagne, mais voici ce que je puis dire : c'est que les tiraillements révélés par le général Trochu (1) dans la haute direction de la guerre, et à la dernière heure, étaient, dans des circonstances pareilles, ce qu'il pouvait y avoir de plus désastreux pour la France.

Sire, il ne saurait y avoir sur ce point-là deux opinions. Ou vous aviez confiance dans le comte de Palikao, ou bien vous l'aviez dans le général Trochu. Il fallait faire son choix, et donner ou à l'un ou à l'autre la direction seule et entière de la défense de Paris. Mais nommer le général Trochu en dépit du comte de Palikao, et ensuite permettre à celui-ci de diriger les choses, comme dit le général, « par dessus sa tête, » c'était, Sire, se livrer pieds et poings liés à l'ennemi.

Point de commandement divisé! c'est-là l'A B C de l'art militaire.

Bref, Sedan est arrivé : la France était *à moitié* perdue.

A moitié seulement, car le reste est à la charge de Paris, et de ceux qui y tenaient alors les rênes du gouvernement.

(1) Séance de l'Assemblée nationale du 13 juin 1871.

Ah! Sire, la moitié seule de fautes pareilles est déjà terrible. Hélas! si la France vous en veut, elle n'a pas tort.

CHAPITRE IX

Le 4 Septembre. — L'Impératrice et les grands Corps de l'État.

Plus on réfléchit aux événements du 4 septembre, moins on parvient à s'expliquer l'ineptie des uns, l'irrésolution ou la défaillance des autres, éléments qui tous ont si bien servi l'audace des ennemis de l'Empire.

Comment? vous recevez une nouvelle aussi foudroyante que celle de la défaite de Sedan — vous savez que vous avez à faire ici à une population fort impressionnable de deux millions d'âmes, déjà à moitié égarée par une presse virulente — vous savez qu'il y a à Paris certains quartiers notoires où l'émeute existe à l'état chronique, et qui peuvent en un clin-d'œil lancer sur un point quelconque de la capitale vingt mille braillards de la pire espèce, et non-seulement vous publiez le fait écrasant dans toute sa nudité hideuse, mais vous ne prévoyez rien, et vous ne prenez aucune mesure militaire?

Et ici, Madame, c'est à vous spécialement que je m'adresse, à vous, Régente de l'Empire, légalement investie du pouvoir suprême, et doublement tenue à l'exercer par la catastrophe qui avait fait tomber l'Empereur entre les mains de l'ennemi. Vous qui teniez tous les fils du système gouvernemental, vous dont la signature était encore respectée, vous enfin qui étiez entourée de serviteurs dévoués, prêts à mourir pour vous, comment avez-vous rempli les graves devoirs que vous imposaient les événements?

Hélas! Madame, nul plus que moi n'a aimé et respecté vos vertus; nul plus que moi n'a été révolté des infâmes outrages qu'on a lancés contre vous; nul plus que moi enfin n'a rendu justice à votre esprit de charité, d'où sont écloses tant d'institutions précieuses de bienfaisance.

Mais, à certains moments, ce sont d'autres qualités plus sévères qu'on réclame d'une Régente. La France, déjà affligée du fléau de l'invasion, devait être sauvée d'un deuxième fléau, celui de la révolution en face de l'ennemi.

L'Empire, encore debout, aurait pu mieux résister qu'aucun autre gouvernement, parce qu'en définitive il n'y avait rien de nouveau, et que tous les rouages étaient en action : il suffisait de leur imprimer plus de vigueur. L'Empire, d'ailleurs, avait faculté de traiter à un moment donné, où les conditions eussent été moins onéreuses. En un mot, il eût, d'une manière plus ou moins heureuse, liquidé une situation créée par lui : tandis que le nouveau gouvernement, paralysé d'abord dans son action immédiate par la nécessité de trouver des hommes nouveaux, et tellement nouveaux, qu'ils étaient novices et dès lors forcément incapables, était au surplus paralysé par l'illégalité de son existence : illégalité qui l'empêchait de traiter.

Donc, Madame, l'Empire debout, c'était la France plus ou moins sauvée; la Révolution debout, c'était la France plus ou moins ruinée.

C'était à vous de sauver l'Empire, et vous le pouviez.

Madame, ce premier de tous les devoirs, vous ne l'avez pas rempli.

Vous, Régente, vous vous êtes d'abord trouvée en

désaccord, selon le général Trochu, avec l'Empereur, au sujet de son retour à Paris. Madame, vous pouviez avoir en cela raison ou tort, la question n'est pas là. Mais à aucun prix, à cette heure-là, vous ne deviez vous opposer à une chose faite, et déjà réglée. Le temps pressait, il fallait un accord complet, il ne fallait pas faire d'opposition au général Trochu : tout au plus. auriez-vous pu régler les conditions d'un pacte entre lui et le comte de Palikao, afin d'obtenir l'unité d'action si déplorablement compromise par la nomination d'un gouverneur indépendant du ministère de la guerre. Mais passons.

Si j'en crois un récit qui a paru dans le *Figaro* du 24 novembre 1870, récit qui a d'ailleurs tous les caractères de l'authenticité, vous, Madame, vous auriez défendu aux troupes de se servir de leurs armes. « Toutes les calamités, excepté la guerre civile. » Voilà les paroles qu'on vous attribue.

Eh bien, Madame, il y a des moments où il faut accepter la guerre civile pour sauver le pays : c'est lorsque les ambitieux des rues tentent, sous un prétexte ou un autre, d'escalader le pouvoir. Alors, celui qui transige est pour le moins aussi coupable que celui qui s'insurge.

Nous l'avez-vous épargnée d'ailleurs la guerre civile? Non!—C'était à prévoir.

M. Thiers n'a pas hésité, lui, à l'accepter, et il a sauvé Paris.

On vous prête un autre mot, Madame; le voici : « Ne pensons à sauvegarder la dynastie qu'après avoir pensé au salut de la France. »

Mais, Madame, dans ce moment-là, le salut de la France, c'était la dynastie, c'était l'absence de révolution en présence de l'ennemi! Malgré, ou plutôt à cause du désastre de Sedan, la dynastie et la France ne faisaient plus qu'un ! La chute de l'une, c'était la chute de l'autre, et INÉVITABLEMENT !

Je suppose qu'au lieu d'une capitulation, Sedan eût été une victoire, et que l'ennemi, battu à plate couture, eût eu de la peine à regagner sa frontière. Si, dans de telles circonstances, une révolution avait éclaté à Paris, je ne dis pas qu'elle eût été sage ; mais certainement les intérêts dynastiques auraient été plus indépendants de ceux du pays, en ce sens que celui-ci serait resté autant maître de son sort après qu'avant.

Mais en présence d'une défaite écrasante, qui laissait à l'ennemi le chemin de la capitale complétement ouvert, il n'y avait pas à balancer : il fallait à tout prix se cramponner à ce qui existait.

Ce n'était donc pas la guerre civile, Madame, mais la chute du trône qu'il fallait éviter.

Dans de certaines circonstances, Madame, l'économie de sang aboutit ordinairement à en faire verser davantage.

Si Louis-Philippe se fût défendu sans pitié, il nous eût épargné les journées de Juin.

Si, renonçant à votre douceur habituelle, Madame, vous vous étiez inspirée des sentiments d'une Élisabeth d'Angleterre, d'une Catherine II de Russie, ou même de l'ex-reine de Naples, non-seulement au 4 septembre vous auriez versé peu de sang, ou point peut-être, pour soutenir la dynastie et pour sauver la France, mais vous auriez très-certainement épargné celui qui fut versé les 31 octobre et 22 janvier devant l'Hôtel de Ville ; vous auriez fort probablement écarté la sortie meurtrière de Montretout ; vous auriez *peut-être* (car j'en entrevois la possibilité) détourné tout-à-fait le siége de Paris.

Vous auriez enfin rendu impossible l'effroyable tourmente sortie du 18 mars !

Mais en agissant comme vous l'avez fait, Madame, vous avez déserté votre poste, vous avez lancé la France dans l'aventure qui a abouti à sa ruine.

Et le Corps législatif? a-t-il eu plus que l'Impératrice, plus que les Ministres, conscience de ses devoirs? Il est triste de le dire, mais lui aussi s'est montré d'une faiblesse, d'une indécision qui doivent d'autant plus nous surprendre, qu'il comptait dans son sein une majorité compacte et homogène.

Lorsqu'il a vu que la salle pouvait d'un moment à l'autre être envahie (et c'était à prévoir), pourquoi n'a-t-il pas enjoint à ses questeurs d'accomplir rigoureusement le premier de leurs devoirs, celui de défendre le local?

Au lieu de cela, c'est un des questeurs qui a donné l'ordre d'admettre la populace.

Car le peuple, le vrai peuple, je l'ai vu moi-même, se tenait tranquille sur la place de la Concorde, et ne témoignait que de la curiosité sur l'issue de l'affaire.

Lorsqu'un député est venu déposer une proposition tendant à proclamer la déchéance de la dynastie, en se fondant sur la « vacance de tous les pouvoirs » (l'Impératrice régente était encore aux Tuileries!), pourquoi la majorité, s'inspirant de ses devoirs, n'a-t-elle pas riposté en prononçant la déchéance des députés qui avaient signé la proposition?

A midi et demi, une députation du Centre gauche arrive aux Tuileries, et propose sans façons à l'Impératrice *d'abdiquer!* Je cherche en vain dans le compte-rendu de la séance le vote qui avait investi cette députation d'un pareil mandat.

Mais au moins l'Impératrice reçut-elle une contre-députation de la majorité? Il n'en est pas question.

Quelques dévoués sont venus, au moment du départ, faire leurs adieux à la Régente.

Pendant ce temps, un gouvernement sans mandat, vu sans doute la « vacance de tous les pouvoirs », est allé s'installer à l'Hôtel de Ville.

Ah! mon pauvre Corps législatif, pas plus que l'Empereur, pas plus que l'Impératrice, tu n'as été à la hauteur de ta mission.

Ce que je trouve de plus digne dans toute cette malheureuse journée de fous et d'aveugles, c'est la conduite du Sénat. Celui-là, au moins, bien que dépourvu de moyens d'action, est resté à sa place jusqu'au bout, et c'est dans son sein qu'on a entendu les derniers cris de « Vive l'Empereur! »

Ce cri était d'abord commandé par le serment, et ensuite c'était, au milieu du désastre, le seul qui pût sauver la France.

Quant aux députés qui ce jour-là se donnèrent le pouvoir, ils ont sans doute depuis lors éprouvé bien des remords; hommes consciencieux, croyant faire le bien, ils se sont depuis, je n'en doute pas, fait beaucoup de reproches, en se promettant bien de ne plus jouer avec le feu à l'avenir.

L'appréciation des événements postérieurs au 4 septembre serait déplacée ici : en la réservant, je me bornerai à dire avec Dante, sur les acteurs du drame :

Non ragioniam di lor, ma guarda e passa.

Il m'a paru à la fois curieux et instructif de rechercher si les choses auraient pu se passer autrement avec de meilleures chances de succès, et en supposant tout d'abord que le général Trochu, au lieu d'être nommé par l'Empereur pour être neutralisé ensuite, eût été envoyé à Paris à la demande expresse du comte de Palikao (qui, du reste, avait présenté la chose ainsi à la Chambre), pour occuper, sous ses ordres, la place de gouverneur de Paris. C'est-là, en effet ce qu'aurait exigé la saine logique. Je demande ici au lecteur la permission de lui présenter à ce sujet mes idées sous une forme un peu insolite, mais très-commode : celle du dialogue.

CHAPITRE X

Comment cela aurait pu se passer. — Scènes imaginaires.

Scène I.—*Au Ministère de la guerre, le 3 septembre 1870, cinq heures du soir.*
Le COMTE DE PALIKAO *rentre; il jette son chapeau sur un fauteuil, et se promène les bras croisés.*

Triste séance! J'ai trop dit. Mais aussi quel engagement ridicule que celui d'avoir à dire tout à une Chambre remplie d'avocats! La gauche est bien décidée, je le vois, à tenter la fortune. Qui sait? Elle a son armée aussi, elle, et une émeute réussit quelquefois..... cela s'est vu. Et dans ce cas, que deviendra la France entre leurs mains? Perdue! Et moi, vieux militaire, je me laisserais mettre dedans par ces gens-là? Ah! mais non! J'ai trop dit, mais il reste encore quelque chose à cacher..... Je n'ai pas encore fait mon plan, mais, en attendant, ceci ne peut pas nuire. (*Il s'assied au bureau, écrit trois dépêches et sonne.*)

Un huissier (*entrant*).—Excellence, voici une nouvelle dépêche.

Palikao. — C'est bien : envoyez ces trois plis à leurs adresses — immédiatement, entendez-vous? Ma voiture attelée. (*L'huissier sort.*)

Comme cela, télégraphe arrêté, poste arrêtée, Trochu

mandé, nous verrons. (*Il ouvre la dépêche et reste interdit.*) Diable! l'Empereur prisonnier! L'armée.... Aïe, aïe! Heureusement je ne savais pas cela : j'aurais été assez niais pour le dire à la Chambre!... Il faut aviser... Trochu ne sera guère ici avant une heure... Vite chez l'Impératrice! Je réfléchirai chemin faisant. (*Il sort en disant dans l'antichambre*) : Si le général Trochu arrive, faites-le passer, je serai de retour immédiatement. Je n'y serai que pour lui.

Scène II. — *Chez l'Impératrice.*
L'Impératrice et Palikao assis devant une table.

Palikao.—Madame, le sort de la France est entre vos mains. Vous savez qu'il existe à Paris une section de la population qui ne rêve que le désordre, et en guette le moment. Votre Majesté sait aussi que je viens d'entendre à la tribune de la Chambre des paroles qui sont une véritable révélation des espérances et des projets des ennemis déclarés de l'Empire. Il n'y a donc pas à balancer. A la franchise des ennemis il faut répondre par la vigueur dans l'action.

L'Impératrice. — De grâce, comte, ne me parlez pas de guerre civile. « Il ne faut penser qu'à sauver la France. » Prenons des mesures sages et vigoureuses, et on verra » qu'il n'y a pas d'intérêt à rien bouleverser à l'approche » des Prussiens. Ne pensons à sauvegarder la dynastie » qu'après avoir pensé au salut de la France! »

Palikao.—Oui, Madame, la France avant tout : nous sommes d'accord. Mais si Votre Majesté veut bien envisager la situation avec calme, Elle verra qu'inévitablement, fatalement, la France ne peut être sauvée dans ce moment-ci qu'en sauvegardant la dynastie. Supposez pour un instant qu'en allant à la séance de demain j'apporte crûment cette terrible nouvelle. La gauche, soyez-en sûre, a tout préparé : elle veut courir la chance d'un procès de haute trahison ou d'une révolution. Attendez-vous donc à quelque proposition tendant à renverser le trône. Qu'arrivera-t-il? De deux choses l'une : Ou elle réussit, alors nous voilà misérablement mis à la porte comme Louis-Philippe, et voilà la France livrée aux aventures en face de l'invasion, et aux mains de gens qui ne savent pas le premier mot, ni de l'art de la guerre, ni de celui de gouverner. Ou c'est au contraire nous qui l'emportons, nous voilà alors forcés d'empoigner la gauche et de la faire juger par un conseil de guerre, dont l'arrêt, pour un cas de rébellion en présence de l'ennemi, ne peut être que la mort. Car nous sommes en état de siége, Madame, et le gouverneur de Paris peut faire arrêter qui que ce soit, fût-ce un député qui, d'ailleurs, serait déchu, par le fait même de l'infraction du serment.

L'Impératrice.—Point de sang sous la régence, comte. Je suis femme.

Palikao. — Madame, en ce moment vous n'êtes pas femme, vous êtes Régente. Votre premier devoir, c'est d'empêcher *à tout prix*, entendez-vous? la désorganisation de la France dans la crise terrible que nous traversons. N'ajoutons pas la faiblesse à nos autres fautes. Du reste, Madame, c'est justement pour éviter d'en arriver à de pareilles extrémités, qui nous susciteraient d'immenses embarras d'un autre ordre, que je vous propose une mesure d'urgence qui nous donnera le temps de respirer, et nous permettra peut-être de maintenir l'ordre sans effusion de sang.

L'Impératrice. — Quel est ce moyen? Oh! s'il n'y a pas d'effusion de sang, je l'accepte d'avance.

Palikao. — Votre Majesté, usant de son droit, prorogera le Corps législatif.

L'Impératrice. — Et l'engagement que j'ai pris de le consulter dans toutes les circonstances graves?

Palikao. — Madame, votre engagement ne peut pas aller jusqu'à compromettre l'existence même de l'Empire. Il ne peut être valable qu'envers une Chambre dévouée au maintien de nos institutions. Mais dès que dans cette même Chambre on est allé jusqu'à menacer la dynastie de déchéance, sans que par un cri unanime le député coupable, qui d'ailleurs n'était pas le seul, tant s'en faut, ait été expulsé de la salle, il y aurait folie à maintenir un engagement qui ne pouvait lier le trône qu'en tant qu'il était lui-même accepté. Mais que dis-je? Votre engagement ne sera pas rompu, car vous motiverez la prorogation en montrant la nécessité — et elle est réelle — de convoquer le Corps législatif et le Sénat en province à cause de l'imminence du siége dont Paris est menacé. Madame, la mesure que je vous propose est nécessaire : elle évitera, avec celles que je vais prendre avec le général Trochu, l'effusion de sang que vous redoutez.

L'Impératrice. — A cette condition-là seule — si vous en prenez personnellement l'engagement.....

Palikao. — Madame, je ne prends pas d'engagement nuisible à la France; mais je m'engage à faire de mon mieux pour que l'on n'en arrive pas là. D'ailleurs, Madame, Votre Majesté croit-elle qu'en évitant de verser un peu de sang pour sauver l'empire, il ne s'en versera pas par suite de sa chute? Ce serait une grave erreur. Au lieu d'une dizaine de victimes qui, le cas échéant, pourraient tomber sous nos coups pour le maintien de l'Empire, la Révolution triomphante en immolera des milliers peut-être dans les rues de Paris. Ainsi de ce côté-là, Madame, il n'y aurait rien de gagné, et Votre Majesté en serait moralement responsable.

L'Impératrice (*réfléchissant*). — C'est peut-être vrai !

PALIKAO. — Croyez-moi, Madame, la Révolution en versera toujours plus que nous.

L'IMPÉRATRICE. — Et cette prorogation....

PALIKAO. — Elle est le moyen le plus sûr de ne pas en verser.

L'IMPÉRATRICE. — Mais il faut le conseil des Ministres pour cela?

PALIKAO. — Votre Majesté voudra bien le convoquer à l'instant, — et le préfet de police aussi. Votre Majesté s'en charge? J'y compte.

L'IMPÉRATRICE. — C'est entendu, général.

PALIKAO. — Je cours trouver Trochu, qui m'attend chez moi. (*Il salue et sort.*)

SCÈNE III. — *En voiture.*

PALIKAO (*seul*). — Voilà qui va bien. Maintenant comment prendre Trochu? Il est d'une indécision.... Si je lui demande des conseils, nous n'en sortirons pas. Il faut que je lui donne la chose comme tout-à-fait décidée. Des ordres, pas de conseils.

SCÈNE IV. — *Au Ministère de la guerre.*

PALIKAO, *en entrant dans son cabinet de travail, trouve le général* TROCHU *occupé à lire.*

PALIKAO. — Ah! mon cher général, désolé de vous avoir fait attendre.

TROCHU. — Il n'y a pas de quoi, général. Du reste je m'attendais à être appelé.

PALIKAO. — Le fait est que je viens de chez l'Impératrice qui m'a donné ses ordres.... Vous savez la nouvelle?

Trochu. — Laquelle? Est-elle mauvaise?

Palikao (*lui serrant la main*).—Ah! mon pauvre ami! Pauvre France! Tenez, lisez cette dépêche.

Trochu (*après un moment de silence*). — Je ne m'attendais pas à cela.

Palikao. — Au milieu de tant de ruines je me console de pouvoir compter sur le concours dévoué d'un camarade comme vous. Il s'agit de sauver la France, et cela dans les vingt-quatre heures.

Trochu.—Oh! oh! si vous ne me donnez pas plus de temps que cela....

Palikao.—Mon cher ami! mais asseyons-nous et causons tranquillement. Vous voyez cela d'ici. Demain je vais à la Chambre apporter cette nouvelle. La gauche va se lever comme un seul homme, elle demandera la déchéance; à l'heure qu'il est je parie que ses séides sont déjà prêts à envahir le Corps législatif, et voilà la pauvre France aux mains de gens qui ne connaissent que leurs rancunes et leurs principes qui sont absurdes; ils ne savent pas un mot des affaires, et surtout de la guerre. Et tout cela en présence de l'invasion. Les Prussiens vont être ici dans quinze jours, et le temps presse. Vous comprenez que laisser accomplir une pareille folie, c'est ruiner la France.

Trochu. — Complétement.

Palikao. — Je suis donc allé chez l'Impératrice, qui m'a parlé du ton résolu d'une femme pénétrée de ses devoirs envers le pays, et qui, prête à sacrifier la dynastie si cela pouvait sauver la France, reconnaît pourtant elle-même que tout changement radical du Gouvernement dans un moment comme celui-ci rendrait inévitable un naufrage complet de la nation, qui ne s'en relèverait pas. Elle pense là-dessus comme vous et moi.

Trochu (*réfléchissant*). — Elle a parfaitement raison.

PALIKAO.—Bref, elle m'a donné, pour ainsi dire, carte blanche, en me disant de compter sur elle. J'ai exigé alors la prorogation immédiate du Corps législatif, et cela va se faire tout à l'heure en conseil des Ministres. Vous irez avec moi.

TROCHU.—C'est très-bien, mais comment empêcherez-vous cette nouvelle de pénétrer dans le public? Car à l'heure qu'il est il a dû arriver, ou il arrivera demain, des télégrammes, des lettres, des voyageurs....

PALIKAO. —Quant au télégrammes et aux lettres, ces trous sont déjà bouchés. Les Parisiens diront ce qu'ils voudront, ils ne recevront pas une seule lettre demain du dehors. Quant aux voyageurs, il ne pourra en arriver que lundi, et moi je ne prétends pas garder le secret au-delà de vingt-quatre heures. Que la mauvaise nouvelle se fasse jour peu à peu, je le veux bien, mais je compte ne l'avouer officiellement que lorsque tout le monde la saura. Elle perdra ainsi son effet foudroyant.

TROCHU.—D'accord; mais réfléchissons bien : le Parisien, comment prendra-t-il cela? Il ne va pas être enchanté, je vous le promets.

PALIKAO. — Qu'entendez-vous par Parisien, d'abord? Sont-ce les émeutiers? Ceux-là ne seront pas ravis sans doute, car nous leur aurons gâté leur besogne. Mais si vous entendez parler de tous les honnêtes gens qui ne descendent pas dans la rue, eh bien! ils seront d'abord furieux comme vous et moi, c'est naturel; ils pesteront contre l'Empereur pour avoir commencé une guerre sans y être préparé; puis, lorsqu'ils se seront calmés, ils compteront sur les doigts pour savoir ce qui leur offre le plus de chance : de changer de régime en présence de l'invasion, ou de garder ce que nous avons — et je vous promets que leur choix ne sera pas douteux.

TROCHU —Soit. Et les moyens d'exécution?

PALIKAO. —Voilà sur quoi j'ai besoin de m'entretenir avec vous. Avez-vous assez de troupes régulières pour garder le Corps législatif, le Sénat, les Tuileries et Belleville?

TROCHU.—Oh! parfaitement; mais dans un cas comme celui-ci, j'aimerais bien le concours de la garde nationale. Il faudrait battre le rappel....

PALIKAO.—Gardez-vous en bien. Pour le service de cette nuit, il suffira d'une convocation à domicile d'hommes choisis. — Vous entendez? Puis d'ici à fort peu de jours il n'y aura plus de danger, car les mobiles vont nous arriver en foule. Voulez-vous bien donner tout de suite les ordres nécessaires, et me rejoindre dans une heure aux Tuileries pour le Conseil?

TROCHU. — C'est entendu. Sans adieu alors....

PALIKAO. — Ah! une autre chose. Vous êtes gouverneur de Paris, et nous sommes en état de siége. Vous pouvez donc ordonner la suspension de tous les journaux jusqu'à nouvel ordre. C'est essentiel. Puis il ne faut plus permettre, ni les clubs, ni ces processions bruyantes de gens hurlant la *Marseillaise* avec une lanterne en tête. Enfin, nous arrangerons tout cela ce soir.

TROCHU. — Oui, oui, nous verrons cela. Adieu. (*Il sort.*)

PALIKAO (*seul*). —Ah! faisons vite le programme pour la séance du Conseil. (*Il écrit*) : Prorogation , — moyens de défense, — ordres à transmettre aux autorités de province, — approvisionnement, — fortifications, — munitions, — marine. Voilà tout, ce me semble. Partons.

(*Il sort.*)

CHAPITRE XI.

Le lendemain du 3 Septembre.

A la suite de ces dialogues, voici maintenant l'histoire supposée du lendemain.

Le 4 septembre, dès six heures du matin, le Parisien aurait trouvé placardé un décret de l'Impératrice, déclarant que, vu la possibilité d'un investissement de la Capitale par l'ennemi, les séances du Sénat et du Corps législatif sont closes. Celles du Sénat se rouvriront le 15 septembre courant à Angers; le Corps législatif se réunira le même jour à Tours, et l'Impératrice-Régente fixe son séjour pendant la guerre à Rennes.

Une autre affiche aurait défendu tout attroupement ou défilé tumultueux, toute démonstration politique, même pacifique, sous peine d'arrestation. Tout auteur de troubles serait déféré au conseil de guerre. Ordre formel à la troupe de faire feu à la moindre agression ou résistance.

On aurait vu les rues sillonnées de nombreuses patrouilles, composées chacune de troupe et de garde nationale. De forts détachements munis d'artillerie auraient occupé tous les points stratégiques de la capitale.

De nombreuses dépêches télégraphiques, envoyées la veille aux points les plus rapprochés, auraient demandé le départ instantané de toute troupe disponible, ne fût-elle que de vingt hommes. Aussi, grâce à cette mesure, la force publique se serait-elle trouvée accrue de plusieurs milliers d'hommes dès dix heures du matin. Le soir il aurait pu y en avoir plus de trente-mille.

Une autre dépêche lancée dans toutes les directions, et transmise à tous les pays voisins, aurait promis une prime de vingt-cinq pour cent sur le prix de tout approvisionnement livré à Paris avant l'investissement.

Une affiche analogue aurait indiqué, dans un tableau annexé, les principales denrées demandées, avec la quantité présumée suffisante pour la consommation d'une année, par exemple :

Beurre salé	6,000,000 k.	Fromage	3,000,000 k.
Blé	200,000,000 k	Fruits secs	4,000,000 k.
Bois	1,000,000 st.	Huile d'olives	10,000 h.
Café	3,000,000 k·	Huile à brûler	300,000 h.
Charbon de bois	4,500,000 h.	Salaisons de toute es-	
Charbon de terre	800,000,000 h.	pèce	10,000,000 k.
Chocolat	1,000,000 k·	Sucre	8,000,000 k.
Eau-de-vie	100,000 h.	Thé	1,500,000 k.
Esprit-de-vin	50,000 h.	Viandes conservées	800,000 k·
Farine	200,000,000 k.	Vin	4,000,000 h.
Fourrage de toute esp.	300,000,000 k.	Vinaigre	40,000 h.

Armes, objets d'habillements, tissus, soufre, provisions de guerre de toute espèce, *ad libitum*.

Cette affiche aurait annoncé que le Gouvernement prenait à son compte toutes les denrées et matières indiquées, et les livrerait aux détaillants au prix de revient, en fixant celui auquel elles seraient vendues au public.

Il est fort probable qu'on aurait eu de la peine à trouver où caser toutes les marchandises qu'une pareille mesure aurait fait affluer à Paris; ET IL EST PLUS QUE PROBABLE QUE LES PRUSSIENS, EN APPRENANT CET APPROVISIONNEMENT COLOSSAL, N'AURAIENT PAS OSÉ ASSIÉGER PARIS.

Mille raisons de prudence, les chances de l'inconnu avant tout, le leur auraient déconseillé.

Ils auraient alors écouté toute proposition raisonnable ÉMANANT D'UN GOUVERNEMENT RÉGULIER POUVANT TRAITER, et, la célèbre formule : — *Ni un pouce de notre territoire, ni une pierre de nos forteresses* — n'ayant pas été encore lancée, on se serait entendu.

L'Empire, qui avait commis la faute, aurait pu la réparer infiniment mieux que tout autre pouvoir, d'autant

plus, qu'ayant entre les mains tous les fils administratifs,
il aurait pu organiser dans la province une défense bien
autrement sérieuse que celle de M. Gambetta.

Metz était debout, et nous serait certainement resté.
Nous aurions cédé Strasbourg, et peut-être, à cette époque-là, la Prusse n'aurait-elle pas insisté sur l'indemnité, ou bien, elle se serait contentée d'un milliard.

Bref, la chute de l'Empire à ce moment-là nous coûte,
au moins, la Lorraine, cinq milliards d'indemnité, et cinq
autres milliards en frais de guerre, gaspillage, *lucro cessante et damno emergente.*

Ah! mais nous avons puni l'*homme de Sedan*, que
diable! Vous trouvez ça trop cher?

C'est pour rien, pourtant. Vous êtes bien difficile!

Mais j'oublie mon sujet. Il reste fort peu à dire : le
comte de Palikao déménage avec son ministère et tous
les autres, en laissant le général Trochu à Paris, en qualité de Gouverneur et d'autocrate, et en pleine liberté
d'exécuter son plan.

Eh bien, ce plan, dont on s'est tant moqué, je le trouve
bon, moi. Il va sans dire que j'ai tort.

Mais voici pourquoi je l'approuve :

C'est que, dès le 6 octobre 1870, j'avais communiqué
à la Commission scientifique, nommée pour étudier les
moyens de défense, un système de ravitaillement basé sur
la situation géographique du Havre, de Rouen et de la
Seine. Ce système supposait naturellement que la pres-
qu'île de Gennevilliers fût à nous, et l'on voit que le plan
du général Trochu avait précisément en vue des opérations militaires de ce même côté.

On conçoit que je ressente un peu d'orgueil de m'être
rencontré sur le même terrain avec l'illustre général.

Mon système, aujourd'hui beaucoup mieux mûri qu'il
ne l'était alors, puisque j'en ai fait des croquis pendant le

siége, consistait à faire partir de Rouen, supposé bien fortifié, des flottilles de bateaux sur le modèle des chalands ordinaires, mais mus par la vapeur, blindés de blocs de charbon de terre retenus en place par des toiles métalliques, et armés en guerre, chacun pouvant porter deux canons et deux mitrailleuses. Ces flottilles auraient pu passer sous le feu de l'ennemi avec fort peu d'avaries, à l'aide surtout des sorties de la ville. Elles auraient été soutenues le long du parcours si bouclé de la Seine par des détachements de troupes et des fortins établis sur les points les plus favorables. Chaque bateau aurait pu transporter du bétail vivant, des fourrages et quantité de vivres. Les arrivages auraient sans doute amené des combats, mais dans ces luttes, les flottilles auraient donné par leur armement un grand avantage à nos troupes. Toute la guerre se serait portée de ce côté-là, ce qui aurait rendu l'investissement du côté opposé beaucoup plus difficile.

Tel était mon projet, auquel je consacrerai plusieurs chapitres avec planches quand je parlerai de la DÉFENSE DU PAYS au point de vue *matériel.*

Aujourd'hui je n'en suis encore qu'aux moyens *moraux.* Il est évident, pour tout homme de bon sens, que tous nos malheurs, toutes nos révolutions dérivent d'une seule source : de la profonde démoralisation des esprits. Des hommes éminents par le savoir et par l'intelligence se sont depuis de longues années attachés à saper chez nous tout sentiment religieux, à supprimer Dieu. Ils voient ce qui en est résulté : les églises pillées, les consciences violentées, des innocents fusillés, Paris en flammes ! Et ils se croisent les bras en se disant : « Ce n'est pas nous qui avons fait cela. » Oh ! niaiserie humaine, quand comprendras-tu la *complicité morale ?* Quand reconnaîtras-tu que SANS DIEU IL N'Y A PAS DE PATRIE ?

CHAPITRE XII.

Observations sur les pages précédentes, et sur la mort sociale.

Beaucoup de ceux qui ont lu les chapitres précédents se seront dit : « L'auteur est un impérialiste. »

Les bonapartistes seront d'un avis tout contraire.

C'est-là le sort de ceux qui disent la vérité sans esprit de parti. Elle peut se comparer à un homme qui perce une foule en donnant des coups de coude à droite et à gauche.

On ne le remercie ni à droite, ni à gauche.

Ce qui donne un cachet impérialiste aux pages précédentes, c'est que, pour discuter le sujet et pour faire parler les personnages de ce parti, il m'a fallu tout naturellement me mettre à leur place, et emprunter leurs idées et leur langage, voilà tout.

D'un autre côté je repousse toute imputation d'animosité systématique envers les hommes du 4 septembre. Hétérogène par sa composition, le gouvernement de la Défense nationale renfermait par cela même des personnalités très-sympathiques, qui fort probablement ne consentirent à se mettre à la tête du mouvement que pour lui imposer un frein salutaire.

Est-ce à dire que je n'appartiens à aucun parti ?

Si fait. Mon empereur, mon roi, c'est L'ORDRE.

Et comme l'ordre matériel ne peut exister qu'autant qu'il y a de l'ordre dans les esprits, je tiens à la RELI-GION.

Ce qui n'implique pas que je souscris au *Syllabus.*

Je suis protestant.

Mais je tends la main aux catholiques, parce qu'en présence de l'ennemi commun que nous avons à combattre, il faut reléguer les dogmes au second plan.

Actuellement, mon empereur, mon roi, c'est l'Assemblée Nationale siégeant à Versailles.

C'est-elle qui représente L'ORDRE.

Et comme, pour l'accomplissement de sa volonté, elle a délégué le pouvoir exécutif à Monsieur Thiers, qui nous a sauvés de la ruine, je suis du parti de Monsieur Thiers, représentant de L'ORDRE et de la RELIGION.

Qu'on me garantisse l'Assemblée nationale actuelle aujourd'hui CONSTITUANTE, puisque la nation a, de propos délibéré, sans surprise et sans violence, accepté le principe des élections supplémentaires qui viennent d'avoir lieu,

Et qu'on me garantisse Monsieur Thiers chef du pouvoir exécutif,

Et je deviens républicain à l'instant.

Me les garantissez-vous? Hélas! Vous ne le pouvez pas.

Après cette Assemblée, après M. Thiers, qui verrons-nous arriver?

La République définitive, dites-vous?

Soit : mais sachez au moins, avant de conclure le marché, ce que vous achetez.

En fait de prospérité, voici, en France, le compte des deux systèmes, Monarchie et République :

ANNÉES DE PROSPÉRITÉ

Monarchie		République	
Napoléon Ier	12	1792	Néant
Restauration	15	1848	Néant
Louis Philippe	18	1870	Néant
Napoléon III	19	1871	La Commune.
TOTAL	64	TOTAL	La Commune.

« Mais, me répondra-t-on, notre éducation politique n'est pas encore faite, et à l'avenir cela ira mieux. »

Bien qu'il paraisse étonnant qu'au bout d'un siècle de tentatives on ne soit pas encore arrivé à cette bienheureuse éducation politique qui a pourtant coûté si cher, je veux bien vous accorder qu'un jour elle se fasse.

A force de tenir des souliers de plomb, les petites filles chinoises finissent par s'estropier réglementairement.

A force de vouloir, on finit par arriver.

Vous voilà nantis de votre éducation politique.

Alors, voici le problème qui se dresse devant vous :

Eviter les inconvénients de la république suisse et ceux des Etats-Unis.

Je ne vous parle pas des autres, où j'aurais trop beau jeu.

En Suisse, dans certains cantons, la république signifie *aristocratie;* dans certains autres, *émeute* et *Internationale;*

Aux Etats-Unis, la république signifie *émeute* et COR-RUPTION, mais une corruption dont vous ne vous faites pas d'idée. La nation, croyez-le bien, paye assez cher l'économie illusoire du traitement de son président, qui, du reste, n'en est pas plus riche; car ce n'est pas lui qui vole. Lui, il n'est RIEN.

Depuis le lampiste jusqu'au membre du Congrès, chacun, dans ce bienheureux pays, est tarifé, qui à dix francs, qui à plusieurs millions. C'est au poids, — au poids politique. Et les acheteurs ne manquent pas. La presque totalité des honnêtes gens se tiennent à l'écart de la politique.

Vous éviterez ces écueils, n'est-ce pas ?

Mais vous vous heurterez contre un troisième écueil, la République AU-DESSUS DU SUFFRAGE UNIVERSEL, la République INDISCUTABLE, la République

DE DROIT DIVIN

Et alors, prenez-y garde, ce sera l'ère de la presse baillonnée au profit des faiseurs, de l'espionnage en grand, des persécutions ouvertes et occultes, et de l'intimidation.

Et la DÉFENSE DU PAYS, avec tout cela?

Au milieu de la foule qui s'imagine que la société ne meurt pas, je crois être le seul qui se soit hasardé à proclamer la possibilité de la MORT SOCIALE (1).

Dans des écrits, que j'ai encore dans mes cartons, j'ai étudié, en m'inspirant des enseignements de la PHILOSOPHIE ABSOLUE, les conditions de cet état et les prodromes qui y conduisent. Je ne puis pas en développer ici la théorie, mais je crois devoir en esquisser, en peu de lignes, les traits principaux.

Lorsqu'une société humaine (je n'en admets pas une seule, mais plusieurs, suivant les climats) approche de la vieillesse, le premier symptôme qui se produit est un affaiblissement du sentiment religieux.

Cet affaiblissement va toujours en croissant, jusqu'à amener peu à peu chez les nations les phénomènes que l'on remarque dans l'homme atteint d'un commencement de folie. Les suicides, par exemple, deviennent fréquents; des idées dangereuses, qui ne trouveraient pas d'acolytes dans un état social normal, sont acceptées avec moins de difficulté; la femme se fait homme, et, exactement comme il arrive au poitrinaire, la société malade s'illusionne sur l'état de sa santé, au point d'acclamer comme un bien ce qui n'est qu'un symptôme d'une fin prochaine.

A mesure que la maladie s'aggrave, les émeutes et les

____

(1) Voir, dans la *Revue Contemporaine* du 28 février 1869, mon article intitulé : *La Philosophie positive, ses prétentions, ses défaillances*, p. 593 et suiv.

insurrections deviennent plus fréquentes; les événements courants produisent des effets inattendus, et il se manifeste enfin des paroxysmes semblables à celui du 18 mars.

Lorsqu'une société en est arrivée là, on peut dire que son état est des plus alarmants, et qu'il s'effectue dans son sein un développement morbide amenant la décomposition *chimique* (je me sers à dessein de ce mot) du corps social.

Je n'ai pas à faire l'application de cette théorie (elle est plus que cela) à notre France actuelle — cela se voit intuitivement.

Là où ont pu se passer des actes politiques témoignant d'une absence absolue de boussole, tels que ceux que nous avons vus depuis la capitulation de Paris, la DÉFENSE DU PAYS est un problème d'une difficulté approchant de l'impossible.

Vous aurez beau entasser forteresses sur forteresses, régiments sur régiments, quand le corps social même est gangrené, tout cela tombe comme un château de cartes.

Prends-y garde, France, tu as maintenant un voisin redoutable, qui compte les pulsations de ton cœur pour te donner impunément, au bon moment, le coup de grâce. Ne rêve pas la reprise de l'Alsace et de la Lorraine; tu auras bien assez à faire à garder ce qui te reste. Souviens-toi des symptômes séparatistes qui, à l'étonnement du monde entier, se sont révélés dans ton sein. Ce sont des indices de MORT NATIONALE. Resserre-les vite, les liens qui unissent tes parties, au lieu de les relâcher par une fatale décentralisation, si tu ne veux pas un jour subir le sort de la Pologne. La République, sache-le, est un dissolvant : dans quelques années d'ici, les Etats-Unis te l'apprendront.

Si tu sais profiter des dures leçons de 1870-1871, tu

auras encore de longues années de vie et de prospérité, jusqu'au jour, assez lointain, où, fatalement, le COSAQUE viendra t'engloutir, toi et ton vainqueur d'aujourd'hui, pour tomber en lambeaux ensuite, comme l'Empire romain.

Car, la Providence le veut ainsi, TOUT CE QUI A EU UN COMMENCEMENT DOIT AVOIR UNE FIN.

CHAPITRE XIII.

L'Attraction et la Répulsion sont des forces sociales.

On remarque dans les sociétés deux faits d'attraction fort remarquables : l'argent attire l'argent, l'homme attire l'homme.

C'est ainsi que se forment les fortunes et les villes.

La PHILOSOPHIE ABSOLUE rend minutieusement compte de ces deux phénomènes : ici je dois me borner à des explications fort sommaires.

Soit un pays où, par un coup de baguette, tout le monde sans exception se trouve avoir, à un moment donné, exactement le même pécule.

Plus de riches ni de pauvres, égalité absolue de moyens pécuniaires sous la forme qu'on voudra.

Seulement, il faudra m'accorder que chacun soit animé de passions humaines, bonnes chez les uns, mauvaises ou mélangées chez les autres. Car, sans cela, ce ne seraient pas des hommes, mais des automates.

Certains rêveurs prétendent que, de toutes les façons, il faut corriger l'homme et le dépouiller de ses passions. C'est dire qu'il faut priver la locomotive de sa vapeur. Je n'ai pas à m'y arrêter : c'est absurde. Quoi que vous fassiez, l'homme aura des passions, et même plus souvent mauvaises que bonnes.

Donc, voici un homme laborieux, un autre sera paresseux, un troisième aimera les boissons, et ainsi de suite.

Dans l'état que je suppose, il arrivera tout d'abord ceci : qu'il n'y aura plus de métiers. Chacun sera son propre maçon, charpentier, tailleur, bottier ; car nul ne sera assez riche pour payer le travail d'un autre, d'autant plus que cet autre lui répondrait : « Va te promener, je suis aussi riche que toi. »

Quand cela aura duré quelque temps, tout le monde, à peu près, en sera ennuyé.

Le paresseux se dira le premier : « C'est assommant d'avoir à se faire tout soi-même ; allons voir le voisin A, qui a travaillé comme un nègre, et qui s'est bien installé. Peut-être me fera-t-il ce que je lui demande. »

Le voisin A reçoit fort gracieusement le paresseux B ; mais il demande un prix pour la besogne. B s'exécute.

Le père A met de côté ce qu'il a gagné, et peu à peu on saura qu'il a plus d'argent que les autres.

Alors les vicieux viendront lui emprunter pour satisfaire leurs penchants, qui sont au-dessus de leurs moyens. A leur prêtera à des conditions fort dures.

Bref, il y aura des A qui feront fortune aux dépens de certains B, C, D, qui seront ruinés.

Voilà l'équilibre rompu. L'argent est allé chercher l'argent : c'est une attraction immanquable, qu'aucune loi ne saurait empêcher, par la simple raison que ceux qui seraient chargés de veiller à son exécution seraient des hommes aussi, de sorte que l'on se trouverait toujours en présence de cette vieille question : *Quis custodiet custodes ?*

Donc, l'argent attire nécessairement l'argent. Passons à l'homme.

Il est toujours ennuyeux d'avoir à remonter aux premières notions élémentaires en traitant un sujet ; mais enfin, si c'est là le seul moyen d'éviter les malentendus, si même on se ménage par là une économie de digressions dans l'avenir, il faut bien s'y résoudre.

La première attraction qui a dû se vérifier au sein du genre humain, c'est évidemment celle des sexes. Celle-là, nul ne saurait la nier, puisque la nature a spontanément établi ce dualisme dans le but de la conservation de l'espèce.

Nous avons donc, à l'aube de toute société, pour le moins deux individus, une homme et une femme, d'où découle la *famille.*

Tant qu'un pays est peu habité, les familles peuvent y vivre longtemps sans même se connaître ; mais deux causes tendent peu à peu à les rapprocher :

La première, la passion de l'amour, dont l'attraction persiste sans interruption ;

La seconde, le besoin de défense mutuelle, soit contre les bêtes fauves, soit contre d'autres hommes.

De ces deux causes attractives naissent d'abord les *hameaux,* soit permanents, soit ambulants. Ces derniers s'appellent des *camps.*

Dans un cas comme dans l'autre, où vont-ils se placer ?

A coup sûr, près d'une source, d'un étang, d'un lac ou d'une eau courante ; car l'eau, c'est la vie.

Dans cette situation, l'homme se familiarise vite avec les phénomènes les plus élémentaires de la nature. Chasseur et pêcheur d'abord, il ne tarde pas à devenir pasteur, puis agriculteur.

Et ici vient se placer l'origine de la PROPRIÉTÉ.

« Le premier, dit J. J. Rousseau, qui, ayant enclos un « terrain, s'avisa de dire : Ceci est à moi ! — et trouva

« des gens assez simples pour le croire, fut le vrai fon-
« dateur de la société civile (1). »

Voilà des lignes qui nous ont coûté bien cher, grâce à
la bonhomie de l'Académie de Dijon, qui avait précédemment octroyé à leur auteur une célébrité à laquelle
les absurdités débitées par lui à la docte assemblée ne lui
donnaient certes aucun droit.

Dans les lignes que je viens de citer perce cette doctrine : que l'homme ne doit pas jouir du fruit de son
travail !

Telle est l'économie politique de l'immortel Jean-Jac-
ques Rousseau ! ! !

Je n'ai pas à m'arrêter ici sur les conséquences évi-
dentes de cette sotte doctrine, dont la PHILOSOPHIE
ABSOLUE fait justice en suivant pas à pas les lois de la
NATURE : je me borne à constater que celui qui, le
premier, a enclos un terrain inoccupé, et l'a cultivé à la
sueur de son front, avait parfaitement le droit de dire au
paresseux qui le regardait faire : ceci est à moi !

Donc la propriété s'établit par *nécessité physique*,
et avec elle naît aussi l'envie de s'emparer de la propriété d'autrui. Cela ne pouvant se faire que par la force,
celle-ci ne peut être repoussée que par une force au moins
égale, mais le plus souvent prépondérante. De là le bri-
gandage, et, plus tard, la guerre plus ou moins régulière.

Vous le voyez, la propriété est une nécessité naturelle de l'homme ; la propriété entraîne nécessairement
la guerre ; donc la guerre est une nécessité inévitable.

C'est ce que j'ai dit dans ma *Préface*, et je défie tous
les humanitaires du monde de prouver le contraire.

______

(1) *Discours sur l'origine et les fondements de l'inégalité parmi les hommes.*
Exorde de la seconde partie.

Maintenant voici ce qui arrive : certains hameaux, ne se voyant pas en sûreté, se réunissent pour la défense commune ; ils constituent un puissant village, qui, muni enfin d'une enceinte, devient une VILLE.

De même les agresseurs fondent une ville fortifiée, qui devient leur repaire en cas d'échec. Voyez Rome.

Des deux côtés l'intérêt commun a servi de FORCE D'ATTRACTION : entre les deux villes que je suppose, il y a FORCE DE RÉPULSION.

Vous pouvez m'objecter qu'il n'y a pas d'attraction moléculaire ni de magnétisme dans tout cela. Que vous importe, si l'effet est le même ?

D'ailleurs, la PHILOSOPHIE ABSOLUE est parfaitement en mesure de répondre à votre objection, quant au fond : seulement je ne puis pas m'y arrêter ici.

Bref, l'agriculture et les villes sont constituées ; l'échange de produits se fait, et il en sort bientôt cet agent mystérieux, l'ARGENT.

Mais tout cela n'a pu s'effectuer qu'en faisant naître d'abord la BONNE FOI, et ensuite la LOI, qui la consacre et la protège : pacte tacite, mais non moins un produit de la NATURE que le fruit d'un arbre ; pacte, en un mot, par lequel chacun renonce à une partie de son libre arbitre, en considération d'une certaine somme de sécurité.

Je condense ici, on le voit, en quelques lignes, la matière de plusieurs volumes, car j'ai hâte d'arriver à mon objet principal, la constitution des villes modernes.

Avec l'échange, avec l'argent, avec la sécurité des transactions, les relations, d'abord restreintes à la ville la plus voisine, prennent de l'extension : un pays demande ce qui lui manque à un autre, le COMMERCE s'établit et agit comme une nouvelle force d'attraction, en vertu de laquelle les hommes sont attirés vers les grands fleuves et les côtes de la mer, pour y fonder de nouvelles villes, moins dans un but de défense que pour faciliter les échanges.

D'autre part, en vertu de quelque position stratégique fort avantageuse, ou bien d'un climat favorable, ou d'une grande facilité d'accès, quelquefois enfin par simple tradition historique, il arrive que l'une ou l'autre des villes primitives acquiert une grande prépondérance sur les autres, et devient le siége d'un gouvernement central, en d'autres termes, une CAPITALE.

Arrivés à ce point de l'évolution sociale, nous voyons les autres villes devenir des succursales plus ou moins importantes, soit des capitales, soit des grands centres du commerce. Telle est la situation actuelle du monde civilisé ; telle fut celle du monde ancien.

Ainsi, ne l'oublions pas, ce qui, dans la formation des villes, a joué le rôle de l'aimant, c'est l'INTÉRÊT INDIVIDUEL. Les premiers sont arrivés à l'endroit donné dans un but d'intérêt : les travaux qu'ils y ont faits, les avantages sociaux qu'ils y ont créés y ont attiré d'autres individus, et ainsi de suite. Il est donc bien vrai que l'*homme attire l'homme*, et, de plus, par une force *irrésistible, l'argent attire l'argent*.

Car c'est là le dernier mot.

CHAPITRE XIV.

La loi des Compensations.

Nous venons de voir comment se forment les villes : par une double attraction qui paraît ne pas avoir de limites.

Car si les hommes s'entassent dans les villes, l'argent

s'y entasse aussi comme conséquence nécessaire. Ces deux effets sont inséparables : l'un entraîne nécessairement l'autre.

Alors où cela finira-t-il? car enfin, puisque cela a commencé, il faut bien que cela finisse.

C'est là, j'y insiste, une loi de la NATURE qui s'accomplit toujours SANS EXCEPTION POSSIBLE.

Si ces attractions ne trouvaient jamais d'obstacle, toute la population d'un grand pays se trouverait un jour agglomérée dans quelques villes, peut-être dans une seule.

Ici je me trouve forcé de me livrer à une digression, car nous voici en présence d'une loi de la NATURE qu'il est impossible de passer sous silence, parce que son application se rencontre à chaque pas.

Oui, il existe un obstacle à ces attractions constantes, et cet obstacle, c'est la LOI DES COMPENSATIONS.

La NATURE, je l'ai dit dans ma *Préface*, est un ensemble de FORCES et de MATIÈRE.

Or, comme la NATURE ne crée que pour détruire, et réciproquement, il faut nécessairement, je le répète, que tout ce qui a eu un commencement ait aussi une fin. Dieu l'a voulu ainsi.

Toute société humaine, œuvre de la NATURE comme le premier buisson venu, a eu un commencement; donc elle aura une fin.

Mais entre ces deux termes il existe une marge assez spacieuse pour qu'une société puisse passer plusieurs fois par divers états de santé et de maladie.

Toutes les phases physiologiques et pathologiques qui se succèdent dans la vie d'un homme, se vérifient également dans la vie d'une société (1).

____

(1) Voir, dans la *Revue Contemporaine*, mon article cité plus haut, . 68, *note*.

Or, pour que la mort ne vienne pas mettre subitement un terme à la vie, ce qui, du reste, peut arriver, la NATURE oppose ordinairement une force à une autre afin d'en retarder l'action.

C'est là ce qui constitue la LOI DES COMPENSATIONS.

On la voit à l'œuvre partout.

Ainsi, par exemple, un chêne produit des milliers de glands. Si chacun de ces derniers devait arriver à l'état d'arbre, la terre serait bientôt littéralement étouffée par des millions de chênes. Non-seulement toutes les autres espèces végétales, mais tous les animaux, et l'homme lui-même, disparaîtraient de la terre.

Mais cela ne ferait pas le compte de la NATURE, qui, pour satisfaire son activité fébrile à créer et à détruire, a besoin d'une immense variété d'êtres vivants. Aussi ménage-t-elle, à chaque chose qu'elle crée, un ou plusieurs ennemis pour en assurer la destruction. Ainsi le chêne a d'abord pour ennemi de sa fécondité les éléments mêmes qui le font vivre, le soleil et la pluie, qui font pourrir sur le sol un immense nombre de glands avant qu'ils aient pu pénétrer dans la terre. Cela ne suffisant pas, voilà le porc, le sanglier, l'écureuil qui en font leur pâture; puis enfin vient l'homme qui se sert des glands pour différentes choses. Si, échappé à tous ces ennemis, il arrive qu'un gland ait pu pousser des racines, il y a toute probabilité que le petit chêne sera broûté par la chèvre ou par quelque autre herbivore, si l'enfant conduit au bois par sa mère ne l'arrache pas pour s'en faire un jouet.

Telle est la LOI DES COMPENSATIONS. Si l'on en veut d'autres exemples dans l'ordre matériel, qu'on lise le magnifique chapitre de Darwin intitulé : *La bataille de la vie* (1).

(1) Dans *l'Origine des espèces*.

Or cette même loi existe au plus haut degré dans l'ordre social. Elle offre une étude du plus grand intérêt, et je regrette de ne pouvoir la traiter ici qu'à un seul point de vue, c'est-à-dire, comme obstacle à l'accroissement indéfini des villes.

Nous avons vu celles-ci exercer une attraction puissante sur les populations rurales. S'agit-il d'une ville commerçante? les fondateurs d'abord attirés vers l'endroit par ses avantages locaux, y ont exercé des industries recherchées et nécessaires pour le commerce : sans rivaux dans leurs professions, ils s'y sont enrichis, et leurs descendants plus encore, en continuant les mêmes métiers.

Cependant les marchands y affluent de tous côtés : il faut des établissements spéciaux, on les construit. Plus les moyens d'exécution augmentent, plus on trouve commode la localité. La richesse publique s'accroît avec les relations extérieures et intérieures ; le luxe s'y répand, et avec lui une foule de petites professions. Les noms de certains princes-marchands deviennent célèbres ; ils sont dans toutes les bouches ; les capitaux se sentent attirés vers cette terre promise, et pendant longtemps les bras s'y portent aussi, certains d'y trouver un salaire honnête pour un travail honnête.

Jusque-là tout va bien. Mais cette ville bienheureuse devient un objet de convoitise générale. On cite dans les campagnes un tel qui y est allé, il y a vingt ans, avec deux sous dans sa poche, et qui maintenant est armateur, ou propriétaire, ou banquier. On ne se demande pas grâce à quelles qualités d'intelligence ou de persévérance il a gagné sa fortune : le fait est là, palpable, vivant, et tout le monde se dit que ce qui est arrivé une fois doit pouvoir arriver toujours.

Voilà donc la ville envahie par des milliers de gens qui, toujours sans fortune, et presque toujours fort médiocrement doués d'intelligence et de capacité, y vont pour faire fortune, pour *arriver*, comme on dit. Un seul sur mille y réussit peut-être, et celui-là sert à faire de nouvelles dupes ; un plus grand nombre, après avoir longtemps vécu au jour le jour, finissent par se caser dans des positions plus que modestes ; une section plus considérable encore ne trouve jamais à se caser, mais attrappe tant bien que mal de quoi vivre dans la misère, tout en se maintenant honnête ; le reste enfin, dominé par la paresse et par l'ivrognerie, devient une population gangrénée et dangereuse.

Cette dernière s'accroît, au surplus, de tous les gens tarés et chevaliers d'industrie, qui cherchent les grandes agglomérations pour se soustraire plus facilement à la surveillance de la justice. Vient enfin une population fort douteuse, attirée vers la ville par les institutions de bienfaisance.

S'agit-il maintenant d'une capitale, siége du gouvernement central ? Les instruments d'attraction varient un peu, mais ne sont pas moins forts. Ce ne sont pas précisément le commerce et l'industrie qui attirent le monde : ils se laissent au contraire eux-mêmes attirer, pour rester au second plan. Le premier est occupé par le chef de l'Etat et son entourage ; par les ministères, par le pouvoir législatif, et enfin par le monde du luxe, comprenant les grandes maisons nobiliaires et financières, et les riches étrangers attirés par le plaisir. Tout ce grand monde alimente une légion de professions de toute sorte, les beaux arts, les théâtres, l'industrie essentiellement artistique ; et l'attrait de la capitale est encore augmenté par les bibliothèques, les collections, les musées. Ce que tout cet ensemble nourrit de prolétaires, est prodigieux ; et dès lors il n'est pas étonnant que les nécessiteux viennent s'abattre de tous les coins du pays et même de l'étranger sur ce centre opulent, où il semble impossible qu'on ne doive pas s'enrichir. Il va sans dire que dans une capitale pareille la population indigente aussi bien que la fraction dangereuse acquièrent des proportions effrayantes.

Ces immenses agglomérations sur un très-petit nombre de points d'un grand pays amènent la *dépopulation des campagnes*, fait déplorable dont les économistes se sont depuis longtemps émus; et enfin une condition sociale évidente pour quiconque n'est pas intellectuellement aveugle, mais qu'on paraît n'avoir pas voulu jusqu'ici s'avouer : L'INSÉCURITÉ RÉELLE VOILÉE PAR UNE SÉCURITÉ APPARENTE.

Faut-il qu'il y ait des villes? — Oui, d'abord parce qu'elles se formeraient malgré nous, puis qu'elles ressortent d'une loi péremptoire de la NATURE, loi qui par conséquent est plus forte que nous ; et ensuite, parce qu'en réalité elles sont un élément puissant de vie nationale, et qu'elles répandent sur le pays d'immenses bienfaits.

Mais de ce qu'il est prouvé qu'on ne peut pas vivre sans tête, il ne s'ensuit pas qu'il faille être hydrocéphale.

En un mot, LES VILLES TROP GRANDES SONT UNE CALAMITÉ.

Et pourtant, chose singulière! tous les pays semblent y mettre de la vanité à posséder une immense capitale.

« Londres possède trois millions d'habitants! » dit l'anglais en se rengorgeant.

« C'est vrai », riposte le français piqué au vif, « mais Paris, avec ses deux millions, n'est déjà pas trop mal. »

Un Russe, un Autrichien qui entendent cette conversation, deviennent bleus et verts en pensant que Saint-Pétersbourg et Vienne n'atteignent pas les 600,000.

« Patience! » se dit tout bas un Prussien, en se tordant

la moustache, « Berlin n'en est encore qu'à **700,000** ; mais aujourd'hui que j'ai battu les Français, cela ne va pas tarder ! »

Et c'est ainsi que chacun se vante d'être arrivé, ou espère arriver — à la mort de son pays !

Ne te rengorge pas trop, mon brave fils d'Albion ! le jour n'est pas éloigné, je le crains, où tu reconnaitras que, grâce à ton Londres monstre, ta nation est sur une pente où elle aura bien de la peine à s'arrêter.

Quant à vous, Russes, Autrichiens, Prussiens, ne vous pressez pas : remerciez au contraire le bon Dieu de ne pas vous avoir infligé un goître pareil ; la mesure de vos capitales est la bonne, et tâchez de ne pas la dépasser !

Et Paris ? Faut-il le mettre sur le lit de Procuste, pour le réduire à la juste mesure ?

Hélas ! cela ne se peut pas, mais au moins peut-on lui dire : « Tu n'iras pas plus loin ! »

« Mais si vous venez de dire que l'attraction vers la capitale est une loi inévitable, comment ferez-vous pour en empêcher l'agrandissement ultérieur ? »

Telle est l'objection qu'on me fera sans doute.

La loi de l'attraction est inévitable, c'est vrai, tant qu'on ne lui en oppose pas une autre, et c'est-là précisément ce que la NATURE nous permet de faire dans une certaine mesure.

Je l'ai dit dans ma première conférence :

« Les lois de la nature sont fixes, et nous ne pouvons les changer ;

« *Mais nous pouvons chercher parmi ces lois celles qui nous conviennent, afin de neutraliser celles qui ne nous conviennent pas* (1). »

La LOI DES COMPENSATIONS n'est pas autre chose. Tan-

---

(1) *Revue populaire de Paris,* juillet 1870, page 390.

tôt la NATURE l'applique elle-même, tantôt elle nous en laisse le soin.

Dans ce dernier cas, c'est notre faute si nous laissons faire.

Voyons ce qu'elle a opéré de son propre chef pour arrêter l'accroissement indéfini des villes.

Elle a d'abord accordé à la vie champêtre des avantages qui manquent aux grandes agglomérations, et qui la rendent chère à beaucoup d'individus.

Elle a fait en sorte que la richesse la plus solide d'un pays réside dans le sol, de sorte qu'il y a intérêt matériel à le cultiver.

Elle a implanté dans la plupart des hommes le germe de la maladie appelée *nostalgie*, grâce à laquelle ils ne quittent qu'à regret les campagnes où ils sont nés. En un mot, l'homme abandonné à ses propres penchants est le plus souvent *casanier*.

Voilà ce qu'elle a fait *ostensiblement* pour mettre un frein à l'émigration vers les villes.

C'est peu de chose en présence de la forte attraction qu'exercent les grands centres.

Mais elle a fait mieux : elle a laissé en notre pouvoir des obstacles matériels à opposer à l'attraction, et ensuite elle nous a implanté un pressentiment qui nous avertit de la présence d'un danger imminent, et qui nous pousse à employer les moyens nécessaires pour le détourner.

Quand ce pressentiment est émoussé, c'est que la force vitale est presque éteinte, et que la mort est proche.

La nation française n'en est pas encore là, je l'espère : dès lors, se voyant menacée par l'agglomération excessive dans les villes, elle prendra des mesures pour y mettre un terme.

Ces mesures sont de deux sortes : *dérivatives* ou *indirectes*, et enfin *directes*.

Les premières consistent :

1° A attirer, par des travaux ou d'autres avantages, les populations rurales ailleurs que vers les villes;

2° A transporter peu à peu dans les campagnes les usines et fabriques des grands centres;

3° A diminuer, autant que possible, l'action de l'assistance publique dans les villes, en faisant en sorte, par exemple, que nos bureaux de bienfaisance accordent des secours aux indigents, comme par le passé, mais *dans les provinces et non dans Paris même*, ce qui déterminerait l'émigration de tous ceux qui ne trouvent pas dans leur travail assez de ressources.

4° A disséminer dans les campagnes beaucoup de petits hôpitaux, en diminuant dans la même proportion le service hospitalier dans les villes.

Chaque médecin de village devrait avoir des lits, au nombre de quatre à douze, fournis par l'Assistance publique, à la disposition de la population. C'est tout un système nouveau, que je ne fais qu'indiquer ici, mais dont j'ai étudié tous les détails.

Les mesures *directes* consistent :

1° A ébrécher dans une certaine proportion le principe de la liberté individuelle, en ce sens que les gens privés de moyens d'existence ne puissent pas, à leur gré, se porter dans les villes sans une autorisation;

2° A régler l'immigration des ouvriers dans les villes suivant le travail qu'il peut y avoir.

3° A arrêter l'extension des villes, en faisant acheter par l'Etat une zone de terrains autour de chacune. Les sommes dépensées dans ces achats seraient productives; car l'Etat affermerait ces terrains à la condition de n'y élever que les constructions passagères indispensables à l'exploitation agricole. On ne pourrait non plus les transformer en promenades publiques, afin de ne pas créer des points d'attraction au-delà de la zone. D'après ce système, l'Etat devrait acheter tous les terrains encore vides qui se trouvent en dedans de l'enceinte de la capitale; mesure, du reste, commandée par les besoins de la défense.

4° A prohiber l'exhaussement des maisons au-delà d'une certaine limite, celle, par exemple, du cinquième étage. Mettre un terme à la multiplication indéfinie des habitations, c'est un sûr moyen d'arrêter l'accroissement des villes. Le renchérissement des loyers, conséquence nécessaire de cette mesure, chassera tous ceux qui ne pourront pas le supporter.

5° A introduire un certain nombre d'obstacles fiscaux, tels que passe-ports, permis de séjour, inscription au commissariat de police, avec payement d'une taxe, etc.

Tous ces moyens exigent de longues explications que je dois ajourner, afin de ne pas trop m'écarter de mon sujet. Parlons maintenant de la position de Paris vis-à-vis de la France.

CHAPITRE XV.

Paris vis-à-vis de la France.

Après l'exposition des principes, arrivons à leur application aux circonstances actuelles.

Voici en quels termes peut se poser le procès qui s'agite actuellement entre Paris et le reste de la France :

« Je suis, dit Paris, le centre des lumières du monde civilisé. C'est dans mon sein que sont écloses les découvertes les plus merveilleuses des temps modernes. C'est dans mon sein aussi que se sont élaborées ces théories nouvelles qui tendent à asseoir nos institutions sur des

bases plus logiques, plus philosophiques que celles que
nous ont léguées nos pères. Toute l'intelligence du pays
s'est concentrée ici ; c'est ici du reste que, grâce à des traditions dix fois séculaires, se traitent toutes les questions
internationales ; c'est d'ici qu'émanent toutes les lois qui
régissent la France ; je suis le siége du pouvoir exécutif,
le centre des finances nationales, de la littérature française, de l'art français. Voyez d'ailleurs mes bibliothèques,
mes musées, mes collections, les sociétés savantes qui s'y
sont établies, les étrangers notables qui affluent vers moi.
Tout cela ne me donne-t-il pas le droit de me considérer
comme la tête de la nation ? Ne dois-je pas en avoir l'hé-
gémonie ? ne dois-je pas l'éclairer de mes lumières et la
conduire dans le sentier que je juge le plus à même de la
conduire au bonheur ? »

A cela la province répond :

« Je vous accorde volontiers que la tradition a fait
de vous le centre du gouvernement, mais vous en avez
profité pour tout absorber : vous ne nous laissez pas
assez de vie, assez de libre arbitre, en ce qui touche à
nos intérêts locaux ; en un mot, vous nous écrasez, et,
après nous avoir réduits à l'état de simples automates que
vous faites mouvoir à votre gré, vous nous méprisez, vous
n'admettez pas que nous puissions avoir, nous aussi, quelques lumières ; vous nous appelez des *ruraux*, voulant exprimer par là que nous sommes arriérés ; enfin vous nous
parlez d'un ton de maître, droit que nous refusons à
juste titre de vous reconnaître, puisque vous-mêmes
vous répudiez l'idée d'avoir à vous soumettre à qui que ce
soit. Vous exercez d'ailleurs sur nous un despotisme qui
nous coûte trop cher ; sous prétexte de *lumières*, vous
nous lancez dans des aventures inqualifiables, et, depuis
près d'un siècle, vous nous envoyez tous les vingt ans à
peu près, par la poste ou par le télégraphe, une révolution

ruineuse. Or, nous prétendons avoir, nous aussi, un peu de voix au chapitre, et nous n'en avons jamais, car toutes les fois que bon vous semble, vous mettez à la porte ceux qui nous représentent. »

Voilà la question nettement posée, et il me semble qu'il y a un peu de tort des deux côtés.

Les griefs de la province sont bien réels, mais c'est un peu aussi sa faute si Paris affiche des prétentions exorbitantes.

La France est une grande dame riche et puissante : même après les immenses désastres qu'elle vient de subir, elle n'a qu'à faire un signe pour trouver plus de milliards qu'elle ne demande ; il lui faut donc un grand salon de réception, et, dès-lors, elle doit s'attendre à payer son appartement plus cher que s'il ne se composait que d'une chambre et d'une salle à manger. Un salon exige de beaux meubles, des glaces de prix, des pendules, des vases, des statuettes de choix. Eh bien ! ce salon, c'est Paris, et la France n'y est pas allée de main morte pour le meubler. Avouons aussi que c'est un salon fort coquet, que tout le monde veut voir ; c'est, en un mot, le premier salon de ce genre en Europe ; il n'en existe pas de pareil ; on y trouve, du reste, une société de choix, tous les grands seigneurs, tous les grands artistes, tous les grands écrivains, philosophes, économistes, savants et politiques.

Et la Commune ne vient-elle pas d'y ajouter un agrément, celui des ruines pittoresques ?

Dans ces conditions-là, un peu de morgue, un peu de vanité sont bien excusables.

Mais, chère France, n'est-ce pas aussi ta faute si tu te sens absorbée par ta belle capitale ? Interroge-toi un peu : dès qu'un homme a fait un peu de fortune en province, la première chose à laquelle il songe, neuf fois sur dix, c'est de s'établir à Paris; ou bien, s'il a un fils, après l'avoir fait un peu dégourdir dans le lycée de la localité, c'est aussitôt à Paris qu'il l'envoie pour y finir son éducation. Il n'y a guère d'esprit d'élite en province qui ne remue ciel et terre pour s'installer à Paris. Enfin, aux yeux du provincial lui-même, Paris est tout, et il est le premier à se vanter de sa belle capitale et à se féliciter qu'elle compte *déjà* deux millions d'âmes. Quand il apprendra qu'elle en compte trois, il tombera en pâmoison de joie.

Parlons maintenant de Paris.

Paris se déclare d'abord le centre des lumières du monde, et on le lui accorde généralement.

Mais de quelles lumières entend-on parler? car il y a lumières et lumières, comme il y a fagots et fagots.

Entendez-vous par là les recherches et les découvertes des savants? les études d'histoire et de haute littérature? les chefs-d'œuvre créés par une grande pléiade d'artistes dans toutes les branches des beaux-arts? le goût exquis dans les industries qui s'y rattachent? Alors nul n'osera vous contredire.

Mais prenez garde! Vous nous poussez aussitôt à examiner si toutes ces merveilles sont bien *parisiennes*.

Si le roi de Tombouctou s'avisait tout d'un coup d'appeler auprès de lui toutes les illustrations des quatre coins du monde, en les récompensant princièrement, il suffirait de quelques années de persévérance pour rendre sa bonne ville de Tombouctou aussi remarquable par les sciences, la littérature et les arts, que l'est actuellement Paris. On ne jurerait que par Tombouctou, et tout le monde voudrait être de l'Académie de Tombouctou.

Je crains bien qu'en y regardant de plus près, on ne retrouve un peu dans la question des lumières de la capitale la fable du *Geai paré des plumes du Paon*.

Cette crainte m'a décidé à faire un petite statistique
sommaire des hommes qui ont, d'une manière quelconque, illustré Paris, et contribué à faire sa réputation.
Je ne prétends pas qu'elle soit complète, je n'ai pris
pour guide que la liste des membres de l'Institut, en y
ajoutant, à la vérité, quelques morts célèbres et quelques
notabilités vivantes en dehors de la docte assemblée.
J'ai attribué en plus au département de la Seine ceux
dont je n'ai pu constater le lieu de naissance ; de sorte
que mon impartialité vis-à-vis de Paris est complète-
ment à couvert. Voici ma statistique :

SEINE. — Andral, d'Audiffret, Baltard, Barré de Saint-Venant, Barthé-
lemy-Saint-Hilaire, Barye, Baudrillart, Becquerel (Edm.), Bertrand (Jos.),
Bienaymé, Boussingault, Brongniart, Brunet de Presles, Cabat, Cauchy,
Caussin de Perceval, Cavelier, Cloquet, Cochin, Cogniet, Couder (pein-
tre), Daru, Dehèque, Delacroix, Demarquay (chirurg.), Desgoffe (pein-
tre), Drouyn de Lhuys, Duban (architecte), Duc (id.), Dumont (sculpt.),
Egger, Fizeau, Delamarre (peintre), Gatteaux, Gavarni, Geoffroy-Saint-
Hilaire (Isid.), Gilbert (archit.), Gounod, Guessard, Haureau, Haussmann,
Haussonville, Henriquel, Hesse, Huillard-Bréholles, Janet, Jaubert, Jour-
dain, Laboulaye, Labrouste (archit.), Lacroix (Paul, bibliophile Jacob),
Larray, Laugier (P. A. E.), Laugier (Stan.), Lebrun, Ledru-Rollin, Le-
gouvé, Lenoir (archit.), Levasseur (E.), Littré, Longpérier, Martinet,
Mérimée, Michelet, Miller (*helléniste*), Müller (peintre), Naudet, Naudin
(naturaliste), Nélaton, Nieuwerkerke, Noailles; Pâris (contre-am.), Pa-
tin, Payen, Péligot, Périer (Casimir), Pils, Piobert (général), Prévost-
Paradol, Quicherat, Rémusat, Renouard (Ch.), Rossignol (J. P.), de
Rougé, Saint-Marc-Girardin, Ségur, Serret, Signol, Silvestre de Sacy,
Ternaux (Mortimer), Tessan, Trécul, Vallette (Aug.), Vitet, Vogué,
Yvon-Villarceau.

Voici maintenant la province :

AIN. — Robin (médecin).
AISNE. — Champfleury, Dumas (Alexandre).
ARDENNES. — Renier, de Wailly.
AUBE. — Delaunay, Thenard.
BAS-RHIN. — Eichhoff, Würtz.
BOUCHES-DU-RHÔNE. — Autran, Bussy, Capefigue, Daumier (dessinat.),
Garcin de Tassy, Mignet, Ollivier (Emile), Reybaud (Louis), Thiers.
CALVADOS. — Auber, Elie de Beaumont, Hélie.
CANTAL. — De Parieu.
CHARENTE. — Bouillaud.
CHARENTE-INFÉRIEURE: — Bersot.
CORRÈZE. — Lachaud (avocat).
CÔTE-D'OR. — Guillaume (sculpteur), Jouffroy (id.), Lacordaire, Nisard,
Vaillant (maréchal).

Côtes-du-Nord. — Lucas, Pellarin (médecin), Renan (Ernest).

Creuse. — Sandeau (Jules).

Dordogne. — Lachambaudie, Lavergne.

Doubs. — Hugo (Victor), Courbet (peintre), Proudhon (P. J.).

Drôme. — Augier, Morin (général).

Eure-et-Loir. — Chasles (Michel), Chasles (Philarète).

Finistère. — Carné-Marcein.

Gard. — Dumas (J. B. de l'Institut), Guizot, Quatrefages.

Gironde. — Magendie.

Haute-Garonne. — Dulaurier (orientaliste), Gariot (Paul-César, peintre).

Haute-Marne. — Pelletier (peintre), Vacherot.

Hautes-Pyrénées. — d'Avezac, Gautier (Théophile).

Haute-Saône. — Gérôme (peintre), Lélut.

Haute-Vienne. — Chevalier (Michel), Dupuytren.

Haut-Rhin. — Reber, Ruhmkorff.

Hérault. — Balard, Cabanel, Coste, Flourens (physiologiste). Séguier.

Ille-et-Vilaine. — Duhamel (mathématicien), Lamennais, Moreau de Jonnès, Roulin.

Indre. — Faye.

Indre-et-Loire. — Tulasne.

Isère. — Pellat.

Jura. — Considérant (Victor), Pasteur (chimiste), Perraud (sculpteur).

Loir-et-Cher. — La Saussaye, Thierry.

Loire. — Bonassieux, Laprade, Persigny (Fialin de).

Loire-Inférieure. — Monselet (Charles).

Loiret. — Barbier (L. Stanislas), Becquerel (Antoine), Veuillot, Julien (Stanislas).

Lozère. — Barrot (Odilon).

Maine-et-Loire. — Beulé, Chevreul, David (d'Angers), Lenepveu.

Manche. — Delisle, Feuillet (Octave), Le Verrier.

Marne. — Paris (Paulin).

Meurthe. — D'Eichthal (Gustave), Franck (Adolphe), Hermite (mathématicien), Isabey (peintre).

Morbihan. — Dupuy-de-Lôme, Simon (Jules).

Moselle. — Daubrée, Lacretelle, Thomas (Ambroise).

Nièvre. — Dupin (Charles).

Nord. — Defrémery, Gratry (abbé), Lemaire (sculpteur), de Saulcy, Wallon.

Pas-de-Calais. — Liouville.

Rhône. — Bernard (Claude), Favre (Jules), Meissonnier, Michel (Francisque).

Saône-et-Loire. — Guigniaut, Lamartine, Mathieu, Niepce de Saint-Victor.

Seine-et-Marne. — Husson, Maury (Alfred).

Seine-et-Oise. — Frémy, Lefuel, Lesueur (architecte), Lévêque, Longet (médecin), Passy, Texier, Waddington.

Seine-Inférieure. — Cailleux, Chéruel, Pouchet (physiologiste), de Villemessant.

Somme. — Dubois (médecin). Duméril (id.).

Tarn-et-Garonne. — Ingres.

Var. — Clément (Pierre), Jourdan (Louis).

Vaucluse. — David (compositeur), Giraud (jurisconsulte), Raspail.
Vienne. — Babinet, Caro.
Vosges. — Cherrier.
Yonne. — Vuitry.
Étrangers naturalisés (*ou dont le lieu de naissance ne m'est que vaguement connu*), — Blanc (Louis), Madrid, — Cantagrel, Midi, — Decaisne, Bruxelles, — La Rive, Génève, — La Villemarqué, Bretagne, — Lehmann, Kiel — Mohl (orientaliste), Stuttgard, — Ravaïsson, Namur, — Regnault, Aix-la-Chapelle, — Regnier, Mayence, — Robert-Fleury, Cologne, — Charles et Henri Sainte-Claire Deville (Antilles), — de Blanc, Anglais — Taylor (baron), Bruxelles, — Wolowski, Varsovie.

En somme, il y a dans cette statistique la moitié plus de non-Parisiens que de Parisiens-nés. On pourra sans doute m'objecter que j'ai pris une base trop restreinte, que l'Institut n'est pas une garantie suffisante, que certains noms ne sont pas reconnus de tout le monde, — mais ces objections ne me paraissent pas sérieuses. Je me suis mis consciencieusement à l'œuvre pour compter, sans distinction de parti, tous ceux qui, dans ce que l'on appelle le monde éclairé, se sont mis en évidence; et je doute que, de quelque manière qu'on étende la liste des deux côtés, l'on arrive à une autre proportion que celle que je viens d'indiquer. La lumière propre de Paris sera toujours à celle qu'il a empruntée, comme deux à trois, ou à peu près.

C'est déjà, du reste, pour la capitale, un résultat très-flatteur, au point de vue des *sommités*. Mais on ne dit pas que les sommités *seulement* de Paris répandent la lumière : on dit que Paris, c'est-à-dire *toute la ville*, est le *centre des lumières*, ce qui n'est pas du tout la même chose.

Cela signifie que la lumière répandue par les sommités *s'est infiltrée dans toutes les couches de la société.*

Dès lors le bourgeois de Paris est plus éclairé que le bourgeois de Niort, par exemple ; et l'ouvrier de Paris est plus éclairé que l'ouvrier de Niort.

Il n'en peut pas être autrement ; car si Paris ne luit que par ses sommités, transportez celles-ci ailleurs, Paris ne rayonnera plus.

C'est ce qu'on n'admet pas. Paris brille quand même.

Dès lors les sommités sont inutiles. Comme ce ne sont que des biens meubles, qu'on les emporte, Paris n'en scintillera pas moins.

Alors, la lumière ne peut lui venir que de sa bourgeoisie ou de ses ouvriers. Or, cela se vérifie-t-il par le fait? Voilà, ce me semble, ce qu'on n'a pas examiné.

Si la lumière doit servir à quelque chose, c'est assurément *à répandre le bien-être.*

Si elle ne fait pas cela, je ne vois pas trop pourquoi j'y tiendrais.

Or, voici ce qui est positif : Toutes les fois que le bien-être a été troublé, c'est toujours le *centre des lumières* qui en a été la cause!

Jamais les troubles ne sont venus de Niort, toujours de Paris!

Pour un *centre des lumières*, avouez que c'est au moins étrange.

Evidemment il y a dans cette machine quelque rouage de cassé, quelque vis qui ne serre pas, quelque ressort qui ne fonctionne pas.

Voyons la bourgeoisie. Certes, s'il y a une classe ayant besoin de la tranquillité, c'est bien celle-là. Pour elle, l'ordre, c'est la vie. Si elle est éclairée, elle doit donc chercher à ne pas troubler cet ordre sans lequel elle ne peut pas vivre.

Au lieu de cela, que fait-elle?

Elle n'est pas la première à descendre dans la rue, mais elle sait admirablement préparer les autres à y descendre.

Elle raille la religion et les autorités;

Elle donne des leçons au pouvoir, surtout lorsque celui-ci ne veut pas d'émeutes;

Y a-t-il un mauvais journal, bien haineux, bien effronté ? c'est elle qui l'achète ;

Arrive-t-il qu'un **P. J.** Proudhon quelconque ait l'audace d'écrire : « La propriété c'est le vol ? » Aussitôt elle se récrie, mais c'est elle qui enlève le livre.

Dame ! on n'est homme d'esprit, sans préjugés, qu'à la condition de l'avoir lu. Autrement, serait-on éclairé ?

Va-t-elle au théâtre voir *le Gamin de Paris*, pièce où le faux le dispute à l'odieux ? c'est elle qui applaudit avec frénésie au vers :

> « Ce n'est qu'un baron qui se noie. »

Elle ne voit pas que ces bravos sont à l'adresse de la Commune future ; que l'ouvrier qui entend ce vers *ne l'oubliera pas*, dût-il oublier tout le reste de la pièce !

Elle est dans le bien-être jusqu'aux oreilles, et elle va crier : « Vive la Réforme ! »

Puis elle s'étonne de voir arriver la « Réforme » avec la réjouissance par-dessus le marché !

Elle sait enfin que, si elle doit se garantir de *la rouge*, il faut qu'elle vote aux élections, et encore avec ensemble. Elle se garde bien de le faire.

Décidément ce n'est pas la bourgeoisie de Paris qui fait la lumière de Paris !

J'aime mieux le bourgeois de Niort !

Mais enfin, d'où vient-elle, cette fameuse lumière ?

De l'ouvrier, sans doute. Voyons.

C'était aux beaux jours de la Commune. On venait d'ouvrir le feu contre Paris. Je me trouvais, au rond-point des Champs-Elysées, au milieu d'une foule qui contemplait, silencieuse, les éclairs du canon qui, partant des hauteurs de Meudon, fendaient l'obscurité.

Une seule voix, haute, arrogante, interrompait le silence. C'était celle d'un fédéré galonné qui, feignant de s'adresser à un camarade, galonné comme lui, parlait en réalité au groupe récalcitrant et anti-communeux dont je faisais partie.

« Ah ! voilà ce qu'il ose faire (disait-il à peu près), ce traître, ce Mac-Mahon, qui a vendu la France à Sedan ! Il bombarde Paris ! C'est bien là l'œuvre d'un lâche comme lui ! La force prime le droit ! Mais Paris est fort, Paris le méprise, lui et ses chouans, ses gendarmes et ses sergents-de-ville ! Paris, c'est la lumière, c'est le berceau de la liberté ! Le peuple de Paris est éclairé, il connaît ses droits, il est fort, — et il est courageux ! »

La veille, de jour, à ce même endroit, j'avais été témoin d'une scène étrange. Un prêtre âgé, ayant dit à un voisin : « Les Versaillais vont nous délivrer, » un monsieur fort bien mis se retourne, et dit froidement à un fédéré qui se trouve là : « Garde national, conduisez cet homme au poste ! » Ce qui fut fait incontinent.

Avec un pareil exemple de liberté de la parole devant les yeux, on me pardonnera si je m'abstins de dire à l'orateur précité ce que j'avais sur le cœur ; ceci, par exemple :

« Malheureux aveugle, tu ne reconnais donc pas la triste besogne que fait dans ce moment ton *peuple éclairé* de Paris ? Après avoir lâché pied au Mont-Mély, en refusant de se battre contre le Prussien, il se révolte contre l'autorité légale de son pays : le mot de *fraternité* à la bouche, il fait couler le sang français, tandis que l'ennemi est encore à nos portes. Ce *peuple éclairé* surcharge son pays, sa ville même, déjà écrasés par un immense fardeau, d'une nouvelle ruine ! Sont-ce là ses *lumières* que tu vantes ?

« Et tout cela dans quel but ? Il veut détruire l'*infâme capital !* Soit : le voilà détruit. Après ? Qui te donnera de l'ouvrage ? Personne. Moi, réduit à la misère, j'endosserai, afin de ne pas acheter une redingote, la blouse en lambeaux que tu auras quittée; quand mes souliers refuseront leur service, je n'en achèterai pas de nouveaux, mais j'envelopperai mes pieds de chiffons que j'aurai ramassés dans les rues. Et tous ceux qui, aujourd'hui, te font vivre par leur luxe modeste, écrivains, artistes, marchands, tous feront comme moi. Plus de dorures, plus de glaces, plus de rideaux, plus de ces mille riens qui répandent la prospérité partout! Que dis-je, plus de chaises ni de tables; la terre n'est-elle pas là pour nous recevoir? La vie des Sioux et des Iroquois nous paraîtra trop luxueuse : nous ne pourrons y atteindre. Et, sache-le bien, après les quelques mois d'orgie que le pillage universel pourra te procurer, tu seras sur la paille comme nous, si tant est qu'il y ait encore de la paille; car qui donc voudra labourer la terre, si elle ne doit pas lui profiter? Oh, alors, tu l'auras, l'égalité que tu demandes, l'égalité dans la misère !

« D'après les sots principes qu'on t'a inculqués, il ne doit plus y avoir d'oisifs : tout le monde doit travailler, tous doivent produire. Mais alors, où sera le CONSOMMATEUR? Voilà ce que tes maîtres, les socialistes, ne t'ont jamais dit. Va le leur demander : ils n'y ont pas seulement songé. A part les aliments dont la consommation est universelle, qui donc, dans la société que tu rêves, consommera le nombre infini de choses qui ne sont pas de première nécessité? Qui donc, quand l'*infâme capital* que tu détestes dans ton aveuglement, n'existe plus? Qui donc, quand il n'y a plus de riches qui ne travaillent pas?

« Mais je me trompe : le riche travaille, et il travaille pour toi, car il est CONSOMMATEUR : c'est là son métier à lui. C'est pour toi qu'au milieu de son apparente oisiveté il se tourmente pour satisfaire ses goûts. Il lui faut de beaux meubles, des livres, des tableaux de prix; il lui faut écurie et remise, de l'orfèvrerie coûteuse, des collections de fantaisie. Tout cela fait couler l'or de sa poche, et d'une façon ou de l'autre, c'est toi qui en profites. Que dis-je ? ses vices mêmes te font vivre. Les théâtres, les bals, les banquets sont ton patrimoine. Lorsqu'il rentre chez lui, éreinté par les plaisirs, il revient de son atelier de travail, *dont tu es le patron,* puisque tu en recueilles le fruit. C'est pour toi qu'il se donne, s'il mène la vie déréglée que tu lui reproches sans cesse, les maux de tête, les dyspepsies, la goutte qui le tenaillent : c'est enfin pour toi qu'il se ruine. Voilà un travail bien autrement lourd que le tien, voilà des souffrances bien pires que celles que tu attribues pharisaïquement à ta classe. Mais le fond de ta pensée, ce n'est pas le travail : tu rêves une vie de paresse, tu aimes mieux vivre avec les cinquante sous de la Commune sans rien faire, plutôt que de gagner honnêtement tes six à dix francs à l'atelier. »

Voilà ce que j'aurais dit ; mais mon homme n'y aurait rien compris. Il m'aurait conduit au poste : car, n'était-il pas *éclairé ?*

Et l'on oserait encore parler de *Paris, centre des lumières,* quand nous voyons encore devant nous les ruines qu'a faites ce *peuple éclairé ?*

Avouons-le en toute humilité, ce que nous avons vu de mieux à Paris en fait de *lumière,* c'est le pétrole qui dévorait nos maisons !

Le plus vil hameau, où, sans savoir lire, on accepte sans murmure la position que Dieu nous a faite ; où, sans le savoir, on travaille à la richesse commune, au bien-être de tous, en aimant sa famille et en mettant de côté les gros sous pour faire face aux mauvais jours, ce hameau, dis-je, est plus éclairé que Paris, où les passions les plus déréglées, les théories les plus folles, trouvent des adeptes et des défenseurs !

Est-ce à dire, France, que, malgré sa démence, tu puisses te passer de Paris ? Non ! car pour la vie nationale, il faut un centre, et un centre ne se crée ni en un jour, ni en un siècle. Quelque malade que soit le cœur, on ne le déplace pas : on tolère les cardialgies, les palpitations, et, quand le viscère ne fonctionne plus, on meurt avec lui.

Paris est malade, je n'en disconviens pas ; mais c'est à la France à le guérir. Elle sait que, par une soif désordonnée de célébrité, ou plutôt de notoriété, des cerveaux surexcités y pondent des théories absurdes qui, sous le nom générique de *socialisme*, affectent les formes les plus variées. Qu'elle s'en méfie, qu'elle n'accepte rien de Paris sans l'avoir passé au crible de cette saine raison dont elle a donné tant de preuves.

Qu'elle ne l'oublie pas : ces théories prétendues nouvelles, on les a vues chez les Grecs et les Romains. La société ne subit pas de variation essentielle : elle change de forme, elle est assujettie à des bouleversements momentanés, mais ses bases sont immuables, car elle découle des lois de la NATURE.

Et quand Paris dit à la France que le progrès marche en droite ligne d'amélioration en amélioration, et ne s'arrête jamais, de telle sorte que tout ce qui est nouveau doit être nécessairement bon, qu'elle contemple un instant cette hélice emblématique qui accompagne ces pages.

Cette figure lui dit que ce progrès illimité existe, mais non en droite ligne : que le bien y succède au mal, et réciproquement ; qu'il y a dans les affaires humaines des hauts et des bas, et que le progrès se fait vers l'abîme autant que vers le ciel. *Demandez toujours si le progrès qu'on vous vante se fait en* BIEN *ou en* MAL.

Mais ceci exige un chapitre à part.

CHAPITRE XVI.

Le Progrès.

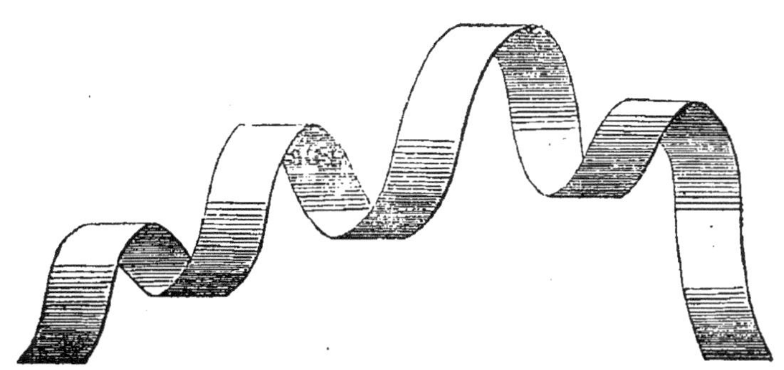

En présentant ici au lecteur l'hélice hypothétique dont je viens de parler, je désire qu'il me rende la justice d'avouer que l'idée de représenter le *Progrès* par une figure géométrique ne m'appartient pas. Je ne l'adopte que parce que d'autres, cédant à un engouement dangereux, par la raison qu'il découle d'une de ces illusions fatales qui nous ont conduits à l'abîme, ont jugé à propos de représenter la marche sociale par une *ligne droite indéfinie*, en lui attribuant hautement le sens d'une course non interrompue vers un bonheur toujours croissant.

Or, une idée pareille est diamétralement contraire aux lois de la NATURE, lesquelles n'admettent pas la possibilité d'une durée indéfinie d'un état quelconque.

Je signale cette hallucination comme la cause principale de nos récents malheurs. Les inventeurs des phalanstères, des Icaries, des projets de réorganisation sociale tendant à nous créer un état où il n'y aurait plus ni misère, ni guerres, ni injustices, ne se sont jamais appuyés que sur cette malheureuse ligne droite.

« L'homme est indéfiniment perfectible, la société se

rajeunit et ne meurt pas elle ; est prédestinée à changer es bases de son existence, à se transformer toujours en approchant incessamment d'un idéal de perfection qui laisse loin, bien loin derrière lui ce vieux monde vermoulu qui craque sous nos pieds. Le progrès n'a pas de limites. »

Tels sont les rêves dont se nourrissent certains esprits trop confiants qu'on appelle des *penseurs*, des *philosophes*, parce qu'ils pensent et raisonnent mal ; et qui, à chaque époque de trouble, se voient remplacés par de rusés exploiteurs, des démagogues de profession, qui leur empruntent leur phraséologie boursoufflée, leur style tantôt pastoral, tantôt épique, pour s'enrichir aux dépens du pays en le poussant à la ruine.

Telles sont les conséquences qu'amène cette idée erronée de la *ligne droite indéfinie*, de ce progrès marchant toujours vers le bien sans jamais s'arrêter. De toutes les illusions dont nous sommes affligés (1), celle-ci est la plus funeste : elle est au fond de toutes les révolutions qui nous ont si profondément démoralisés : c'est par elle que l'émeute trouve des recrues : c'est-elle qui fait envahir les Tuileries et disperser les représentants de la nation ; c'est elle enfin qui a mis le pétrole aux mains des communeux et leur a appris l'assassinat — et ce n'est qu'en la déracinant que l'on pourra sérieusement organiser la DÉFENSE DU PAYS.

Que n'a-t-on dit, que n'a-t-on écrit sur le *Progrès ?* N'est-il pas, dans la pensée générale, un nouveau Messie, qui va nous guérir de tous nos maux et nous ouvrir enfin ce beau séjour :

> .....locos lætos et amæna vireta
> Fortunatorum nemorum, sedesque beatas,

(1) Voir la page 8, *note.*

où, comme nous l'apprend cet excellent Télémaque :
« ni la guerre altérée de sang, ni la cruelle envie qui
« mord d'une dent vénimeuse, ni les jalousies, ni les
« défiances, ni la crainte, ni les vains désirs, n'appro-
« chent jamais ? »

Cette étrange chimère trouve, je n'en disconviens pas,
une certaine excuse dans les prodiges qui se sont opérés
depuis près d'un siècle dans le monde matériel. Le galva-
nisme, la vapeur, la photographie, toutes les découvertes
enfin qu'on a faites en physique et en chimie, leurs mille
applications aux arts et aux industries, sont bien de nature à nous griser un peu. Aussi y a-t-on pris goût à tel
point que chaque jour paraît devoir apporter son contin-
gent de *progrès* : on ne parle que de cela, et si le cor-
donnier, le tailleur, le coiffeur, l'épicier veulent vendre
leurs produits, ils ne trouvent rien de mieux que d'affi-
cher un *progrès* quelconque.

C'est que malheureusement on a confondu les progrès
qu'on a faits dans la transformation de la *matière* avec
un progrès dans les *mœurs*, dans les *passions*, dans tout
ce qui règle enfin la marche de la société.

Un instant de réflexion aurait pourtant dû convaincre
les utopistes que des deux côtés les conditions ne sont
pas les mêmes.

La matière est transformable à l'infini, ou peu s'en
faut, car les combinaisons et permutations auxquelles se
prêtent les soixante et quelques éléments connus jusqu'ici,
s'élèvent mathématiquement à un chiffre que la pensée
n'arrive pas à concevoir. Mais conclure de cette immensité matérielle à un *progrès social* quelconque, c'est supposer une immensité égale dans le nombre des combinaisons auxquelles pourraient se prêter les forces qui
mettent en mouvement les sociétés.

Or ce nombre est excessivement limité ; car les sociétés

humaines ne marchent que par nos *passions* et par nos *illusions*, qui d'abord se comptent aisément, et ensuite ne se prêtent qu'à fort peu de combinaisons.

Il est très-rare qu'un homme soit animé de trois passions à la fois : il faudrait pour cela que l'une ne contrariât pas les autres. Il n'est pas facile d'aimer à la fois la chasse et la vie sédentaire, d'être à la fois avare et prodigue, d'aimer la contemplation et de se sentir entraîné en même temps vers les bals masqués. Les illusions naissent assez souvent de nos passions, et servent toujours à les alimenter.

Or, depuis que le monde existe, ces passions n'ont pas changé. Lisez les anciens : Vous y reconnaîtrez les hommes d'aujourd'hui sous un autre costume, voilà tout. Nous, ici à Paris, nous sommes les Athéniens d'il y a vingt-trois siècles. Méditez ce passage de Bossuet :

« Athènes était plus vive, et le peuple y était trop maître ; la philosophie et les lois faisaient à la vérité de beaux effets dans des naturels si exquis, mais la raison toute seule n'était pas capable de les retenir. Un sage athénien, et qui connaissait admirablement le naturel de son pays, nous apprend que la crainte était nécessaire à ces esprits trop vifs et trop libres, et qu'il n'y eut plus moyen de les gouverner quand la victoire de Salamine les eut rassurés contre les Perses. » (1).

On le voit : entre eux et nous il n'y a pas la moindre différence morale, si ce n'est que peut-être, en supposant qu'au lieu de gagner Salamine, ils eussent perdu Sedan, ils se seraient montrés plus sages que nous.

Bref, le progrès *matériel* n'implique nullement un progrès *social.*

En veut-on une preuve? La vapeur, les chemins de fer, la télégraphie électrique devaient, au dire de tout le monde, tellement multiplier les relations entre les na-

____

(1) *Discours sur l'Hist. Univ.*, 3ᵉ partie, ch. V.

tions, qu'aucune guerre ne pourrait plus-avoir lieu. Eh bien, ouvrez les yeux maintenant, et voyez ce qui s'est passé sur tout le globe civilisé, rien que depuis 1854 !

Bien entendu que chacune de ces guerres a son *parce que*, qui ne se renouvellera plus. C'est connu.

Si nous n'avions pas cru si aveuglement à la disparition prochaine de la guerre, nous nous serions mieux préparés à celle qui vient de nous coûter si cher.

Il est de toute évidence, d'ailleurs, que, plus vous multipliez les relations entre les différents pays, plus vous multiplierez aussi les chances de rupture. Etant données deux nations n'ayant entre elles qu'un seul lien d'intérêt, les chances du maintien de la paix sont comme un à deux, puisque le conflit ne peut avoir son origine que chez l'une ou chez l'autre pour une seule chose. Mais si une troisième nation s'y trouve engagée, ces chances seront comme un à trois, et, si vous multipliez les liens, la chance du maintien de la paix sera comme l'unité au produit du nombre des intérêts engagés et du nombre des nations.

Voici quelques exemples de cette vérité. Au moyen âge la France et l'Angleterre n'avaient aucun intérêt ni au maintien de l'indépendance de Constantinople, ni au commerce avec l'Asie ou avec l'Amérique. Elles faisaient donc la guerre, soit entre elles, soit avec les nations voisines.

Mais le commerce s'étant développé, la navigation à la vapeur ayant facilité les contacts, aussitôt nous voyons naître des guerres entre l'Amérique et l'Angleterre ; nous en voyons pour l'indépendance du sultan, nous en voyons en Chine et en Cochinchine. Ces guerres auraient-elles eu lieu si les contacts ne s'étaient multipliés ?

Voilà comment raisonne, l'arithmétique à la main, la PHILOSOPHIE ABSOLUE.

Il est donc bien entendu que le progrès matériel ne

prouve rien en faveur d'un progrès moral quelconque. Or comme notre illusion sous ce rapport nous conduit, ainsi que nous venons de le voir, à faire de faux calculs, elle est une des plus funestes que nous puissions entretenir, et il est essentiel de la détruire.

Heureusement, pour quiconque raisonne, ce n'est pas difficile, au moyen du grand principe par lequel je termine le douzième chapitre (1).

J'ai si souvent besoin de citer ce premier de tous les principes sur lesquels se fonde la PHILOSOPHIE AB-SOLUE, et on l'oublie si souvent, que, de crainte de passer pour trappiste, je me vois forcé de lui donner un nom.

Je l'appellerai donc le PRINCIPE DE LA FIN NÉ-CESSAIRE.

Or donc, d'après ce principe, puisque, au dire de tous, ce progrès, que l'on vante, existe, il a eu un commencement, donc il doit avoir une fin.

Dès-lors c'est une erreur que de le représenter par une ligne droite indéfinie.

Quant à l'éternel argument que *la société ne meurt pas*, on sait que je le repousse catégoriquement (2) : la société meurt comme toute chose qui est l'œuvre de la NATURE, en vertu du *principe de la fin nécessaire.*

Cette mort, nous l'avons vue de bien près, assez toujours pour savoir comment elle pourra s'accomplir. Repassez dans votre esprit tout ce qui est arrivé depuis le 1er août 1870, et, si vous en doutez encore, c'est que vous êtes incurable.

Mais revenons au progrès. Si l'on tient absolument à représenter sa marche par une figure géométrique, ce n'est pas, je le répète, la ligne droite qui puisse en don-

(1) Page 70.
(2) Voir la page 68.

ner une idée juste. Le docteur Büchner paraît s'en être aperçu, et il a cru pouvoir tourner la difficulté en substituant à une seule droite une série de parallèles. Il n'en est pas plus avancé : aucune droite, aucune série de droites ne répond à la marche des affaires humaines; car, en définitive, c'est là ce que signifie le PROGRÈS.

Cherchons à le définir un peu plus exactement. On lui accorde deux sens : l'accroissement du bien-être universel, et les nouvelles découvertes dans les sciences. Or, dans un sens comme dans l'autre, il n'y a pas de marche régulière : il y a toujours des hauts et des bas, de la *hausse* et de la *baisse*, comme on dirait à la Bourse.

Dans les sciences, on remarque des siècles d'ignorance ou d'immobilité venant interrompre un série d'années plus ou moins fécondes en découvertes. Le siècle actuel a été le plus riche en nouvelles conquêtes de ce genre, et pourtant on les compte aisément : ce sont la vapeur, la galvanoplastie, la photographie, la télégraphie électrique. Tout le reste se résume en des applications. Eh bien ! cette immense fécondité s'est déjà arrêtée, et une baisse correspondante en sera la conséquence naturelle. *Comment* elle se manifestera, je ne saurais le dire, mais elle ne manquera pas à l'appel.

Dans le progrès *matériel*, cette marche saccadée, irrégulière, et tantôt favorable, tantôt désastreuse, est de notoriété. La tranquillité publique, la rareté des maladies, les bonnes récoltes, la paix, font le bonheur ; l'émeute, les épidémies, la disette, la guerre, viennent l'interrompre à des époques indéterminées. Il y a loin de là, on le voit, à la ligne droite, et l'on ne conçoit pas *quo jure,* en présence de faits aussi notoires, on ait pu conclure à la possibilité d'un bien-être indéfini.

Si maintenant, au lieu de nous arrêter aux détails, nous envisageons le progrès des choses humaines par grandes masses, comme nous le présente l'histoire, nous voyons bien que la société a progressé, mais tout aussi souvent en mal qu'en bien. Le monde a marché, je n'en doute pas un instant, mais sa marche l'a conduit aussi souvent vers l'abîme que vers le sommet.

En réfléchissant mûrement à l'ensemble de ce que je viens de dire, j'arrive à la conclusion que la seule manière de représenter géométriquement la marche du progrès, c'est de faire choix de l'hélice couchée horizontalement, et ayant des spires inégales.

Rien ne saurait mieux éclairer cette question qu'un exemple. Je vais donc reprendre ici la figure mise en tête de ce chapitre, en donnant une signification historique aux plis du ruban qu'elle représente :

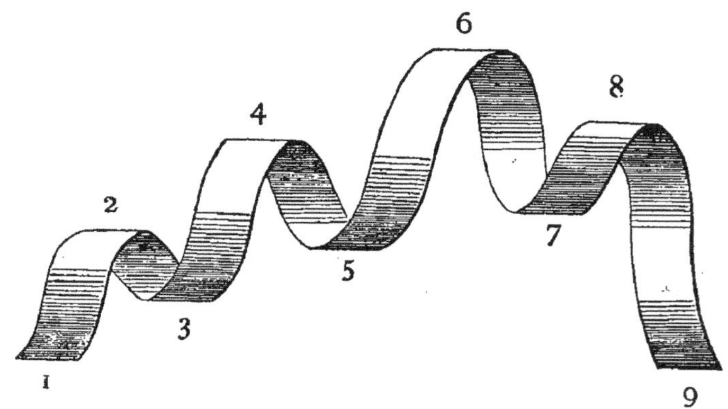

Je prends pour point de départ la fondation de Rome. Ses habitants, de purs brigands, se trouvent au n° 1, à l'origine de l'hélice. Peu à peu ils se civilisent et atteignent un certain degré de prospérité relative qui les fait monter jusqu'au n° 2, où Tarquin l'Ancien a pour successeur le dernier roi de Rome. L'expulsion de celui-ci, les guerres qui en sont la suite, la dictature, la retraite du peuple au Mont-Sacré, Coriolan, les lois agraires, le décemvirat, Brennus, tout cela constitue un siècle et demi fort tourmenté, pendant lequel la prospérité de Rome descend jusqu'au point 3. On n'y est pas aussi bas qu'à l'origine, mais le progrès a été en mal.

Toutefois, Rome ne tarde pas à se relever par Camille. Les Volsques sont vaincus, Rome étend sa domination, et sa rivale Carthage tombe pour ne plus ressusciter. Cette période de 244 ans porte la puissance de la République romaine à son apogée. Elle atteint le point 4, beaucoup plus élevé que le point 2.

Mais voici venir la période des Gracques, de Marius et de Sylla, et virtuellement la fin de la République. L'hélice descend jusqu'au point 5. Elle se relève, non sans peine, par Jules César et par Octave, sous lequel elle monte jusqu'à son point culminant 6. A la mort d'Auguste, l'hélice commence à redescendre, sous l'influence des mauvais empereurs, jusqu'au point 7. Les bons la font remonter au point 8, époque que l'on peut fixer à l'abdication de Dioclétien. A partir de là, les luttes d'empereurs rivaux, le partage de l'Empire, l'invasion de la Gaule, de l'Espagne et de l'Italie par les barbares, et enfin la chute d'Augustule, font descendre le sort de Rome au point 9, niveau du point de départ.

Voilà, soit dit en passant, le résultat final de douze cents ans de *progrès :* zéro !

J'aurais pu évidemment multiplier les spires pour représenter les nombreuses vicissitudes qui ont marqué ces grandes époques. Mais n'ayant en vue qu'une esquisse rapide pour expliquer ma pensée, je me suis affranchi des détails secondaires, et j'en agirai de même dans l'hélice suivante, où j'ai cherché à représenter l'histoire de France.

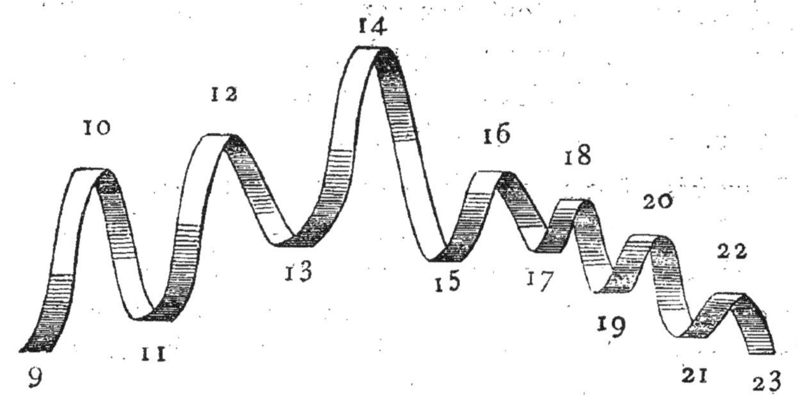

Je reprends au point **9**, la chute d'Augustulus coïncidant à peu de chose près, avec la bataille de Soissons. Siècle de barbarie pareil à celui où naquit Rome, je le mets au même niveau.

Clovis se fixe à Paris. De là aux règnes de Clotaire, de Dagobert, des Maires du Palais, des Carlovingiens, il y aurait beaucoup de spires à faire ; mais j'ébauche à grands traits, car, sous Charlemagne surtout, la France en définitive avance toujours, et je puis hardiment fixer le point **10** au règne de Philippe-Auguste. De là, la croisade malheureuse de Saint-Louis, les invasions des Anglais, les batailles de Crécy et de Poitiers, les troubles des Bourguignons et des Armagnacs, avec le règne désastreux de Charles VI, l'occupation de Paris par les Anglais, constituent une spire descendante qui s'arrête au point **11**.

De Jeanne d'Arc jusqu'à François Ier l'hélice remonte jusqu'au niveau **12**, nécessairement plus élevé que celui de Philippe-Auguste. Mais voici venir les guerres de religion, la Saint-Barthélemy, la Ligue, qui amènent une nouvelle descente jusqu'au point **13**. L'époque comprise entre le règne de Henri IV et celui de Louis XIV constitue une spire ascendante qui porte la prospérité de la France à son apogée, au point **14**.

Mais ici commence aussi à se manifester l'influence des sinistres penseurs, tels que J.-J. Rousseau, Holbach, Helvétius, qui préparent lentement l'avénement de Robespierre. Nous sommes descendus au niveau 15 : du mal extrême jaillit le bien : Napoléon Ier fait remonter la France au point 16 ; sa chute amène l'occupation du pays, lequel descend rapidement au niveau 17.

La restauration des Bourbons ramène une prospérité relative ; mais les haines sont encore trop fraîches, la maladie chronique n'est que suspendue, et la spire qui descend du 18 jusqu'au 19, représente le règne de Charles X et les premières années de celui de Louis-Philippe ; ce dernier finit pourtant par relever la prospérité jusqu'au niveau 20, mais elle s'arrête brusquement le jour qu'éclate la révolution de 1848. Chute rapide jusqu'au point 21, elle n'est arrêtée que par le 2 Décembre. La spire se relève jusqu'au point 22, qui se termine à l'année néfaste 1864, dans laquelle l'Internationale acquiert son droit de cité. De là nous descendons lentement jusqu'au niveau 23, règne de la Commune.

La partie ascendante de notre figure comprend quatorze siècles, et dès-lors les arcs de l'hélice n'indiquent que la marche générale d'un nombre considérable de tours représentant chacun les événements d'un quart de siècle environ. Du point 14 au niveau infime 23 au contraire, il y a à peine un siècle et demi, où les événements marquants se suivent avec une rapidité extraordinaire. L'ampleur des arcs ne représente pas nécessairement le nombre des années, mais plutôt la vitesse du mouvement. L'arc 14-15 renferme bien une soixantaine d'années, mais plus de la moitié de sa course est évidemment fournie par les années 1789 à 1794.

Le point 15 représente la France tombée plus bas que la Ligue : c'est bien le moins que l'on puisse admettre, et il serait plus juste peut-être de mettre le 15 au niveau du 9. Si le point 16 est de beaucoup au-dessous du point 14, c'est que la prospérité du premier Empire n'était due qu'au génie de son chef, et nullement à une amélioration dans l'état sanitaire de la nation, où la maladie révolutionnaire couvait toujours. Même observation au sujet du point 18, apogée des Bourbons, du 20, point culminant de Louis-Philippe, et du 22, qui appartient à Napoléon III. Ce n'est pas que ces princes ne fissent tout en leur pouvoir pour bien gouverner, mais chaque fois la folie était plus avancée, et l'hellébore plus difficile à administrer. Même aujourd'hui, même après le pétrole, la convalescence n'est guère fort avancée.

Voilà donc ce que c'est que le PROGRÈS : c'est bien un mouvement en avant, mais nullement une amélioration perpétuelle comme on voudrait nous le faire accroire. La preuve, c'est qu'aujourd'hui on serait bien aise de pouvoir effacer une cinquantaine d'années de notre histoire ; on se contenterait même de dix.

Ne l'oublions pas : une société est une machine organisée comme un corps animal, avec cette différence que les sucs et les tissus sont remplacés par des éléments moraux, et que dès-lors les organes qui servent à la nourriture matérielle sont remplacés par d'autres agencements qui, pour être invisibles, n'en sont pas moins réels et sûrs dans leurs effets. Une machine sociale est donc extrêmement compliquée, et, comme la machine animale, elle est tantôt à l'état *physiologique* ou de santé, tantôt à l'état *patolhogique* ou de maladie. Ce dernier état peut être passager ou chronique, ou même déterminer la mort, tout comme dans l'animal. Et je vous prie de croire que ce ne sont pas des métaphores que je débite, mais des faits très-réels, à prendre *au pied de la lettre*, à telles enseignes que j'aurai tôt ou tard à vous en parler *ex professo.* Car, pour la bonne DÉFENSE DU PAYS, il est essentiel que le corps social soit en bonne santé, et l'on n'y arrive qu'en étudiant son état de maladie.

J'ai déjà dit que je n'accepte pas cette autre erreur de nos philosophes contemporains, celle de croire à *l'unité de la société humaine.* On a voulu y mêler la tradition religieuse, mais fort inutilement. Elle ne reconnaît en effet que l'unité *d'origine :* elle ne se porte nullement garante de ce qui a pu arriver après. D'une même souche sont venues, je le veux bien, diverses races, par suite des changements fort lents effectués par l'influence des climats et des conditions géologiques. M. Trémaux est ici parfaitement dans le vrai (1). Or la diversité de race amène forcément la pluralité des sociétés humaines; ni celle des nègres ni celle des Esquimaux ne peuvent avoir rien de commun avec la nôtre, à cause des conditions climatologiques, si hautement appréciées par Montesquieu, et, comme de raison, si absurdement dédaignées par Auguste Comte. A ce point de vue, le seul qui soit d'accord avec les FAITS, l'histoire compte déjà un assez grand nombre de *morts sociales,* et plaise à Dieu que la France n'en offre pas bientôt un nouvel exemple.

Vous demandez le progrès... Soyez tranquilles : il ne vous échappe pas — il vous conduit droit à la tombe, vous et votre société. Sur quoi, grand Dieu, vous fondez-vous donc pour supposer qu'elle ait un privilége sur les autres choses de la terre? Ah vraiment! Vous voudriez que la NATURE se mît en frais pour lui octroyer une immortalité qu'elle n'accorde pas même aux montagnes qui ont sur le dos autant de siècles que vous avez de jours? Elles se fendent pourtant comme des noisettes quand il plaît à un tremblement de terre de les soulever !

(1) *Origines et transformations de l'homme.*

« Oh ! mais les temps barbares ne reviendront plus ! Grâce à l'imprimerie, la science humaine ne périra plus ! Les chemins de fer, les bateaux à vapeur, la télégraphie, tout cela porte la civilisation d'un bout à l'autre du globe ! Comment reviendrions-nous aux temps des Attila ? »

Comment ? La réponse est facile. Avez-vous vu flamber la bibliothèque du Louvre ? Voilà *comment !*

Encore quelques petits événements comme celui-là, et le tour est joué.

Grâce au progrès, nous avons su étouffer, au moyen de sophismes spécieux, pralinés exprès pour nous les faire avaler, tout ce que Dieu avait mis en nous de sentiments généreux : nous nous moquons de la religion, et nous la tuons chez l'enfant ; nous poussons la femme à quitter le foyer domestique pour aller brailler dans les clubs ; nous nous apitoyons sur le crime, nous bafouons l'autorité, nous rêvons les lois agraires — et puis nous nous étonnons de ce qui nous arrive !

Mais ce qui nous arrive est un progrès aussi ! Trouvez-moi donc une insurrection où l'on ait songé à brûler une ville de deux millions d'âmes !

Franchement, le meilleur progrès, ce serait de retourner en arrière, à notre ancienne bêtise, où nous adorions encore Dieu.

Car, sans lui, sachez-le bien, il n'y a pas une seule doctrine des communeux qui ne soit parfaitement logique.

Bref, votre progrès constant vers le bien-être est une hallucination : car le mal est nécessaire, ne fût-ce que pour nous faire apprécier le bien.

Voici ce que j'ai dit dans ma conférence du 18 avril 1870 :

« Il existe dans le monde tout juste autant de mal que de bien.

« Et lorsque vous gagnez un bien, soyez sûrs que le mal vient bras dessus, bras dessous avec lui. » (1)

C'est-là un des principes fondamentaux de la PHILO-SOPHIE ABSOLUE, sortie d'une étude attentive des lois de la NATURE, œuvre de Dieu. J'y reviendrai un jour.

En attendant, il en résulte que tout le progrès auquel nous puissions raisonnablement aspirer, se réduit à *trouver la plus grande mesure de bien avec le moins de mal possible.*

Voilà le problème à résoudre, et les siècles vous disent qu'il n'est pas facile.

5 septembre 1871.

Je me vois dans la nécessité d'ajouter les trois anagrammes suivantes à la série déjà publiée.

21ᵉ ANAGRAMME.

Ecce! Ab ea die trigesima Augusti MDCCCLXXI Senatus Versaliensis pacem cum Thierso læto corde celebravit. Hanc plerique fere deplorant : fata bene, non male vertant! — err.

22ᵉ ANAGRAMME.

An bellum civile quiescit? Paulisper, non nego : certe seditiones erutæ non sunt. — fgmnn.

23ᵉ ANAGRAMME.

Solio potiri ille tantum potest, cui audacia in corde, consilium in animo est. Tute ac lente qui tale facere vellet, virum esse tenes. — e.

(1) *Revue populaire*, août 1870, page 451.

CHAPITRE XVII.

Conseils à la Dynastie à venir. — La Commune.

Dynastie à venir, je ne te connais pas : je puis donc te donner en toute liberté des conseils que tu trouveras bons quelque soit ton titre : monarchie, république, commune....

Commune? Allons donc !

Cette pensée vous choque?

Pas moi, je vous l'avoue en toute sincérité : j'ai tant vu depuis un an, que je ne saurais plus m'étonner de rien.

Qui aurait jamais osé vous prédire au mois de janvier de l'an de grâce 1871, que deux mois plus tard, sous le canon prussien retenu seulement par un chiffon de papier, Paris tomberait entre les mains d'une secte sans foi ni loi, et tellement odieuse, qu'il invoquerait lui-même sa délivrance par l'ennemi étranger ?

Qui aurait jamais osé vous prédire, même au matin du 18 mars, que deux mois plus tard Paris serait en flammes ?

Eh bien, ce qui est arrivé déjà, peut arriver encore.

La Commune peut revenir.

Du reste, Commune, ma mie, tu n'avais pas si mauvais jeu : tu possédais un atout de première force, la maxime :

ODERINT, DUM METUANT.

C'était spadille.

Avec cela, on va loin.

Si Louis XVI avait professé cette maxime, la Bastille n'aurait pas été prise.

On n'en a jamais pris aux Nérons en dehors d'une g uerre dans les règles.

On a conspiré contre eux, on les a assassinés, je n'en disconviens pas, mais la populace ne leur a jamais pris de bastilles.

Ce n'est qu'aux bonnes gens qu'on en prend.

Donc, l'*oderint dum metuant* te donnait, chère Commune, une force immense, et d'autant plus grande que tu n'avais pas de conscience.

C'était un embarras de moins.

Ne pas avoir de conscience, c'est un grand bonheur. Rien ne vous arrête alors dans vos entreprises grandioses : ni la joie de l'ennemi devant les portes, ni le bêlement des victimes, toutes réactionnaires d'ailleurs, ni la ruine publique.

Stoïcisme admirable qui se révèle surtout dans ce beau passage de la proclamation de Paschal Grousset AUX GRANDES VILLES :

« Paris a fait un pacte avec la mort. Derrière ses forts, il a ses murs ; derrière ses murs, ses barricades ; derrière ses barricades, SES maisons, qu'il faudrait lui arracher une à une, et qu'il ferait sauter, au besoin, plutôt que de se rendre à merci.

Ce Paris, qui n'est autre que la raison sociale Paschal Grousset et Cie, faisant sauter SES maisons !!! Grand Dieu, quel propriétaire désintéressé ! C'est magnifique, c'est romain !

Ainsi, deux éléments de succès ; *Oderint, dum metuant,*
Et pas de conscience.

Ajoutons-y un troisième, non moins sérieux : l'abolition de la liberté de la presse.

C'était, il est vrai, un peu roide de ta part, car c'était donner raison aux ordonnances de Charles X, aux lois de septembre de Louis-Philippe, et au décret tant honni du 17 février 1852 — mais en définitive, tu étais dans le vrai, car avec la liberté de la presse *on ne gouverne pas.*

Malgré cela, malgré ces superbes atouts, tu as perdu la partie.

Et tu reviendrais demain, que tu ne la gagnerais pas davantage.

Tu reviendrais cent fois, que tu la perdrais cent fois.

Et pourquoi ?

Parce que ton système n'aboutit à RIEN ; il n'y a rien dessous !

Avant toi, on a supprimé la presse, mais on avait un but ;

Avant toi, on a fusillé des otages, mais on avait un but ;

Rostopchin a brûlé Moscou, mais il avait un but.

Mais toi, si tu en avais, il était absurde.

Je veux te faire la partie belle : à la voix de Paschal Grousset, Lyon, Marseille, Lille, Toulouse, Nantes, Bordeaux et les autres... (je cite son affiche) se sont soulevées au cri de : *Vive la Commune!* Partout les troupes se retirent, ou sont vaincues, ou fraternisent. L'Assemblée de Versailles est chassée. La Commune s'établit partout.

Après? Le Prussien occupe un tiers du sol; il demande ses milliards.

Qui te les donnera? Te prêtera-t-on seulement un sou?

Pas un liard !

Que dira alors le Prussien ?

S'il a un grain de sens commun, — et, hélas ! on l'a vu, il en a plus que nous, — il se dira : « De deux choses l'une : ou il faut que je prenne tout ce pays-là pour moi, ce que l'Europe ne permettra pas, ou il faut que j'y établisse un gouvernement inspirant assez de confiance pour qu'il trouve de quoi me payer. »

Te voilà tombée dans l'eau, Commune !

Mais je veux t'accorder mieux encore : je veux imaginer l'impossible. En fouillant quelque part, tu as trouvé les cinq milliards, et tu les a payés.

En es-tu plus avancée ? Tes doctrines se sont répandues en Allemagne, en Italie, dans toute l'Europe enfin. Les trônes encore debout se sentent ébranlés. Crois-tu qu'ils attendront patiemment leur chûte ? Pas Bismark, toujours. Il écrasera d'abord l'ennemi chez lui, puis il organisera une grande croisade contre la France, foyer reconnu de la Commune. Comme à cette heure-là, tu y seras plus détestée encore que tu ne l'es aujourd'hui, comme d'ailleurs il te manquera l'union, la défense que tu feras n'aura de sérieux que les crimes inutiles que tu jugeras à propos de commettre pour te maintenir debout un jour ou deux de plus.

Maintenant, je veux aller encore plus loin, et je supposerai l'impossible à la centième puissance. La Commune a envahi toute la France ; elle a été acclamée dans toute l'Europe, tous les rois sont en fuite, toutes les armées régulières sont dissoutes, il n'y a plus que Commune partout !

Te voilà donc reine et autocrate de l'Europe.

Eh bien, voici ce qui arrivera. Comme on ne peut pas se battre quand il n'y a plus d'ennemis, tu ne pourras pas éternellement tenir debout une force armée à 2 francs 50 centimes par tête, et 75 centimes pour la femme, *légitime ou non*. Il faudra donc rouvrir les ateliers. Bien entendu que les « exploiteurs de l'homme » ont été ou chassés, ou fusillés, ou noyés : l'*infâme capital* est détruit, et tout se fera désormais par associations entre travailleurs.

Mais enfin, il ne suffit pas d'ouvrir les ateliers : il faut que les commandes viennent si l'on veut travailler. *D'où viendront-elles ? Et que commandera-t-on ?*

Pour répondre à ces questions, il faut d'abord se rendre

compte de l'état d'une société pareille. Naturellement elle a ses chefs : sans cela la grande œuvre de la régénération n'aurait jamais pu être accomplie, ce qui serait contre l'hypothèse.

Or, de tout temps, et sous tous les régimes, on a toujours vu que les chefs ne manquent jamais de rien.

Cela s'est vu, du reste, sous la dernière Commune. Les chefs demeuraient dans les palais ; ils avaient de beaux meubles, de l'argent dans la poche, une toilette irréprochable, et ils se nourrissaient suprêmement bien.

Il en sera donc nécessairement de même sous la Commune universelle.

Quant au peuple militant, il a eu la solde jusqu'ici, mais arrachée à force de menaces ou de réquisition au bourgeois désarmé. Qu'a fait celui-ci pendant la période de transition ? Ne trouvant nulle part de la sécurité pour ses fonds, puisque, par hypothèse, toute l'Europe est dans le même état, il a eu recours au système du moyen âge ; il a enfoui sa vaisselle, ses diamants, son argent : quant à ses immeubles, il en a fait son deuil. Les millionnaires se sont enfuis, assez souvent en payant cher l'infidélité de quelque fédéré subalterne.

Dès lors, ce qui reste dans le pays, ce sont de pauvres diables de petits commerçants qui finissent peu à peu par fermer boutique faute de clients, puis des artistes, des photographes, des écrivains, tous mourant de faim. Les maisons de valeur sont vides, ou occupées par les « gardes nationaux, » enchantés de se donner un appartement de vingt mille francs sans bourse délier.

Mais les ateliers vont se rouvrir ; oh ! certainement, le travail va reprendre. Les braves fédérés regrettent leur vie de paresse à cinquante sous par jour, mais le Comité central ou la Commune, les chefs enfin, leur ont dit qu'il n'y a plus d'argent : il faut donc se résigner, travailler.

Mais encore une fois, *d'où viendront les commandes*, et *que commandera-t-on?* Répondez.

Les commandes viendront-elles de l'intérieur? Qui aura donc, à moins d'être pris par la gorge, le courage de se défaire même de cinquante centimes, s'il n'a pas la perspective de les regagner quelque part? Du dehors? mais où est donc le crédit, qui ne peut exister que lorsqu'il y a production, et par conséquent débouché? La misère est là-bas comme chez nous, et par la même cause.

Que commandera-t-on? Certainement pas l'orfévrerie, ni les soies, ni les velours, ni les draps, ni les glaces, ni les pendules, ni les meubles de luxe. Quelques casquettes, peut-être, quelques sabots, quelques méchantes blouses, voilà. Et encore, on y regardera à deux fois.

Lorsque donc les vaillants travailleurs se seront croisés les bras devant la porte de l'atelier pendant quelques jours sans rien voir venir, ils iront assiéger le Comité central en criant après leurs cinquante sous.

Le Comité central aura alors recours aux grands moyens. Il surimposera la propriété, il réquisitionnera, il pillera, il fusillera ; mais malheureusement l'argent n'existe qu'à la condition de produire, et il ne produit qu'à la condition d'être une source de bien-être; bref, les chefs rouleront carrosse jusqu'au dernier moment, mais il n'y aura plus les cinquante sous pour la foule.

On verra M. de Rothschild demander l'aumône au coin de la rue Laffitte, tandis que son hôtel sera habité par un Raoul Rigault quelconque, et cela pourra durer quelque temps.

En attendant, les bibliothèques seront devenues la proie des rats, les imprimeries seront délaissées faute d'acheteurs de livres, les journaux eux-mêmes disparaîtront faute de papier, les chemins de fer ne rouleront plus faute de voyageurs et de marchandises, les écoles se fermeront parce que les instituteurs seront morts de faim, les champs ne produiront plus parce que les compagnies du moyen âge renaîtront et rançonneront le pays en mangeant les récoltes en herbe ; les disettes éclateront faute de navires amenant du blé ; ce qui reste debout sera emporté par les épidémies, sûrs successeurs de la famine, ou par les guerres civiles qui, cette fois, ne se feront pas pour des idées creuses, mais pour s'arracher réciproquement le pain de la bouche, et voilà ! Si vous demandez à savoir comment meurent les sociétés, contemplez ce tableau.

Donc, Commune, ma mie, j'avais bien raison quand je t'ai dit tout à l'heure que tu n'as pas réussi, parce que ton système n'a pas d'avenir.

Cela pourra ne pas t'empêcher de revenir,—nous sommes assez niais pour cela, — tu nous feras plus de mal encore que tu ne nous en as fait, mais tu ne resteras pas.

Car tu marches droit contre les lois de la NATURE.

A moins toutefois que la France ne soit arrivée au terme de son existence. — Alors je m'incline :

> Contra vim mortis non est medicamen in hortis.

Va, Commune de mon cœur, je n'ai plus rien à te dire, car décidément tu n'es pas la *Dynastie à venir*.

Il n'est pas impossible toutefois qu'on te voie revivre prochainement ailleurs qu'ici : en Angleterre. Au moment où j'écris (12 sept.), les grandes usines de Newcastle, celle de Sir William Armstrong, entre autres, sont en lutte avec leurs ouvriers depuis plus de trois mois, et il est plus que probable que les patrons auront à céder. Cela promet pour l'avenir. Deux ou trois victoires de ce genre-là, et l'industrie anglaise sera par terre. La suite ne se fera pas attendre.

Vive le progrès !

CHAPITRE XVIII.

Conseils à la Dynastie à venir. — La République.

Peut-être la Dynastie à venir s'appellera-t-elle *République?*

C'est plus sérieux, car la *possibilité* de son existence est démontrée d'avance par le fait, avantage qui manque foncièrement à la Commune.

Il importe donc de rechercher dans quelles conditions elle pourra exister.

Constatons d'abord que jamais une république n'a pu durer sans l'adoption de ces deux principes fondamentaux, qui sont aussi ceux de la monarchie : le *droit de propriété* et la *famille.*

Ainsi, tous les rêves des socialistes de diverses dénominations sont absolument exclus de toute constitution républicaine, comme de toute autre ayant quelque prétention à la viabilité.

Si je pouvais ici développer *ex professo* les principes de la PHILOSOPHIE ABSOLUE, je n'aurais pas de peine à démontrer mathématiquement, en quelque sorte, l'inanité de toutes les théories socialistes, en commençant par celle d'Auguste Comte, qui a fait école parce qu'elle renie le sens commun avec le plus d'audace.

Mais ce serait trop m'éloigner de mon sujet que de me livrer à une réfutation radicale de ces aberrations : je me contente donc d'en appeler, sans m'y arrêter, aux faits que fournit en abondance l'histoire moderne de notre malheureux pays.

Ainsi, *droit de propriété*, *famille*, voilà les bases inévitables de toute république, comme de toute monarchie.

A part cela, chère république, en te supposant arrivée

au pouvoir, pour t'y maintenir, tu n'as qu'un moyen : c'est de MENTIR A TES PRINCIPES.

Tu seras arrivée en proclamant la *liberté*, l'*égalité*, la *fraternité*, la *presse libre*, le *droit de réunion*.

Eh bien! si tu veux vivre, il faut que tu jettes tout cela au panier.

Car autrement tu en as pour huit jours.

Contrairement aux deux républiques que l'on cite toujours, la Suisse et les États-Unis (par un singulier oubli on ne cite jamais le Mexique et les autres républiques espagnoles du Nouveau-Monde), la française s'est toujours donné l'innocent plaisir d'avoir pour devise les trois mots : *Liberté, Égalité, Fraternité*.

Douce plaisanterie, qui me rappelle l'étymologie du mot latin *lucus : quasi a non lucendo*.

Par un reste de pudeur, très-légitime au demeurant, la Commune avait remplacé *fraternité* par *solidarité*, voulant probablement dire par là que les citoyens chefs s'engageaient à mourir derrière les barricades comme les autres. On sait avec quel héroïsme ceux qui l'ont pu se sont enfuis.

Du reste, pour être logique, pourquoi n'a-t-elle pas, en même temps, remplacé *liberté* par *terreur* et *égalité* par *privilége*?

Cela aurait parfaitement résumé son système.

Bref, je le répète : que la République française supprime sa devise! La *liberté* l'a toujours tuée ; l'*égalité*, elle ne nous l'a jamais donnée ; la *fraternité*, elle ne l'a jamais pratiquée.

Mais, à côté de cette devise, elle se proclame volontiers la seule dépositaire de ce que l'on appelle collectivement *les grands principes de* 1789. On les trouve consignés dans la *Déclaration des droits de l'homme* et dans le titre Ier de la Constitution de 1791.

Or, la première chose à faire pour juger sainement ces principes, c'est d'en séparer ceux qui étaient entrés dans les mœurs longtemps avant la Révolution. Tels sont, par exemple, ceux qui proclament le droit de propriété, la sûreté publique, l'entretien d'une force nationale.

En ce qui regarde l'admission de tous, sans distinction, aux dignités et aux emplois, selon leur capacité, ce principe a existé de tout temps par la force des choses. Sous Louis XIV, roi aristocratique s'il en fut, le grand Colbert, fils d'un négociant, devint ministre.

Je pourrais ainsi éplucher plusieurs de ces principes, et montrer que ceux qui ont quelque valeur n'ont pas à réclamer la paternité de la Révolution. Mais il me suffit ici de discuter plus particulièrement les deux principes de la *liberté de la presse* et du *droit de réunion*.

Or, sans recourir ici à la PHILOSOPHIE ABSOLUE, je n'ai qu'à invoquer notre histoire pour pouvoir affirmer, en bonne conscience, que ces deux grands principes de 1789 ne valent rien.

Ils sont d'abord une importation anglaise, circonstance qui les rend fort suspects à mes yeux. En Angleterre, ils ont pris les allures d'une maladie chronique qui a sapé peu à peu les bases de l'ordre social, à tel point qu'en 1866 un ministre de la reine n'a pas osé réprimer une émeute des plus honteuses au Hyde-Park, et que de cette émeute même est sortie la dernière réforme, dont aucun homme clairvoyant ne sentait la nécessité.

Or, une réforme qui naît d'une émeute est condamnée d'avance; un pays où pareil phénomène peut se produire a un pied dans la tombe.

C'est aussi pourquoi je me sens autorisé à dire que le véritable Waterloo que nous a infligé l'Angleterre, nous devons le compter, non pas du jour où eut lieu la célèbre bataille, mais du jour où « la perfide Albion » nous donna le goût de son système politique.

Sous la première République, la liberté de la presse fut restreinte au droit de prêcher l'évangile de ce temps-là, l'échafaud ; comme sous la Commune, elle se borna à exciter aux crimes commis plus tard.

Le premier Consul n'en voulut pas, et ce ne fut pas la presse qui le perdit. S'il l'eût permise, il n'aurait pas régné un an.

Louis XVIII accorda la liberté de la presse, et ce fut par elle que son successeur tomba.

Louis-Philippe l'accepta, et se vit forcé de la réprimer, fort imparfaitement d'ailleurs, par les lois de Septembre. Il fut renversé par elle, car les attaques, pour être voilées, n'en furent que plus violentes.

La République de 1848 dut également sa chute à la presse ; car, d'une part, les doctrines subversives qu'on prêchait effrayaient le public, et, d'autre part, on ne se gênait pas pour battre en brèche la Constitution elle-même.

Napoléon III régna seize ans dans la plus parfaite sécurité en réprimant la presse. Il n'eut pas plus tôt relâché la bride en 1868, qu'on prépara sa chûte par les attaques les plus envenimées, les calomnies les plus atroces. Si la presse n'avait pas eu le temps de travailler les esprits à l'avance, le deuxième empire aurait survécu à Sedan.

La Commune, grâce au ciel, n'eut pas de reproche à se faire sous ce rapport-là, car elle supprimait les journaux avec un sans-façon admirable. Aussi ne fut-ce pas par la presse qu'elle succomba, mais ce fut par la presse qu'elle arriva. N'oublions pas que, pendant le siége, le général Trochu laissa aux feuilles malsaines une liberté incompatible avec une bonne défense.

Par ces motifs, ô République, je te conseille de bâillonner la presse. Avec une presse libre, tu ne vivras pas. Je le dis dans ma sixième anagramme (page 35), qui se traduit ainsi :

La liberté de la presse est le fléau d'une nation.

Le droit de réunion est encore plus pernicieux.

Tous les crimes qui ont ensanglanté la première Révolution se sont mûris à l'ombre de ce prétendu droit : nul ne conteste cette vérité ; au contraire, ceux qui, dans leur fanatisme, appellent cette orgie de sang « notre grande et belle Révolution, » y trouvent un motif à éloges : ils citent avec extase les discours de Robespierre et des autres orateurs célèbres des clubs, et appellent cela « la vie politique du peuple. »

La Charte de 1814 ne reconnaît pas le droit de réunion ; celle de 1830 non plus ; ce furent pourtant les banquets de 1847 qui préparèrent 1848, et ce fut un banquet projeté qui l'amena. Les émeutes nombreuses qui caractérisèrent le règne de Louis-Philippe se concertaient dans les conciliabules des sociétés secrètes.

Ce fut en 1848 que recommença le règne des clubs : le 15 mai et les journées de juin en furent le couronnement. Malgré cela, la Constituante d'alors eut l'insigne folie d'inscrire le droit de réunion dans son nouveau pacte. Qu'en résulta-t-il? Le 13 juin 1849, des troubles à Lyon et ailleurs, des projets d'émeute éventés et étouffés par le prince-président. Après le 2 décembre, suppression complète du droit de réunion, et, par suite, une tranquillité publique merveilleuse jusqu'à la trop fameuse lettre du 19 janvier 1867. A partir de là, le 4 septembre s'organise publiquement dans tous les clubs jusqu'à maturité.

Et le siége de Paris a-t-il été fécond en clubs ? Il restait heureusement en ce temps-là une ressource aux amis de l'ordre : c'était de lire la loi du 9 août 1849 sur l'état de siége, et de s'assurer ainsi par soi-même qu'elle était rigoureusement enfreinte.

Bref, les clubs du siége ont abouti à la Commune.

Si, après cela, nous ne sommes pas guéris du droit de réunion, c'est que nous y mettons de la mauvaise volonté.

Dans quel but le droit de réunion pour un objet politique est-il tant demandé?

C'est d'abord pour *se concerter;*

C'est ensuite pour *arriver à la vérité* par la discussion ;

C'est enfin pour *réclamer* contre un abus.

Voilà les trois objets qu'on peut se proposer.

Voyons si on les réalise.

La question se complique d'abord d'une condition de *nombre.*

Deux, trois ou quatre personnes se réunissant sans bruit arrivent certainement à s'entendre, s'il y a *entente possible*; elles peuvent, par une discussion tranquille et mesurée, arriver à la vérité sur une question donnée; elles peuvent enfin fixer d'un commun accord les bases d'une réclamation.

Dans ces limites-là le droit de réunion peut remplir le but désiré, mais je ne sache pas que dans ces conditions il ait jamais été défendu.

Mais à mesure que le nombre augmente, l'utilité de la réunion se fait de moins en moins sentir.

Il n'est pas impossible d'arriver par le raisonnement à une détermination approximative du nombre *maximum* de personnes qui peut *utilement* concourir à une réunion.

Un orateur qui n'est pas bavard, et n'a pas la manie de faire des phrases inutiles, peut ordinairement épuiser en *dix minutes* ce qu'il a à dire. C'est du reste la limite qui a été communément fixée dans diverses réunions scientifiques.

Dix orateurs consommeraient donc cent minutes. Ajoutons-en une vingtaine pour les pertes de temps inévitables : nous arrivons à une séance de deux heures.

Or, lorsqu'un homme a écouté sérieusement pendant deux heures, on peut admettre que sa faculté de prêter l'oreille est épuisée.

Deux heures, c'est le *maximum* admis dans les classes et dans les cours publics.

En deux heures, on peut donc écouter dix orateurs. Admettons qu'il y ait présentes dix personnes ne prenant pas part aux débats, et nous aurons pour force numérique extrême d'une réunion *utile* vingt membres.

Soyons larges, et acceptons le double : fixons, si l'on veut, la limite extrême à quarante-cinq membres, comme les bureaux de l'Assemblée nationale ; mais dans ce cas il faut aussi admettre des conditions de grande convenance parmi les présents.

Mais ce n'est pas dans ces conditions-là que s'est pratiqué chez nous le droit de réunion. Il s'agit de centaines de personnes et de toutes les classes, ayant de l'éducation ou n'en ayant pas, et la plupart animées de passions politiques fort accentuées dans un sens quelconque.

Quant aux réunions de cent mille individus et au-delà, comme on en voit en Angleterre et aux Etats-Unis, tout concert, toute discussion y devient impossible : elles ne peuvent signifier qu'un déploiement de force physique dans un but le plus souvent d'intimidation.

Revenons aux nôtres, à celles que nous avons vues chez nous. S'agit-il d'une réunion électorale, ayant pour but d'entendre le candidat? on ne l'entend pas, car il suffit d'une poignée d'opposants pour faire du tapage et rendre toute explication impossible. Donc ce n'est ni plus ni moins qu'une farce.

S'agit-il d'une réunion publique dans tout autre but politique? la première chose que l'on remarque, c'est qu'il peut y avoir des curieux, mais des opposants jamais, car on les mettrait à la porte. Je parle, bien entendu, de celles qui passionnent le public, où l'on dit des choses bien grossières, bien horripilantes, où l'on prêche la sédition ou l'irréligion; car pour les autres, s'il en existe, personne n'y va, ou du moins on n'en entend pas parler.

Les journaux eux-mêmes ne voudraient pas rendre compte d'un club où l'on ne ferait que parler raison.

Maintenant, qu'arrive-t-il dans ces réunions? Un orateur en vogue — on dirait presque assermenté — monte à la tribune, et développe pour la centième fois le même sujet, avec des phrases clichées et des attitudes obligées. Comme il n'y a pas de contradicteurs, on n'entend que des applaudissements. Après lui en vient un autre, puis un troisième, chacun avec des sophismes dont il a fait sa spécialité, assaisonnés de temps à autre d'invectives à l'adresse du pouvoir. Il y a ordinairement une vingtaine d'orateurs qui font le tour des clubs, et se ménagent ainsi une renommée pour le jour des barricades. Et cela s'appelle se communiquer ses idées, et discuter la chose publique!

L'auditoire se compose d'abord de compères qui font la claque, puis d'une foule de dupes qui, se laissant séduire par ces orateurs de troisième ordre, s'imaginent très-sérieusement qu'une révolution doit les enrichir, et qu'ils seront l'aristocratie de l'avenir.

Qu'a-t-on discuté? Rien. Qu'a-t-on éclairci? Rien. Qu'a-t-on réclamé? La lune.

Et les journaux impriment ces discours, et les badauds

s'imaginent que « le peuple fait son éducation politique » et les électeurs ne votent pas, ou votent pour les rouges, puis, quand un 18 mars arrive, on est tout étonné !

Méfiez-vous des orateurs politiques! Il est fort rare qu'un grand orateur ait jamais fait de grandes et de bonnes choses, mais l'orateur a souvent bouleversé son pays.

De tout temps le pouvoir de l'éloquence a été connu et redouté. Antipater fait mettre à mort les orateurs athéniens. Caton bannit les rhéteurs de Rome ; les Gracches sont tués par suite des séditions qu'ils ont su exciter par leur éloquence. Enfin, voici Lucrèce qui met le doigt sur la plaie :

> Omnia enim stolidi magis admirantur amantque,
> Inversis quæ sub verbis latitantia cernunt :
> Veraque constituunt quæ bellè tangere possunt
> Aureis, et lepido quæ sunt fucata sonore.
>
> De Rerum nat., lib. I, v. 642-645.

Et en effet, je n'ai jamais, que je sache, entendu louer un orateur pour son argumentation serrée et logique, mais toujours pour son beau langage, sa voix sonore et sa présence d'esprit.

Voilà les qualités qu'on recherche. Avoir raison, c'est indifférent. Parler bien, c'est tout.

Et c'est ainsi que la France a été poussée de révolution en révolution. Qui prépara la chûte de Louis XVI? Mirabeau. Qui abattit la Restauration? Foy, Manuel, Benjamin Constant, La Fayette. Qui fit tomber Louis-Philippe? Ledru-Rollin et consorts. Qui sapa le trône de Napoléon III? Emile Ollivier le premier.

Voici le moment pour moi de traduire ma septième anagramme, que je puis même perfectionner de la manière suivante :

*Nonne clarè gentium nex evenit, dum sævo ore hydra
erroris plebi mercede seditionem flat? — eee.*

Elle signifie :

*Le droit de réunion, parfaitement oiseux comme moyen
de s'entendre, est la guerre civile en herbe.*

Ainsi, ô République, tu vois que je n'ai pas tort en
te conseillant de répudier ce grand principe de 1789, qui
donne le droit de se réunir « paisiblement et sans
armes. »

Car, l'émeute et les armes viennent toujours après.

Mais, chère République, si, pour vivre, il faut que tu
renonces à ta devise *Liberté, Égalité, Fraternité,* si, en
outre, tu dois supprimer la liberté de la presse et le droit
de réunion, je me demande franchement ce que nous
gagnons à nous livrer à toi plutôt qu'à la monarchie ?

Voudrais-tu te façonner à la manière de ta devancière
de Venise ?

Celle-là, par exemple, a vécu bien longtemps.

Mais aussi menait-elle les affaires rondement.

Lors de l'interdit lancé par Paul V, un digne curé
avait déclaré hautement à ses amis qu'il ne dirait pas la
messe. Etant allé se coucher le samedi soir comme de
coutume, il se réveille au bruit de grands coups de marteau qu'on donnait dans la rue. Poussé par la curiosité,
il met le nez à la fenêtre, et, ne distinguant pas bien dans
l'obscurité une chose qui se dresse devant sa porte, il
demande aux ouvriers ce que c'est.

« C'est une potence, mon révérend », fut la réponse.

Le bon curé ne se le fit pas dire deux fois : le lendemain à six heures, il était debout, et dit sa messe comme
pas un.

Eh bien, chère République, si tu veux vivre, voilà le
modèle que tu dois imiter.

Tes adeptes du reste l'ont compris, si j'en crois le petit

programme suivant que j'emprunte au *Times* de Londres du 12 juin 1871. Le voici :

La République, comme toute autre institution humaine, est sujette à discussion, mais il ne faut pas qu'elle soit discutée. Son origine n'est pas divine, mais il est nécessaire qu'elle soit inattaquable. Il faut donc qu'on s'accorde à la regarder comme une arche sainte·à laquelle il n'est pas permis de toucher.

Qui viole la loi doit être abattu (*struck down*). La liberté doit se tenir avec elle, ou vivre en tremblant sous le glaive.

La presse doit être soumise à des lois sévères, implacables, allant jusqu'aux plus terribles conséquences. Nous n'irons pas jusqu'à faire couper la langue aux pamphlétaires, mais nous les enverrons vivre ailleurs, ainsi que tous ceux qui ne consentiront pas à vivre volontairement avec nous.

Le foyer domestique ne doit pas être fermé pour nous : il pourrait s'y former des conspirations. On ne permettra les réunions qu'autant qu'on ne s'y occupera point de politique; les réunions secrètes seront absolument interdites.

Les associations d'ouvriers que les lois de l'empire autorisaient seront dissoutes.

Notre police doit être plus nombreuse que jamais; au lieu de l'armée, qui peut être énervée et corrompue, nous aurons une gendarmerie nombreuse et bien payée.

Pour avoir l'œil et le pied partout, il sera nécessaire de centraliser le pouvoir administratif et politique beaucoup plus encore qu'il ne l'a été jusqu'ici. Il ne faut donc pas compter sur la décentralisation. Tous nos efforts, au contraire, doivent tendre à restreindre les libertés locales, et à tenir toute la France sous la main du gouvernement.

Plus que jamais nous devons tenir l'instruction publique en nos mains et en exclure tout ce qui n'est pas avec nous. Il faut que toutes les générations nouvelles soient républicaines.

A ces conditions nous pourrons garantir la France contre toute nouvelle tentative de désordre.

En relisant ce morceau, je m'aperçois, chère République, que j'ai perdu mon temps à te donner des conseils. Va, tu es aussi savante que moi : tu as toi-même annoncé ce que tu nous réserves. Est-ce sage? C'est ton affaire.

Mais c'est dans la suite de ce précieux morceau, éclos dans les cerveaux de vrais et sincères républicains, que tu montres une ineptie inconcevable :

Un gouvernement monarchique ne pourrait en faire autant; il encourrait une telle responsabilité et une telle haine qu'il ne pourrait se soutenir. Une république, au contraire, peut être aussi despotique qu'il lui plaît pour l'extirpation du mal ; sa forme anonyme la met à l'abri des vengeances personnelles et la garantit des attaques soudaines, lorsqu'elle sait conserver sa force et faire respecter son autorité.

C'est dans ce but que personne ne doit avoir la permission de la discuter ou de l'attaquer, ni de mettre en question ses actes ou ses paroles.

Où prends-tu qu'un gouvernement monarchique ne puisse en faire autant? Quinze siècles sont là pour dire le contraire : toi-même, tu en as toujours accusé la monarchie : c'est à cause de cela que tu veux que nous la détestions. Et te crois-tu sérieusement à l'abri de la haine? Tu penses que ta « forme anonyme » te met à l'abri des vengeances personnelles ? Mais tu radotes! Est-ce que tu ne serais pas dirigée par des hommes? Si oui, sois tranquille : autant de directeurs, autant de poignards meurtriers dirigés contre eux. Que sont devenus les Marat, les Robespierre *e tutti quanti?*

Comptons néanmoins tes chances de vie. Tu avoues toi-même que tu adoptes la devise de la Commune :

ODERINT DUM METUANT.

et c'est-là, je l'admets, un grand élément de longévité. Mais en France cet élément ne te servirait de rien, par la raison qu'il y a des prétendants au trône, et que, si tu inaugures ce programme que nous venons d'admirer, il est bien difficile que ceux-ci ne puissent offrir au pays quelque chose de plus séduisant.

Les prétendants — tout est là. Si les États-Unis ont pu se constituer en république, c'est que cet élément hostile manquait. D'autre part la DÉFENSE DU PAYS était assurée par l'absence de voisins puissants, et enfin un territoire dix fois plus grand que la France, avec une population alors dix fois moindre, offrait une faculté d'expansion sans exemple, et des avantages incalculables à l'agriculture. Voilà comment a pu se consolider cette singulière puissance, qui du reste en est déjà à son déclin.

Et comment réaliser ces conditions en France? Tant qu'il y aura un seul prétendant, il sera un aimant attirant à lui les intérêts de tous ceux qui possèdent, qui travaillent, qui aiment la tranquillité et détestent l'émeute.

Chacun de ces prétendants peut invoquer une tradition ne rappelant que des jours de bonheur et de sécurité. Quels souvenirs au contraire se rattachent à la république en France? La Terreur, les journées de juin, la Commune. Le contraste est trop frappant, et toujours le prétendant sera l'objet des sympathies, exprimées ou secrètes, de l'immense majorité de la nation.

Entourée de puissants voisins, dont quelques-uns viennent de nous battre aux applaudissements des autres, comment pourrais-tu, ô République, intérieurement déchirée par les luttes *de tes propres partis*, compter sur une armée? Tu n'oserais même pas en avoir. Dès lors, tu serais dans l'impossibilité d'offrir au pays quelque sécurité contre les ennemis du dehors, quelque protection au commerce, quelque espoir d'avenir.

Maintenant pour réaliser la dernière condition dont jouissent les États-Unis, il n'y aurait qu'un moyen : dessécher la moitié de l'Atlantique, et mettre en culture le terrain acquis.

Bref, la France n'est pas faite pour la république.

Voici le dilemme. Ou tu gouverneras en respectant les libertés politiques que tu as toujours proclamées, et alors tes ennemis en profiteront pour te renverser. Ou bien tu mens à tes principes en te faisant absolutiste, comme l'in-

dique ton programme, et alors inévitablement tu te feras
des ennemis dans ton propre parti parmi ceux qui veulent arriver.

Il y aura ainsi deux, trois, plusieurs chefs qui se dis-
puteront le pouvoir. Si parmi eux il se trouve un Crom-
well, il vaincra les autres, mais tu n'en seras pas plus
avancée, car alors tu auras un roi qui s'appellera lord
protecteur, et qui te fera bien regretter ton Charles Ier.
Si au contraire parmi les chefs il n'y a pas un homme
supérieur, le pouvoir changera de mains par la force ou
par l'intrigue, en engendrant entre eux des haines personnelles qui les pousseront en fin de compte à traiter secrètement avec un prétendant ou avec un guerrier heureux.

C'est ainsi que la lutte se déclarera dans ton propre sein,
les questions personnelles absorberont tout, les affaires seront arrêtées, tu passeras à l'état de vésicatoire, et alors,
à un moment donné, le prétendant arrivera au milieu des
acclamations, et tu disparaîtras dans les vingt-quatre
heures.

Non, chère République, tout considéré, en France au
moins, tu n'es pas la *Dynastie à venir.*

CHAPITRE XIX

**Conseils à la Dynastie à venir.—La Monarchie.
Réflexions préliminaires.—La Religion.**

Ainsi, selon toute probabilité, Dynastie à venir, tu
t'appelleras *monarchie.*

Et tu arriveras dans de bonnes conditions, car cette
fois nous ne sommes pas en 1851, quand Auguste Ro-
mieu publia le Spectre rouge. Alors tout le monde le
lut, et, comme de raison, tout le monde s'en moqua.

Car on n'avait vu encore que les journées de juin.

On croyait au progrès dans le bien, on ne croyait pas au progrès dans le mal.

Depuis, le Spectre rouge s'est fait chair. Nous l'avons vu, nous l'avons touché. Nous en sommes débarrassés pour le moment, mais certains symptômes nous disent qu'il pourrait bien revenir.

Et comme nous avons vu ce dont il est capable, si avant nous n'y croyions pas du tout, aujourd'hui nous n'y croyons que trop.

Le 4 septembre tout le monde criait : « Plus de sauveurs ! » mais aujourd'hui nous en redemandons, et... tous les sauveurs nous tournent le dos !

La France serait-elle donc, à force de révolutions, tombée déjà si bas que sa couronne ne valût pas la peine d'être ramassée ?

Quoi qu'il en soit, cette fois le sauveur se fait désirer, mais il viendra, espérons-le.

Quel qu'il soit, ma tâche est la même : lui offrir des conseils.

Le terrain est déjà passablement déblayé par le chapitre précédent : car ce qui est nécessaire pour la République, l'est également pour la monarchie.

Ainsi, bien entendu, le droit de propriété et la famille n'admettent pas de discussion.

Pas plus que la République, la monarchie ne gardera la trop célèbre devise : *Liberté, Égalité, Fraternité.*

Et pas plus que la République, elle n'admettra les deux *grands* principes de 1789, la liberté de la presse et le droit de réunion.

Il y a pourtant une liberté que la République n'admet pas, on l'a vu : c'est *la liberté d'adorer Dieu.*

Eh bien, celle là, la monarchie doit la prendre sous sa protection spéciale. Mieux encore, *elle ne doit pas tolérer la prédication de l'athéisme.*

Voilà la véritable ligne de démarcation entre la Répuvlique *possible* et la monarchie.

La République *possible*, celle qui renie tous les fameux principes qu'on a toujours attribués à cette forme de gouvernement, peut donner une sécurité relative, abstraction faite des tiraillements qu'engendrent les luttes pour arriver au pouvoir; mais elle ne peut pas admettre la nécessité d'accepter un Dieu, car elle dégénère alors inévitablement en une monarchie, puisque Dieu, c'est L'ABSOLU !

Ici pourtant il faut que je me mette en garde contre les insinuations de la malveillance, qui pourrait vouloir travestir ma pensée en m'attribuant des velléités de retour à une espèce d'inquisition.

Une pensée aussi baroque n'entre pas dans mon esprit.

Si, dans son for intérieur, un homme est assez aveugle pour nier Dieu, — si dans le cercle de ses amis entachés de la même maladie, il se livre à des épanchements athées, — si même il en fait autant dans ses lettres particulières, — je vais plus loin : s'il élève ses enfants dans l'athéisme, ce sera fort regrettable, mais la loi doit être impuissante à le frapper.

Mais s'il imprime quoi que ce soit ayant ce caractère, s'il l'enseigne publiquement du haut d'une chaire, si d'une manière quelconque il se fait cyniquement propagateur de la doctrine de la non existence de Dieu, l'autorité doit intervenir pour l'en empêcher, et pour le punir dans le cas où il y aurait eu scandale public.

Et qu'on ne vienne pas m'objecter que le progrès des sciences serait arrêté par de pareilles entraves. Aucune de nos grandes découvertes modernes n'a été empêchée par la croyance en Dieu; aucun malade n'a jamais été sauvé par l'athéisme de son médecin. Mais des ôtages ont été fusillés, des édifices ont été brûlés par des athées, et aucun homme croyant en Dieu n'aurait commis de semblables forfaits.

Or, comme il n'est pas dans l'intérêt de la société que des ôtages soient fusillés, que des villes soient brûlées, l'autorité publique, gardienne de la société, doit intervenir pour empêcher la propagation d'une doctrine pouvant conduire à de pareilles atrocités.

« Et l'inquisition, m'objectera-t-on, et la Saint-Barthélemy? Ne sont-ce pas là les œuvres d'hommes croyant en Dieu? »

Oui, je l'accorde : mais ces exemples ne prouvent qu'une chose : que le bien peut être dénaturé par les passions des hommes. Ces crimes furent commis par des partisans d'une *forme particulière d'adoration devenue un drapeau politique*, et dans leur esprit l'idée politique l'emportait sur le fond.

Aussi la Dynastie à venir ne doit-elle rien changer à l'état actuel des cultes déjà reconnus et depuis longtemps établis dans le pays. Car tous ont pour base la croyance en Dieu, et aucun ne professe rien de contraire aux lois du pays.

Et si d'autres cultes demandaient à être admis sur le même pied, faut-il les reconnaître? Peut-on logiquement leur refuser ce que l'on a accordé aux autres ?

Je crois que oui. Il existe en France trois cultes chrétiens qui donnent satisfaction aux divergences les plus importantes en fait de religion. Si l'on s'engageait à subventionner toutes les petites nuances, on offrirait par là un appât aux créateurs de sectes religieuses, et l'on verrait l'hypocrisie s'affubler du manteau de la conviction. S'il se trouve des consciences qui ne puissent s'accommoder d'aucun des trois cultes chrétiens existants, eh bien, qu'elles montrent leur sincérité en se cotisant pour l'exercice de la nuance qu'elles affectionnent.

Mais il faut tout prévoir, le cas surtout où le loup voudrait pénétrer dans la bergerie. Il ne serait pas impossible que le diable se fît moine, et trouvât commode d'inventer une petite église pour s'en faire un club politique. C'est un danger qu'il faut prévenir en n'autorisant l'exercice d'un culte non reconnu, que sous la responsabilité de personnes parfaitement connues et d'une honorabilité à l'abri de tout soupçon.

Tel est le rôle logique de l'État en fait de cultes : en régler le nombre, les surveiller tous, mais les protéger également. Il faut en finir avec cette maxime si effrontément soutenue jusqu'ici, d'après laquelle l'État devrait être athée. Il doit au contraire veiller à ce que partout, dans l'enseignement public comme dans les solennités officielles, l'idée de Dieu, servant de base aux trois religions qui intéressent la France : la chrétienne, la juive et la mahométane, soit reconnue.

En adoptant ces principes, Dynastie à venir, tu éviteras le grand écueil auquel se heurta Charles X. Autant le milliard d'indemnité aux émigrés était une mesure équitable, autant les lois du sacrilège et sur les communautés religieuses furent des folies inexcusables. Avec le régne si sage et si modéré de Louis XVIII devant les yeux, comment son successeur, héritier de la prospérité qu'avait déjà inaugurée un trône à peine rétabli, pouvait-il songer à rompre ce calme précieux, à jouer la popularité qu'il avait acquise par ses premiers actes, popularité qui était le gage d'une entente inébranlable entre le roi et la nation, par des pommes de discorde qui non-seulement rappelaient, mais qui excusaient les effroyables orages du passé ? Le vrai moyen de vaincre les libres penseurs, c'est de leur laisser le moins possible à combattre. Or quel magnifique champ de bataille Charles X ne leur ouvrait-il pas en leur entre-bâillant tout le vieux musée des guerres de religion ? Dynastie à venir, tu ne commettras pas cette faute.

Les libres penseurs rêvent aujourd'hui la *séparation de l'Église et de l'État*. Connaissant l'influence qu'exercent sur le public ces effets de castagnettes qu'on produit par les allitérations et les homophonies, le comte Cavour avait inventé pour cette idée la formule : l'*Église libre dans l'État libre*. Or elle est radicalement mauvaise, parce qu'elle laisse la porte ouverte à la prédication de l'athéisme.

Je suis partisan de l'étroite union de l'Église et de l'État, mais à la condition que l'Église soit subordonnée à l'État. Mes anagrammes 17 et 18 renferment ma pensée là-dessus : le moment de les développer n'est pas encore venu. Jamais je ne voudrais admettre la prépondérance d'un clergé quelconque dans les conseils de l'État. L'histoire en a démontré les dangers : il n'y a plus à les discuter. Le prêtre n'est qu'un homme, et quelque sincère qu'il soit, il en a les passions et les faiblesses. Par la même raison, l'Église ne doit pouvoir ni posséder, ni hériter : ce sont ces deux facultés qui l'ont jadis exposée aux haines et aux calomnies. Désintéressée de toute considération mondaine, convenablement soutenue par l'État, sa dignité sera au-dessus de toute attaque, et on lui accordera volontiers dans les conseils du gouvernement cette douce influence morale dont elle a bien souvent su faire un excellent usage.

CHAPITRE XX

Conseils à la Dynastie à venir. — La Monarchie. Sa Constitution.

Étant donnés les principes que je viens de poser, tu dois reconnaître, Dynastie à venir, que tu arrives au pouvoir dans des conditions infiniment meilleures que ne le pourrait la république.

Celle-ci, en effet, ne pourrait arriver qu'en promettant ce qu'elle ne peut tenir, c'est-à-dire, que par le MENSONGE.

Toi, au contraire, tu arriveras la VÉRITÉ à la main; car :

Tu n'auras pas promis la *liberté*, luxe au-dessus de nos forces ;

Tu n'auras pas promis l'*égalité*, qui est impossible ;

Tu n'auras pas promis la *fraternité*, puisque tu auras pour ennemis naturels les émeutiers ;

Tu n'auras pas, par la même raison, promis le droit de réunion ;

Enfin, tu n'auras pas promis la licence de la presse, n'ayant pas envie de te faire dévorer par elle.

Les seules choses que tu auras promises, seront celles qui sont humainement possibles. Les voici :

La *justice ;*

L'*économie des deniers publics ;*

La *prévoyance ;*

Une *surveillance sévère exercée sur tous les services publics.*

Et tu tiendras parole, car tu ne te fieras pas seulement à tes propres lumières, mais tu t'entoureras franchement, loyalement, de celles des conseillers que t'enverra la nation.

En un mot, tu te déclareras ouvertement RÉACTION-NAIRE.

Car tu auras à RÉAGIR contre toutes les causes qui ont amené notre ruine.

Tu seras *réactionnaire*, comme l'est le médecin quand il attend la *réaction* pour sauver le malade.

Voici maintenant un conseil très-sérieux, et que la malveillance saura probablement dénaturer.

Pour bien gouverner, il importe toujours de voir s'il n'y aurait pas quelque emprunt à faire à l'ennemi.

Or la Commune peut effectivement fournir un enseignement. C'est cette petite maxime si laconique que j'ai citée à la page 112.

C'est inconcevable ce qu'ont fait les meurtres de Lecomte et de Clément Thomas, ainsi que la fusillade dans la rue de la Paix sur des gens désarmés, pour bien asseoir la Commune.

Sans cela, elle n'aurait pas vécu huit jours.

Eh bien, il faut accepter cette leçon, et quand les communeux s'en plaindront, on leur répondra : « Nous ne faisons que vous imiter. »

Seulement, il faudra introduire dans la maxime précitée une légère variante :

Oderint **MALI**, *dum metuant.*

Ici pourtant des gens méticuleux se demanderont sans doute : Qui décidera de la question du *bien* et du *mal?*

Car, évidemment, ce qui est le bien pour les uns, est le mal pour d'autres.

Pour les honnêtes gens, par exemple, le bien, c'est le sergent de ville.

Pour le voleur, c'est tout le contraire.

Il existe à la Bibliothèque nationale quelque chose comme dix mille volumes sur le bien et le mal.

Je n'en ai pas lu un seul, et pourtant je vais trancher cette grave question en un clin d'œil.

Le bien, c'est d'abord ce qui se trouve dans le Décalogue, et puis, ce qui plaît à l'immense majorité chez tous les peuples civilisés.

Le mal, c'est le contraire.

Or, il se trouve que chez tous ces peuples, chrétiens ou non, les préceptes du Décalogue et ensuite la sécurité et la tranquillité publique obtiennent l'immense majorité des suffrages.

Donc, voilà le bien.

Tu sais maintenant, Dynastie à venir, comment appliquer la maxime.

Toutes les fois que tu ne l'appliqueras pas, tu prépareras des victimes parmi les honnêtes gens.

Si tu l'appliques sévèrement, tu n'auras presque pas besoin de t'en servir. Ce sont les indulgences coupables qui font les crimes.

La loi, ce n'est pas autre chose que : *Oderint mali, dum metuant.*

Et ne l'oublie pas; si tu veux vivre, respecte la loi toi-même.

Dès lors il est essentiel que tu la reçoives d'autrui, et que tu ne te fasses pas législateur.

Et ceci nous conduit droit à la question constitutionnelle, c'est-à-dire, au pacte qui établit un lien entre la dynastie et la nation.

De tous les pays du monde, le nôtre a été le plus fertile en constitutions, et pourtant, chose remarquable, pas une n'a duré.

Seraient-elles toutes également mauvaises ? C'est peu croyable.

Cherchons, en les examinant, à en extraire ce qu'elles ont de bon.

La constitution de 1791 reconnaît un roi ayant le veto suspensif, mais n'ayant ni le droit de dissolution, ni celui de proposer des lois, et un corps législatif unique ayant une durée de deux ans ; elle établit le suffrage universel à deux degrés, en admettant les principes du cens,

de la propriété, et du domicile ; il n'y est pas question
de réunions électorales préparatoires, mais tout « citoyen
actif » peut être élu représentant.

La constitution de 1793 établit un seul corps législatif,
nommé par le suffrage universel direct, et ayant le droit
de nommer un conseil exécutif de vingt-quatre membres,
sur une liste de candidats nommés par le suffrage à deux
degrés. Les lois sont soumises à l'acceptation des assemblées primaires.

J'arrive à la constitution du 5 fructidor an III. Suffrage universel à deux degrés, principe du cens, du domicile, de la propriété. Conseil des Anciens, conseil des
Cinq-Cents; indemnité annuelle aux membres; directoire
exécutif.

Nous voici à celle du 22 frimaire an VIII. Un sénat
conservateur de 80 membres, se complétant soi-même,
élit dans une liste nationale, compilée par suffrage universel à trois degrés, cent tribuns, trois cents législateurs, trois consuls. Point de cens électoral, domicile
d'un an. Traitements affectés aux sénateurs, aux tribuns,
aux législateurs. Le sénat peut dissoudre le Tribunat et
le corps législatif.

Le 14 thermidor an X, Napoléon Bonaparte est proclamé premier consul à vie. Le sénatus-consulte impérial
du 28 floréal an XII n'est qu'une modification de la constitution de Sieyès.

Le Tribunat est supprimé en 1807.

La charte de 1814 établit deux chambres sans initiative directe. Celle des pairs, naît d'une part de l'hérédité, d'autre part de la nomination par le roi ; celle des
députés se renouvelle par cinquième tous les ans, le droit
d'élire et l'éligibilité sont exclusivement basés sur le cens.
Point d'indemnité aux membres. Liberté limitée de la
presse.

La charte de 1830 diffère de la précédente par quatre points importants : la publicité des séances de la chambre des pairs, le renouvellement en bloc de celle des députés tous les cinq ans, la diminution du cens, et l'initiative des lois accordée aux deux chambres ; un an plus tard, l'hérédité de la pairie est abolie. La censure ne peut être rétablie.

La constitution de 1848 abolit la peine de mort en matière politique ; elle reconnaît le droit de réunion ; elle établit une assemblée législative unique, élue par suffrage universel direct, par département, au scrutin de liste. Durée, trois ans. Le pouvoir exécutif est confié à un président, élu pour quatre ans par suffrage universel. Indemnité obligatoire aux représentants.

La constitution impériale de 1852 est une image un peu adoucie de celle de l'an VIII. Un sénat gardien de la constitution, examinant les pétitions, approuvant ou rejetant les lois votées par le corps législatif ; celui-ci élu par suffrage universel direct ; résumés officiels des débats ; indemnités aux sénateurs et aux députés ; conseil d'État pour élaborer les projets de loi. La résurrection de l'adresse en 1861 n'était peut-être pas une mauvaise chose ; le droit d'interpellation accordé en 1867 l'était certainement ; enfin à partir de là le *couronnement de l'édifice* a amené sa chute.

Actuellement nous n'avons pas de constitution du tout, et nous n'en sommes pas plus malades qu'en 1870. Mais comme cela ne peut pas durer éternellement, ce que je vais dire ne sera pas inutile.

Dynastie à venir, comme je ne te connais pas, mes conseils auront au moins le mérite d'être parfaitement désintéressés. Pénètre-toi du principe fondamental de la PHILOSOPHIE ABSOLUE, celui de ne raisonner que d'après les FAITS, et jette un coup-d'œil sur toutes les constitutions que nous venons de passer en revue : tu reconnaîtras leurs valeurs relatives à leur durée et à la manière dont elles ont disparu.

La Constitution de 1791 n'était qu'un avant-coureur de la République. Elle y conduisait forcément dès que le roi ne pouvait ni proposer des lois ni dissoudre le Corps législatif. L'arrière-pensée d'une République perce du reste aux articles 5 à 8 de la première section, et 1 à 3 de la deuxième section du chap. II, où l'on prévoit l'abdication.

Dans ces conditions si hostiles à la royauté, il n'est pas étonnant qu'elle n'ait pas duré. Quant au système électoral, il mérite d'être comparé aux autres.

La Constitution de 1793 a vécu sur le papier seulement, pendant deux mois[1].

Celle du 5 fructidor an III exhale déjà un parfum de réaction, mais elle n'était qu'une étape, où l'ordre matériel se trouvait en lutte avec le désordre moral.

La Constitution de l'an VIII, œuvre réfléchie d'un grand esprit, a le mérite incontestable d'avoir vécu quatorze ans, et d'avoir été, en partie du moins, rappelée à la vie, en fournissant une nouvelle carrière de quinze années (1852-67). Chose remarquable, la première fois elle n'est tombée que par la faute du premier Empereur, et la fois suivante, que par la faute du deuxième. Jamais elle n'a péri par les défauts de son propre mécanisme.

Médite-la bien, Dynastie à venir, car c'est peut-être la pierre sous laquelle *està encerrada el alma del Licenciado Pedro Garcias*[2].

La charte de 1814 repose sur d'autres principes : sur

----

(1) Suspendue, sans avoir jamais été mise en vigueur, le 19e jour du premier mois, an II. Le rapport de Saint-Just à ce sujet est une véritable curiosité historique.

(2) Lire la préface de *Gil Blas*.

l'hérédité inaliénable du trône, et sur le cens. Les éléments de longévité ne lui manquaient pas, aussi possède-t-elle, quoique à un moindre degré, le même prestige que sa devancière. Ecroulée au bout de quinze ans par suite de fautes inouies, dont elle ne fut pas responsable, elle se releva, quoique profondément modifiée, pour vivre encore dix-huit ans.

Mais ces modifications différaient par leur essence, leur *indolès*, de celles que reçut en 1852 la Constitution de l'an VIII. Tandis que dans le remaniement de celle-ci on resta fidèle à la grande maxime de Sieyès : *la confiance doit venir d'en bas, le pouvoir d'en haut,* maxime parfaitement accueillie dans la Charte de 1814, celle de 1830 désarmait le Pouvoir pour enrichir de ses dépouilles une bourgeoisie turbulente, qui, oublieuse de ses propres intérêts, montra bien en 1848 ce que savaient faire les *baïonnettes intelligentes.*

Je ne m'arrêterai à la Constitution de 1848 que pour en démontrer la non-viabilité. En abolissant la peine de mort en matière politique, elle favorisait les conspirations ; par son scrutin de liste, elle créait des assemblées de deux couleurs tranchées, sans demi-tons, sans centre : parce que dans ce genre de scrutin une discipline aveugle étant absolument nécessaire aux deux partis extrêmes, les modérés, qui en manquent toujours, sentent qu'ils n'ont pas l'espoir de réussir, et s'abstiennent, à moins qu'ils n'acceptent en bloc l'une ou l'autre des deux listes extrêmes.

Mais le défaut le plus grave, c'était celui de mettre en présence deux pouvoirs indépendants l'un de l'autre, et issus d'une même source. C'était préparer *immanquablement* un coup d'Etat[1]. Si Louis-Napoléon ne l'avait pas

---

(1) M. Grévy l'avait bien dit dans la séance dn 6 octobre 1848. Lamartine le combattit, ce qui prouve qu'il ne suffit pas d'être un grand homme pour raisonner juste.

fait, l'Assemblée l'aurait fait ; ou si 1851 ne l'avait pas amené, c'eût été une autre année, et avec d'autres personnages, mais la chose était *physiquement inévitable.*

Après cette courte analyse, le terrain se trouve assez déblayé pour qu'il ne reste en présence que deux candidats : la Constitution de l'an VIII, et la Charte de 1814. Ce sont les seules ayant du *caractère :* toutes deux sont bonnes, toutes deux ont des défauts.

Les pouvoirs conférés au chef de l'État sont les mêmes dans les deux pactes ; chacun admet deux chambres, et accorde l'initiative des lois exclusivement au gouvernement.

Cette disposition est commandée par la sagesse : car elle écarte un nombre infini de discussions inutiles où le temps est gaspillé au détriment des affaires publiques ; elle empêche aussi l'éclosion d'idées malsaines au sein des chambres, et qui de là se propagent dans le public et deviennent des cris de guerre pour les factions. La Charte contient un article qui accorde aux chambres la faculté « de supplier le roi de proposer une loi », mais j'avoue que l'utilité de cet article m'échappe complétement. Ou la loi demandée est utile, et alors il est facile de la faire arriver officieusement au trône sans passer par la filière de la supplique : le gouvernement s'empressera de l'accueillir dans l'intérêt de sa propre popularité ; ou bien elle est de celles dont on veut se faire une arme de guerre, et alors, si elle arrive à passer à l'état de supplique, il y a déjà une révolution en l'air. Une fois la main forcée au gouvernement, il n'y a plus moyen de s'arrêter : de concession en concession on arrive finalement à le priver de toute autorité, et l'on descend au point où en est l'Angleterre, où le premier coquin venu peut s'installer avec une centaine de ses semblables au ministère de l'intérieur pour y prêcher la rébellion, sans que l'on ose l'en déloger [1].

« Les idées bouleversent le monde ! » Ce n'est pas moi qui l'ai dit le premier : tout le monde l'avoue, et je crois même qu'il s'en félicite.

Quant à moi, si c'est vrai, et je me garde bien de le nier, j'y vois une raison pour mettre les idées en quarantaine [2]. Car, j'ai tort peut-être, mais c'est plus fort que moi : j'ai les bouleversements en horreur.

Or, un moyen d'établir cette quarantaine, c'est de réserver strictement au gouvernement l'initiative des lois.

CHAPITRE XXI

Conseils à la Dynastie à venir. — La Monarchie. Le Suffrage.—Chambre élective permanente.

Passons aux moyens d'élection. A l'instar de ses devancières, la Constitution de Sieyès admet le suffrage à deux, et même à trois degrés. Rien de plus ingénieux que tout ce système, et je suis un peu surpris qu'en 1852 on ne s'en soit pas inspiré, en s'arrêtant toutefois aux deux degrés.

Sans doute, ces sept millions et demi de suffrages, donnés directement avec une spontanéité que nul n'a pu nier, étaient séduisants, et je comprends qu'alors on ait adopté ce système pour la nouvelle constitution. Mais le suffrage universel direct n'en a pas moins ses dangers, précisément dans les cas où rien ne surexcite les passions.

(1) Ce fut e nommé Finlen, après l'émeute de Hyde-Park, en 1866, également tolérée à la stupeur universelle.

(2) *Itaque hominum intellectui non plumæ addendæ. sed plumbum potius et pondera, ut cohibeant omnem saltum et volatum.* — Baconi Novum Org., lib. 1, aphor. 104.

Au 10 décembre 1848 et au 20 décembre 1851, on avait tellement soif de se débarrasser de la république, qu'on se ruait littéralement sur les urnes pour y déposer le vote sauveur. Même phénomène le **8 février 1871**, lorsque le besoin impérieux de sauver la patrie par la paix nous poussait au scrutin. Et il en est sorti une assemblée dont la composition n'a laissé aucun doute sur le sentiment éminemment conservateur du pays.

Mais le **2 juillet suivant**, où il ne s'agissait que de combler les vides, à la stupéfaction de tous, le vote fut tout le contraire. Pourquoi? parce que les conservateurs, n'ayant plus de crainte, trouvaient ennuyeux d'aller voter, ou bien, renonçant à la discipline électorale, éparpillaient leurs suffrages ; tandis que les démocrates, marchant, comme toujours, en colonnes serrées, ne perdaient pas un vote.

Voilà le grand danger du suffrage universel direct : L'ABSTENTION. Il faut l'empêcher.

Sur quoi fondez-vous l'origine de tout pouvoir législatif? Sur le suffrage, soit restreint, soit universel.

Dès lors, si la machine doit fonctionner, il faut que le vote se fasse.

Donc, si vous admettez l'abstention, vous présupposez le cas où la machine ne fonctionnerait pas, et se trouverait à ce qu'on appelle en mécanique le *point mort*.

Oui! dans la machine législative, le point mort, c'est l'abstention.

Supposez la France parfaitement assise, la tranquillité la plus complète dans les esprits, calme plat dans la marche des événements, rien enfin qui puisse passionner le public. L'heure arrive de dissoudre la Chambre : on doit procéder à de nouvelles élections.

Il peut arriver le cas extrême où personne ne votera,

chacun se fiant à l'énergie du voisin. Alors le gouvernement entier sera *ipso facto* paralysé.

Il peut arriver le cas moins difficile où quelques-uns voteront plutôt par acquit de conscience que par conviction. Alors le pouvoir public est abandonné aux mains d'un petit noyau de personnes qui, de plus, ne s'en soucient guère.

Mais il est arrivé, et il pourra arriver encore, le cas infiniment plus dangereux, formidable même, où, grâce à la négligence des bons citoyens, les mauvais l'ont emporté. Cela s'est vu tout récemment encore, quoique sur une petite échelle, aux élections du 8 et du 15 octobre 1871 pour les Conseils généraux.

Alors le pouvoir tombe aux mains d'une minorité odieuse qui amène des bouleversements.

Il est vrai que même l'abstention peut servir à mesurer la force d'un parti. Ainsi, dans les élections précitées, ce qu'il y a de certain, c'est que, si tous ceux qui ont voté ne sont pas républicains, en revanche tous les républicains ont voté : pas un n'a manqué à l'appel, car le suffrage, c'est bien réellement l'instrument essentiel de la République. Dès lors, très-certainement aucun des abstentionnistes n'était républicain, ce qui n'a pas empêché la majorité des élections d'être favorable au parti conservateur.

L'immense majorité du pays repousse donc la République, mais il eût valu infiniment mieux que tout le monde eût voté.

C'est pourquoi je dis : EMPÊCHEZ L'ABSTENTION !

L'empêcher — mais comment ? Est-ce par une mesure pénale ? Jamais : car, d'abord, ce n'est pas un délit, et, le fût-il, il serait insaisissable. Il suffirait du prétexte de maladie pour éluder la pénalité.

D'autre part, tout emploi de force pousserait les récalcitrants à voter par dépit contre le bien, ou au moins par bulletins blancs.

Il n'y a donc qu'un remède : celui que nous enseignent les dernières élections, où la masse énorme des abtentions, si elles avaient eu de la valeur, aurait toute seule assuré le triomphe des conservateurs. Le voici :

NE RECONNAISSEZ PAS L'ABSTENTION, ET COMPTEZ AU PROFIT DU SOUVERAIN TOUS LES VOTES NON EXPRIMÉS.

Ainsi, il y a, par exemple, 10,000 électeurs inscrits, 2000 votes donnés, le souverain met 8000 votes de plus à son compte que ceux qu'on lui a mis dans l'urne.

Aujourd'hui, notre souverain, c'est l'Assemblée. Qu'aurait-elle dû faire avant le 2 juillet, elle, dont l'immense majorité est conservatrice ? Elle aurait dû simplement voter un décret ainsi conçu :

« Dorénavant l'abstention est considérée comme un acte inconstitutionnel, nul et comme non avenu ; tout abstentionniste encourt la peine de voir son vote livré à la libre disposition de l'Assemblée. »

Puis, après la vérification de chaque élection, elle aurait décidé à la majorité des voix, lequel des deux ou trois candidats en présence profiterait des abstentions.

Je ne m'arrête pas aux rouages que pourrait nécessiter ce système ; je me borne à prévenir les objections sérieuses qu'on fera. La première sera sans doute celle-ci :

« Vous n'avez pas moralement le droit de prohiber l'ab-
» stention. »

A quoi je réponds : Vous n'avez pas moralement le droit de vous abstenir. Vous êtes Français, vous jouissez de la protection que votre pays accorde à tous ses enfants, et vous prétendriez vous soustraire au devoir de lui rendre ce qu'il vous donne ? c'est-à-dire, la sécurité, qui sera le fruit de votre vote, s'il doit servir de contre-poids à ceux que donneront les ennemis du bien ? Que vous demandet-on après tout? un rien ; c'est de sortir de chez vous pour déposer votre bulletin dans l'urne.

C'est un mince travail qu'on réclame de vous en retour de tout le bien qu'on vous fait. Vous criez après vos droits, mais n'oubliez pas qu'il n'y a pas de droits sans devoirs : or ma nouvelle loi, en vous imposant le devoir de voter, ne fait qu'exiger de vous un équivalent de votre droit d'électeur.

« Mais, objectera-t-on encore, je ne puis me décider,
» et vous violentez dès-lors ma conscience. »

Quand on ne sait pas se décider, répondrai-je, on s'abandonne au sort, ou on laisse la décision à d'autres. Tirez à la courte-paille, ou laissez l'Assemblée voter pour vous.

« Si je votais contre vous?

Votez contre.

« Voici pourtant ce que va faire votre loi. Les conser
» vateurs, sachant que leurs suffrages compteront tout
» de même, se dispenseront d'aller voter : il n'y aura
» guère que les opposants qui iront au scrutin; dès-lors le
» vote ne sera plus secret, et les électeurs pourront être
» exposés aux persécutions de la majorité pour leurs
» opinions politiques. »

Je réponds qu'une majorité conservatrice représentant les vœux du pays, n'a pas de motifs pour persécuter; que d'ailleurs les notables d'un parti sont dans toutes les bouches, et ne font pas mystère de leurs opinions; que le menu frétin ne vaut pas la peine d'être persécuté; qu'enfin, précisément pour éviter cet inconvénient, tout bon et loyal conservateur votera, et que, pour l'honneur de la cause, le candidat lui-même engagera ses amis à voter, afin d'augmenter le prestige de son triomphe.

« Vous parleriez bien autrement pourtant, si la majo
» jorité était du côté des radicaux. »

Nullement : les radicaux, s'ils avaient la majorité, devraient faire comme nous, et compter à leur profit les votes non exprimés. Seulement, le jour où, dans une assemblée législative française, la majorité serait composée de radicaux, il n'y aurait plus lieu de s'en préoccuper, car la France serait arrivée au terme de son existence.

Bref, ce qui, dans le suffrage universel direct, tue le grand parti conservateur, et le pays avec lui, ce sont les abstentions : il est urgent d'en finir avec cette plaie.

Autre question : le suffrage universel direct est-il bien nécessaire ? Ne vaudrait-il pas mieux y renoncer, et adopter celui à deux degrés ?

Ce système figure dans toutes les constitutions antérieures à la Charte ; et s'il a eu l'approbation de Sieyès, qui l'a vu fonctionner, et qui a jugé même utile de l'étendre jusqu'au troisième degré, après avoir passé une bonne partie de sa vie à méditer sa constitution, on peut en conclure qu'il est avantageux.

Maintenant le suffrage à deux degrés serait-il incompatible avec le cens ? Je ne le crois pas. Tout ce que l'on a dit et écrit contre ce système repose sur l'argument qu'il est contraire à l'égalité, parce qu'il exclut ceux qui n'ont rien.

Mais une assemblée délibérante, à quoi doit-elle servir ? Aux luttes de parti ? A la chasse aux portefeuilles ? A l'arrivée des savetiers et des fripiers au pouvoir suprême ? Si c'est là le but, ouvrez la porte de l'assemblée à deux battants, et admettez-y tous les déclassés, les avocats sans causes, les médecins sans clients, le décrotteur et le chiffonnier.

Mais si elle doit gérer la fortune publique, il faut qu'elle se compose d'hommes ayant quelque chose de solide à perdre, et le seul moyen légal d'atteindre ce but, c'est de fixer un cens électoral.

C'est là, à mon avis, une omission grave dans le système de Siéyès. D'autre part, le cens fixé par la Charte de 1814 est trop élevé, et, bien qu'il ait le grand avantage de confier le sort du pays aux mains de ceux qui sont le plus intéressés à sa prospérité, il en résulte trop d'exclusions, ce qui donne lieu à des chicanes continuelles.

Cherchons à concilier avantageusement le suffrage à deux degrés avec le principe du cens.

Quelles sont les bases de la richesse d'un pays ? Le capital et le travail. C'est là le corps central, aux deux extrémités duquel se trouvent deux appendices, que, pour abréger, je désignerai par des lettres.

L'appendice A est un immense réservoir de capital sans travail, mais non moins important que le corps, car il a pour fonction la CONSOMMATION : il est le déversoir qui féconde le corps ; il lui fournit le capital et en absorbe la production, constituant ainsi un mouvement absolument identique à celui de la circulation du sang. Rompez ses digues, et tout son contenu se répandra sur la plaine pour y former un vaste marais improductif. C'est là *l'égalité dans la pénurie.*

L'appendice B est bien différente. Elle contient tout ce qui n'a ni capital ni faculté de produire. Là se trouvent d'abord, avouons-le, le malheur non mérité, la maladie sans ressource, l'incapacité fatale ; mais là se trouvent aussi, disons-le hautement, et en masse immensément prépondérante, la paresse, l'ivrognerie, le vice et le crime. On appelle cela la MISÈRE.

Quel a pu être le but de la Providence en imposant cette appendice au corps social ? Serait-ce le germe de la mort, tenu en réserve pour le moment fatal ? Inclinons-nous humblement devant ce mystère insondable : toujours est-il que la PHILOSOPHIE ABSOLUE démontre inflexiblement, par les lois physiques de la NATURE, que cette appendice hideuse est inséparable du corps social.

Hâtons-nous d'ajouter que, dans les temps prospères, nous avons quelques moyens pour en diminuer le volume, et que les statistiques démontrent que celui-ci est de beaucoup moindre que ne veulent l'admettre ceux qui aiment à s'en faire une machine de guerre politique.

Ceci posé, cherchons à l'appliquer à la question du suffrage, d'où dépend la bonne gestion des affaires du pays. Le suffrage doit-il être strictement *universel*?

Entraînés par ce mot, des penseurs ont voulu l'exagérer, les uns en accordant le droit de voter aux femmes, es autres en investissant le père d'autant de vo ts qu'il y a de têtes dans sa famille. M. Stuart Mill a même imaginé mieux : c'est de graduer le nombre de votes à accorder à un même individu selon son intelligence!! (1)

Rien de tout cela n'est admissible : la femme est faite, non pour les luttes politiques, mais pour le foyer domestique ; quant aux autres systèmes, où serait l'égalité politique, dont on fait tant de bruit ?

Le suffrage doit-il être strictement universel pour les hommes? voilà la seule question sérieuse.

Toutes les constitutions sont d'accord pour exiger de l'électeur des garanties de moralité civile.

Quant à la moralité politique, c'est-à-dire, à l'obéissance aux lois qui protègent l'ordre public, on s'en est fort peu inquiété. Il faut une condamnation judiciaire formelle pour être privé du droit d'élection de ce chef; et il est rare que même alors elle soit prononcée.

Les orateurs séditieux des clubs, et ceux qui grossissent les émeutes par leur présence, tous ces éléments

---

(1) Voir à ce sujet, dans le *Constitutionnel* du 31 juillet 1867, mon article signé *Henri Bergel*, et intitulé : *M. Stuart Mill et le suffrage des femmes.*

vraiment dangereux pour la société n'ont jamais, que je sache, été privés de leurs votes, à moins d'une condamnation à une peine plus forte. On y a mis, en un mot, de la nonchalance, on n'a pas compris l'importance de purifier autant que possible le corps électoral.

C'est pourtant là une chose capitale, une chose de laquelle dépend notre chance d'être bien gouvernés.

Je voudrais donc que le droit de voter fût enlevé par la police correctionnelle à tout ivrogne notoire pour ce vice, à tous ceux qui se font remarquer par leur paresse scandaleuse, leur humeur querelleuse dans les rues, et plus encore par leur présence dans les émeutes même insignifiantes. Au lieu de leur infliger trois jours de prison, je commencerais, dès leur première apparition en police correctionnelle, par les priver de leurs droits politiques.

De cette manière tous les mauvais drôles, mal famés dans leur quartier par leurs mœurs farouches ou tapageuses, seraient éloignés du scrutin, et n'y seraient réadmis que sur la foi de deux répondants solvables.

Quant à ceux qui seraient pris dans une émeute, le seul fait de leur présence au milieu du désordre doit suffire pour les faire effacer de la liste électorale, sans préjudice des peines qu'ils auraient pu encourir pour des voies de fait. S'ils ne sont que des curieux, ils apprendront à ne pas grossir les émeutes par leur présence intempestive, et à ne pas gêner ainsi l'action de la force publique.

Tel est le sens de ma quinzième anagramme (page 35), dont voici la traduction :

La moindre punition qu'il importe d'infliger à un émeutier, c'est la confiscation des droits civils et politiques.

Or les gens que je défranchise ainsi sont presque toujours ceux qui ne payent pas un sou d'impôts. Mais il y a une autre classe de personnes, meilleures sans aucun doute que les précédentes, et qui n'en payent pas non plus, bien qu'elles aient le pouvoir de nous infliger par leurs votes, des désastres aussi cruels que ceux que nous avons subis. Ce sont les nécessiteux indigents inscrits aux bureaux de bienfaisance.

Ils sont cinquante mille à Paris, pouvant, dans le scrutin de liste surtout, faire pencher la balance en faveur de la liste révolutionnaire.

Eh bien, ne leur reconnaissant pas le droit de disposer de la fortune publique à laquelle ils sont à charge, je les priverais du vote, par une loi énonçant que nul ne peut être électeur s'il reçoit des secours publics.

Ce principe, je l'ai consigné dans ma treizième anagramme (page 35), dont voici la traduction :

L'homme qui vit de l'assistance publique n'est pas apte au libre exercice des droits politiques.

Et pourquoi?

Parce qu'il est plus que tout autre accessible aux séductions pécuniaires, et qu'il n'a aucun intérêt à défendre un état social inévitable, sous lequel il lui est échu un mauvais numéro.

Voici un indigent qui se présente pour se faire inscrire au bureau de bienfaisance.

« Vous faites appel à la charité publique, mon ami, lui dirais-je. C'est bien : la charité, c'est la religion qui l'impose, mon cœur s'y sent porté, la conscience publique la réclame. Mais dans l'intérêt même de cette sainte vertu, et afin que les moyens de l'exercer ne s'épuisent, il est de mon devoir de ne secourir que l'indigent. Or, l'êtes-vous réellement? Non, car par votre vote vous disposez de la chose publique. Un homme qui peut faire entrer à la Chambre un député, capable par ses discours, par ses intrigues, de nous pousser à la ruine, cet homme-là, dis-je, n'est pas un indigent. Vous avez le choix, ou de renoncer à votre droit d'électeur en échange du pain que je vous donne, ou de renoncer à vous faire inscrire. Si vous gardez votre droit, c'est que vous n'avez pas besoin de mes secours. »

En supposant que j'aie porté la conviction dans l'esprit de mon lecteur, et que les vérités que je viens d'exposer soient enfin devenues des lois, nous nous trouverons avoir un corps électoral épuré, et un suffrage *restreint aux bons citoyens.*

Maintenant je voudrais bien emprunter à la Constitutution de 1791 le principe d'un cens minime, équivalant à trois journées de travail, soit à une petite somme que je me dispense de fixer. Et voici pourquoi : c'est que l'expérience démontre chaque jour, *qu'un droit qui ne coûte rien est méprisé et négligé.*

C'est ainsi qu'en Écosse l'instruction gratuite a plutôt chassé les enfants de l'école qu'elle ne les y a attirés, à tel point qu'on a enfin renoncé au principe de la gratuité. On fait payer peu, mais on fait payer.

Celui qui exercera son droit électoral en vertu des quinze ou vingt francs d'impôts qu'il paye, se sentira être quelque chose dans le pays : il peut se dire que s'il vote, c'est qu'il supporte aussi une part, quoique minime, des charges de l'État, et ce sentiment rehaussera sa dignité.

Quant à ceux qui sont exempts d'impôts, ils se sentiront aiguillonnés à améliorer leur position par le travail, afin de devenir électeurs.

Voilà donc mon électeur primaire ou « citoyen actif » : un homme d'une bonne renommée, ne recevant pas de secours de l'Assistance publique, et payant un impôt quelconque.

C'est là le vrai suffrage *universel*, tel qu'il aurait toujours dû être compris [1].

Universel pour tous ceux qui, sans tache, et ostensiblement inaccessibles à la corruption électorale, ont intérêt à sauvegarder la société et la chose publique.

Mais je n'accepterais certes pas cette autre disposition de 1791, d'après laquelle tout « citoyen actif » serait éligible. Non : le député doit avoir un intérêt personnel très-puissant au maintien de l'ordre et à la bonne gestion des affaires publiques. Le moindre cens que j'exigerais de lui, c'est celui auquel s'est arrêtée la Charte de 1830.

Et *l'égalité*, avec tout cela, que devient-elle ?

Mon Dieu ! ne persistons donc pas dans nos illusions ! Je vous prouverai, quand vous voudrez, pièces en main, que *l'égalité, même devant la loi, même devant la* MORT, *n'a jamais existé, et n'existera jamais, ni ici ni ailleurs !*

Faut-il maintenant, d'après le sénatus-consulte du 16 thermidor an X (tit. VII), imité en cela par la Charte de 1814, faire renouveler la chambre élective par cinquième, ou en bloc tous les cinq ans, comme le veut la Charte de 1830, ou enfin tous les six ans, d'après la Constitution de 1852 ?

Si tu m'en crois, Dynastie à venir, tu la feras PERMANENTE, *avec les députés élus à vie*, sauf la faculté aux colléges électoraux de leur retirer le mandat dans certains cas très-rares, et avec des formalités spécifiées par une loi, de manière à rendre fort difficile l'exercice de ce droit dangereux.

Réfléchissons-y bien. Pourquoi veut-on renouveler *à jour fixe* des administrateurs qui ont généralement bien

---

(1) Voir, à ce sujet, dans la *Revue Britannique* (livraisons d'août et septembre 1871), un remarquable article intitulé : *Les limites du suffrage universel*, et signé ANTONIN RONDELET.

géré la chose publique, sauvegardé les lois, et réprimé les abus ?

Le motif qu'on donne, c'est que la représentation nationale doit *se retremper dans l'opinion publique*.

Que signifie cette formule ?

Tout simplement que l'opinion est mobile, et que la représentation nationale doit suivre cette mobilité.

Or s'il y a au monde un principe faux, c'est celui-là.

La mobilité de l'opinion publique est un des moyens dont se sert la NATURE pour conduire lentement une nation à la MORT. Je m'explique.

J'ai dit dans ma première conférence [1] que la NATURE, œuvre aveugle de Dieu, qui seul est intelligent, est, elle, dépourvue d'*intelligence*, sans cœur ni entrailles, n'ayant rien de plus pressé que de détruire constamment ce qu'elle a produit.

Or la société humaine est une de ses œuvres : elle lui a donné pour élément de destruction la *mobilité des idées* ; car si celles-ci ne changeaient pas, tout irait éternellement le même train, et la MORT SOCIALE serait écartée, ce qui serait contraire au *principe de la fin nécessaire* (page 102).

Il en est de même dans le corps humain. La mobilité qui nous fait vivre, cet échange continuel d'éléments (les médecins me comprennent) nous conduit nécessairement à la mort.

Mais, grâce à la LOI DES COMPENSATIONS (chap. XIV), nous pouvons, par divers moyens, retarder ce moment suprême. Nous pouvons, par une sage économie de force, faire durer jusqu'à quatre-vingts ans et au-delà la vitalité que nous pouvons, par une vie déréglée, épuiser en vingt ans.

<hr>

(1) *Revue populaire*, août 1870, pages 451 et suiv.

Or, les sociétés n'étant que des individus multiples, elles sont sujettes aux mêmes lois, et ont, elles aussi, le moyen de retarder leur mort, EN RALENTISSANT LEUR MOBILITÉ.

Donc, si vous voulez vivre comme société, ne cédez pas à la versatilité de ce que l'on appelle *l'opinion publique*, ordinairement fabriquée sur commande par les partis révolutionnaires : consacrez le principe de la *stabilité dans la représentation nationale.*

Quoi que vous fassiez, vous ne serez que trop tôt débordés par la maladie mortelle : inutile que vous commettiez un suicide en courant à sa rencontre.

La théorie que je viens d'esquisser rapidement ici est démontrée scientifiquement par la PHILOSOPHIE ABSOLUE.

Voyons maintenant ce que l'on perd en renonçant à la mobilité de la représentation nationale.

Je suppose d'abord le député animé des meilleures intentions. Sans accepter un mandat impératif, il a néanmoins encouru auprès de ses commettants certains engagements moraux : il a fait des promesses générales. Il s'agit de les tenir, et c'est avec la ferme intention d'y travailler, qu'il se rend à la Chambre.

Or les élections ont plus ou moins modifié la force des partis. On ne s'y reconnaît pas encore : il y a des noms nouveaux et non classés. La grande affaire du moment, ce n'est pas de discuter des réformes ou des projets de loi, mais de constituer une majorité au profit de tel ou tel parti. Bref, notre homme ne trouve pas à placer sa drogue, et bientôt il se voit entraîné dans les négociations et pourparlers ayant pour but de renverser tel cabinet pour faire place à tel autre. Il finit par se rallier au parti qui promet de soutenir quelques-uns de ses projets : tous, ce serait impossible. Mais lorsqu'on arrive à les discuter, des intérêts contraires s'y opposent, et il fait des discours en pure perte.

La dernière année de la législature arrive enfin, et il faut, non pas songer au bien du pays, mais travailler à sa réélection. Dès lors le député se met à soutenir les propositions qu'il s'est engagé à défendre, bien qu'il puisse prévoir leur insuccès. Or comme tous ses autres collègues sont dans le même cas, l'année entière se passe en discours futiles, qui ne sont que des adresses indirectes aux électeurs. C'est le temps du pays gaspillé au profit d'ambitions personnelles.

Comparez à ce tohu-bohu les discussions calmes et raisonnées d'une Chambre où tout le monde se connaîtrait de longue main, où chacun aurait trouvé son assiette, où personne n'aurait à craindre une nouvelle élection, et où par conséquent le pays ne risquerait pas de perdre les services d'hommes clairvoyants, rompus aux affaires, et consciencieux, tandis qu'il jouirait d'un moyen légal de retirer le mandat à quelques membres qui se seraient montrés incapables.

Ajoutez que l'époque des élections générales, chez nous comme en Angleterre et en Amérique, n'est en réalité le plus souvent que l'émeute à jour fixe, et vous ne serez plus surpris d'apprendre qu'entre les deux systèmes mon choix n'est pas douteux.

La stabilité de la chambre élective est du reste une des premières conditions pour la bonne DÉFENSE DU PAYS.

LA
DÉFENSE DU PAYS

SECTION PHILOSOPHIQUE

L'ATHÉISME SCIENTIFIQUE
SCIENTIFIQUEMENT RÉFUTÉ

CHAPITRE XXII

Introduction.

Avril 1874.

Avant d'aborder l'important sujet qu'indique le titre de cette deuxième section, il est de mon devoir de traduire celles d'entre mes anagrammes (pages 34 à 36 et page 111) que j'ai implicitement dévoilées dans les pages précédentes. Quatre d'entre elles, la 6ᵉ, la 7ᵉ, la 15ᵉ, la 13ᵉ, se trouvent déjà expliquées aux pages 123, 128, 154 et 155.

Je passe maintenant aux suivantes :

Le nₒ 4 : *I ! querente plebe, ibi plerique tremunt, itaque hostes malunt* (ce qui n'était que trop vrai pendant la Commune), signifie :

La République est théoriquement et pratiquement nuisible.

J'ai consacré à cette proposition tout le chapitre XVIII de la première section (p. 119).

Le n° 5 : *Nationes sceleste bella agere timento : illis pax felicitatem Cereremque pollicita est.* — *bllrrrt*, se traduit ainsi :

La liberté, c'est le mal ; l'égalité, c'est l'impossible ; la fraternité, c'est l'extermination réciproque.

Voyez la page 120, et, mieux encore, tout le chapitre XVII sur la Commune (p. 112). Il va sans dire que je n'entends parler ici que de la liberté politique.

Le n° 8 : *Luge ! En pudor ! Parisios stulté petentes vilem necem.*— *adrs*, signifie :

Un despotisme éclairé est le plus parfait des gouvernements.

Je citerai, à l'appui de cette proposition, les seize premières années de Napoléon III et les chapitres XIX à XXI de la première section. Car c'est ainsi que j'entends le *despotisme éclairé :* respect de l'autorité suprême ; initiative des lois maintenue à la couronne ; la discussion des lois et du budget réservée aux Chambres ; appréciation des affaires administratives accordée à la presse : appréciation libre quant au fond, respectueuse quant à la forme.

Du côté du despote : respect scrupuleux des lois et des droits personnels des sujets.

Et cette dernière restriction, qu'on ne l'oublie pas, n'est nullement en désaccord avec le titre de *despote*, mot qui ne signifie autre chose que *seigneur*, et que l'on a détourné de sa véritable signification quand on a voulu faire la guerre aux princes.

Le n° 9 : *Gallia, sat corde demens, ore decor sit.* — *eer*, dit :

La démocratie, c'est le désordre organisé.

Ce que j'ai dit dans les chapitres précités sur la Commune et sur la République démontre assez cet aphorisme. Aux pages 151 et suivantes, j'ai aussi montré les inconvénients du suffrage universel, dont on fait la pierre de touche de la démocratie.

Je sais bien que le parti impérialiste inscrit sur son drapeau ces deux termes : *Suffrage universel, démocratie.* Eh bien, c'est là le défaut de sa cuirasse. Comme je n'appartiens à aucun parti monarchique en particulier, je n'accepte d'aucun d'entre eux quelque doctrine que ce soit contraire aux enseignements de l'histoire, sur lesquels se fonde exclusivement ma PHILOSOPHIE ABSOLUE.

Le n° 14 : *Nonne hominem deceret veritatem vestigare. nec modo insana stultaque eloqui ? — fllllnns*, veut dire :

Le self-government *est une maladie chronique qui conduit lentement les nations à la mort.*

Je n'ai pas traité cette question *ex professo* dans ma première section, mais la mauvaise opinion que j'ai de ce principe anglais du *self-government* perce de tous côtés.

Les doctrines que j'ai émises sur les chambres électives à temps, sur les droits de réunion et de la presse, et sur les « grands principes de 1789 » ne laissent aucun doute sur la valeur que j'accorde à ce système qui s'intitule « gouvernement par soi-même », mais qui devrait en réalité s'appeler : GOUVERNEMENT PAR QUELQUES MENEURS. Les orateurs, les instigateurs de révolte, les faux philosophes, qui chez les Juifs s'appelaient faux prophètes, voilà, dans les pays du *self-government,* les vrais maîtres du peuple, qui par lui-même ne peut rien, mais qui donne sa sueur et son sang pour enrichir et porter sur le pavois les charlatans qui lui promettent la lune.

Voici, du reste, ce que dit à ce sujet ma 10ᵉ anagramme.

*Ne bellum elale, ut sæpe, et sine prudentia incipias. —
ei*, signifie :

Le peuple est une masse inerte, incapable d'initiative.

Trois ans se sont écoulés depuis la publication de ces anagrammes, et la vérité des maximes qu'elles cachaient a reçu des faits accomplis dans ce laps de temps une consécration qui serait étonnante, si les siècles passés, si l'histoire ancienne scientifiquement envisagée, ne leur eussent déjà donné le caractère de certitude géométrique. Né le jour même de la Commune (18 mars 1871), cet ouvrage a subi les fluctuations des événements qui se succédaient avec la rapidité de l'éclair ; le plan en a éprouvé de profondes modifications, mais le but est resté le même: combattre les erreurs qui aveuglent les nations et qui ont conduit la France au bord de l'abîme.

A l'avénement de M. Thiers, j'ai cru, comme tous les hommes de cœur, trouver en lui un sauveur, et j'ai accompagné de mes vœux ses premiers pas. Mais lorsque je l'ai vu avec effroi se faire le chef de ce qu'il appelait la République conservatrice, j'ai lancé mon premier cri d'alarme le 5 septembre 1871, en composant les deux premières anagrammes de la page 111, lesquelles, en dehors de leur sens caché, témoignaient des sombres préoccupations du moment. Et à partir de là, chaque ligne fut une protestation contre le funeste régime d'alors.

Las, enfin, d'écrire à l'aventure, en m'attachant à discuter ce qui paraissait le plus pressé un jour et ne l'était plus le lendemain, il m'a fallu attendre que, grâce au 24 mai et au 19 novembre, l'esprit public eût repris assez de calme pour méditer ces grandes questions d'où dépend le salut du pays.

Eh bien, dans tout ce long intervalle, si plein d'événements, il ne s'est présenté, dans l'ordre politique, aucun fait qui soit en désaccord avec les appréciations, les opinions, les théories exposées jusqu'ici. Signalons-en rapidement quelques-unes.

J'ai dit que tout citoyen doit être soldat (1). Ce principe est désormais inscrit dans la nouvelle loi militaire.

Ce que j'ai dit au chapitre VIII sur l'Empire déchu n'a pas été démenti par les révélations postérieures. La lumière s'est faite, les calomnies sont tombées une à une, les ennemis les plus haut placés ont vainement tenté d'égarer l'opinion publique, toutes les cours d'Europe ont regretté Napoléon III, et, quel que soit l'avenir réservé à la France, le second Empire, malgré ses désastres militaires, amenés en grande partie par le 4 Septembre, restera toujours un point lumineux dans l'histoire moderne de notre malheureux pays.

La Mort sociale (2). — Si la France se relève péniblement de l'affreuse maladie à laquelle elle a failli succomber, voyez l'Espagne, et jugez si la mort sociale est impossible!

Et l'*hélice du progrès* (3)? Sans parler du reste de l'Europe, l'avez-vous assez vue se produire en France, depuis le 8 février 1871 jusqu'au 24 mai 1873? Que de replis! que de sinuosités! Nous voici dans une phase ascendante; plaise à Dieu qu'elle continue!

Assez de récapitulation! Étudions-la, cette phase, et voyons par quels moyens elle pourra atteindre des développements ultérieurs. Pour l'intérieur, tout promet; nous avons une Assemblée nationale sage, clairvoyante, ferme, malgré les déchirements des partis; elle nous a

(1) Chap. III et IV.
(2) Page 68.
(3) Chap. XVI.

donné pour chef un illustre soldat d'une loyauté sans tache, et aujourd'hui le premier espoir de la France.

Mais celle-ci n'est pas seule dans le monde : elle a des voisins, les uns hostiles, d'autres impuissants, d'autres enfin chez qui elle peut trouver des sympathies fructueuses.

Quelque immense que doive paraître aujourd'hui l'avenir de la Russie, lorsque ce vaste empire renfermera les 300 millions d'habitants qu'il peut aisément contenir, ce qui se passera au bout de vingt générations peut-être ne doit pas préoccuper la nôtre, ni celles qui nous suivront de près. Actuellement, la Russie non-seulement ne menace pas l'équilibre européen, mais elle en est un élément conservateur important. Comme tous les soutiens de l'ordre, elle a été accablée de calomnies par les partis qui n'aspirent qu'aux bouleversements. La France, dans le pénible enfantement de sa régénération actuelle, doit chercher auprès de la Russie un point d'appui qui, je l'espère, ne lui fera pas défaut.

L'empereur Alexandre II a maintes fois fait preuve de sentiments élevés ; il suffit de citer sa grande mesure de l'émancipation des serfs, son œuvre personnelle, poursuivie par lui à travers tous les obstacles que lui opposait la noblesse de l'empire. Il en est résulté trois conséquences d'une immense portée, et dont peut-être on ne s'est pas assez rendu compte dans le reste de l'Europe. La première, c'est la délivrance de 45 millions de paysans, classe opprimée depuis plus de trois siècles ; la seconde, la mise en valeur d'une immense étendue de terrains vagues ; car, afin de se dédommager de la perte de l'*obrok*, redevance que payait à son seigneur le serf pour jouir du droit d'exercer une profession ou un état pour son propre compte, le propriétaire territorial s'est vu obligé de défricher et de mettre en culture des terrains qui, avant l'émancipation, ne lui rapportaient rien; la troisième conséquence enfin, d'une importance toute politique, c'est la formation d'une classe moyenne nombreuse et aisée, dont il n'existait pas trace en Russie.

On s'est beaucoup préoccupé dans ces derniers temps de certains projets d'agrandissement qu'on prête au czar : vrais ou faux, les raisons qu'on apporte à l'appui ne me paraissent pas concluantes. La visite de l'empereur d'Autriche à Saint-Pétersbourg est bien une preuve d'entente; mais en l'absence forcée de tout renseignement sur les entretiens intimes des deux souverains, les soupçons répandus à cet égard manquent de base. Se fonderait-on sur la nouvelle loi du service militaire obligatoire? Mais, d'une part, on ne peut pas prétendre que la Russie reste seule en dehors de ce mouvement qui se généralise par toute l'Europe ; et, d'autre part, le manifeste impérial du 1er (13) janvier dernier s'exprime ainsi : « Nous ne convoitons pas la gloire militaire, et nous reconnaissons comme la meilleure destinée que Dieu nous ait réservée, celle de conduire la Russie à la gloire par une voie pacifique. »

A côté de la Russie, il existe une autre grande puissance dont les sympathies pour la France ne sont un mystère pour personne : c'est l'Autriche-Hongrie. Ennemie un instant par suite de malheureuses rivalités d'influence, elle doit se sentir suffisamment vengée par les événements.

L'empereur François-Joseph est personnellement un prince doué de qualités remarquables. Frappé par d'immenses désastres, il a su se recueillir, et, concentrant ses efforts sur une politique de paix au dehors, de conciliation à l'intérieur, afin de donner à son pays le temps de se relever, il paraît avoir résolu le problème difficile d'établir un lien moral entre les deux parties de son empire, et de se faire aimer en deçà et au delà de la Leitha, en observant scrupuleusement la parole donnée.

Tel est le prince vers lequel la France peut sans crainte tourner ses regards. Communauté de désastres, communauté de périls : peut-il exister de liens plus forts en politique? François-Joseph, d'ailleurs, paraît disposé à sortir de sa réserve habituelle. L'Exposition universelle, qui a attiré tant de têtes couronnées à la cour de Vienne, a joui du haut patronage de l'empereur d'Autriche-Hongrie. Sa visite au czar n'est à mes yeux qu'un symptôme du réveil d'une politique active (1), où les intérêts de la France pourraient ne pas être oubliés, sans que pour cela l'empire d'Allemagne y trouvât des motifs d'ombrage.

Car, on le sait, je ne suis pas partisan de la *revanche*, je confirme au contraire ce que j'ai dit à la page 69. La France a besoin d'une politique conciliante au dehors, ferme à l'intérieur : il lui faut un retour à des idées saines, au respect de l'autorité, à la haine du charlatanisme politique, et, avant tout, au sentiment religieux, attaqué aujourd'hui sans vergogne par des pseudo-philosophes, par des pseudo-savants et par des pseudo-patriotes.

Ce n'est pas par de pareils hiérophantes que se régénère un pays. Je l'ai dit déjà : SANS DIEU IL N'Y A PAS DE PATRIE! La véritable DÉFENSE DU PAYS consiste donc surtout à combattre l'IRRÉLIGION, première ennemie de la France. Tel est le but de ces pages, et je crois ne pou-

____

(1) Voir, à ce sujet, dans la 3ᵉ année (1874) des *Dioskuren*, annuaire littéraire de Vienne (chez Beck), divers passages d'une étude remarquable intitulée *Diplomaten-Brevier* et signée *r. C'est, comme son titre l'indique, un véritable Bréviaire du Diplomate, généralement attribué au Dr Hermann Meynert, un des premiers historiographes de l'Autriche, auteur des importants ouvrages : *Geschichte Œsterreichs; Geschichte des Kriegswesens in Europa; Kaiser Joseph II; Kaiser Franz I.*, etc.

voir mieux commencer ma tâche qu'en reproduisant ici un article publié par moi, il y a cinq ans, contre l'effroyable charlatanerie qui a osé s'affubler du nom de POSITIVISME, et qui n'a de positif que son absurdité.

CHAPITRE XXIII

La philosophie positive, ses prétentions, ses défaillances (1).

Notre société actuelle présente, il faut en convenir, un singulier spectacle. D'une part, on nous entretient avec enthousiasme d'un progrès illimité, qui ne tardera pas, nous assure-t-on, à écarter tous les maux dont nous sommes accablés, et à ouvrir à chacun une ère de bonheur et de bien-être inespéré jusqu'ici. D'autre part, nous voyons se dresser devant nous, menaçants comme de sinistres fantômes, des problèmes sociaux inconnus à nos aïeux, et paraissant n'offrir d'autre solution qu'une ruine universelle.

On nous cite, il est vrai, avec orgueil les grandes conquêtes scientifiques de notre siècle; et si, d'un côté, on avoue qu'elles ont apporté quelque perturbation dans l'assiette économique du corps social, on s'en console aisément d'un autre côté en proclamant hautement que « nous vivons dans une période de transition ».

Or, il est fort possible d'admettre la vérité de cette proposition, sans pour cela y rien trouver de rassurant. Le passage de l'état de santé à celui de maladie est une transition : a-t-il rien d'attrayant? La maladie imminente en est-elle plus séduisante? Est-on bien sûr que

(1) Extrait de la *Revue contemporaine* du 28 février 1869.

cet état de transition, dont on avoue si gaiement l'existence, aboutira au bien ? Quand on réfléchit à la façon dont il s'annonce, on est bien tenté quelquefois d'en douter.

Quoi qu'on fasse, de quelque illusion qu'on veuille se bercer, il est bien difficile, en voyant s'amonceler autour de nous les éléments du mal, d'en tirer pour l'avenir quelque bon augure. La dépopulation des campagnes, la guerre du travail contre le capital, l'affaiblissement graduel de la hiérarchie sociale, l'abaissement du niveau moral, les étranges théories qu'on entend proclamer à Bruxelles, à Genève, à Nuremberg, et chez nous, aux réunions de la Redoute et du Pré-aux-Clercs, sont de nature à nous faire appliquer à l'Avenir le portrait de Zoïle peint par Martial :

> Crine ruber, niger ore, brevis pede, lumine læsus,
> Rem magnam præstas, Zoïle, si bonus es.

Avouons, d'autre part, que la science sociale elle-même est encore en bas âge. Jusqu'en 1789, elle n'a vécu qu'à l'état de théorie, et les efforts qu'on a faits depuis pour la mettre en pratique n'ont pas été heureux. Il n'est donc pas étonnant que cette science si compliquée, si pleine de mystères, ait beaucoup occupé les penseurs. Saint-Simon, Fourier, Owen, Cabet, Stuart Mill, ont tour à tour été les prophètes de diverses écoles, dont l'insuccès est aujourd'hui universellement reconnu. Un seul, Auguste Comte, se déclarant continuateur de Bacon, a adopté un des grands principes proclamés par le chancelier anglais, principe d'une haute portée pratique, d'après lequel le monde moral et le monde physique sont soumis aux mêmes lois (1). Mais, hélas ! il est

(1) *Legitimæ inquisitionis vera norma est, ut nihil inveniatur in globo materiæ, quod non habeat parallelum in globo cristallino, sive intellectu.* Bacon, *de Augmentis scientiarum*, lib. VIII, cap. II.

plus facile d'adopter un principe que de l'appliquer. Comte, tout en croyant raisonner rigoureusement d'après les faits, semble avoir pris à tâche de les dénaturer pour les mettre au service d'une idée séduisante, si l'on veut, mais radicalement fausse : telle est au moins notre conviction. Quoi qu'il en soit, plusieurs hommes éminents n'ont pas dédaigné de recueillir l'héritage laissé par l'auteur du *Cours de philosophie positive* : une école s'est même formée sous leurs auspices pour en propager les doctrines ; — cette philosophie mérite donc, ne fût-ce qu'à ce titre seul, un examen approfondi.

I

Il n'est jamais très-facile d'exposer, en peu de pages, la matière de dix gros volumes, comme ceux de la *Philosophie positive* et de la *Politique positive* d'A. Comte : le style fort embrouillé de l'auteur rend cette tâche encore plus ingrate, et nous ne pouvons que plaindre les adeptes de l'école positiviste, si, pour se maintenir dans la foi, ils ont besoin de recourir souvent à leur Zend-Avesta. Épargnons cette peine à nos lecteurs, en leur donnant ici en peu de lignes un aperçu de la théorie comtiste.

La pierre angulaire de la philosophie dite positive consiste, de l'aveu de l'auteur, en cette proposition générale : — Que la société a jusqu'ici traversé *deux phases* de son existence : la première, un état *théologique* ou fictif ; la deuxième, un état *métaphysique* ou abstrait, et qu'il lui reste encore à entrer dans une *troisième* phase, appelée l'état *positif* ou scientifique. — Comme démonstration préliminaire, Comte fait appel aux souvenirs de son lecteur, en lui faisant observer qu'il a dû être *théologien* dans son enfance, *métaphysicien* dans sa jeunesse, et enfin *positiviste* à partir de l'âge adulte. Or, s'il en est ainsi chez l'individu isolé, il doit en être de même dans la société humaine, puisqu'elle doit nécessairement refléter les sentiments et les opinions de la majorité des individus dont elle se compose. Chacune des deux premières phases a eu son époque ; chacune a rendu au progrès d'éclatants services. La phase métaphysique va désormais céder la place à la phase positive ; il y a encore lutte entre elles, sans doute, mais cette lutte est prête à s'éteindre, et bientôt le positivisme régnera seul, pour le bonheur du genre humain. Ce sera l'ère d'un progrès non interrompu, où la guerre sera devenue impossible, où enfin l'humanité sera à jamais affranchie des maux qui l'ont affligée jusqu'ici.

Les idées, dit Auguste Comte, bouleversent le monde, et la grande crise politique et morale des sociétés présentes tient, en dernière analyse, à l'anarchie intellectuelle :

Tant que les intelligences individuelles, dit-il, n'auront pas adhéré par un assentiment unanime à un certain nombre d'idées générales capables de former une doctrine sociale commune, on ne peut se dissimuler que l'état des nations restera, de toute nécessité, essentiellement révolutionnaire, malgré tous les palliatifs politiques qui pourront être adoptés, et ne comportera réellement que des institutions provisoires. Il est également vrai que si cette réunion des esprits dans une même communion de principes peut une fois être obtenue, les institutions convenables en découleront nécessairement, sans donner lieu à aucune secousse grave, le plus grand désordre étant déjà dissipé par ce seul fait (1).

On ne saurait mieux écrire, et la doctrine une fois trouvée, l'accord établi , le problème serait résolu. Il le dit lui-même :

Envisagé du seul point logique, le problème fondamental

(1) *Philosophie positive*, 1re leçon.

de notre réorganisation sociale me semble nécessairement réductible à cette unique condition essentielle : — Construire une doctrine politique assez rationnellement conçue pour que, dans l'ensemble de son développement actif, elle puisse toujours être pleinement conséquente à ses propres principes (1).

Cette doctrine, c'est le *positivisme*, philosophie qui repose si exclusivement sur l'étude des *faits,* que son fondateur déclare expressément renoncer à la recherche de leur *cause première*, parce que l'expérience est impuissante à la découvrir.

Pour établir une liaison entre le monde matériel et le monde moral, l'auteur s'attache à démontrer que toutes les sciences découlent l'une de l'autre, et que ceux qui veulent se livrer à l'étude *positive* des phénomènes sociaux doivent d'abord posséder « une connaissance générale de l'astronomie, de la physique, de la chimie et de la physiologie (2). » Aussi consacre-t-il à une discussion générale de toutes ces sciences les trois premiers volumes de son ouvrage ; puis il passe à la biologie, et enfin à la *physique sociale* ou *sociologie*. C'est ici qu'il s'efforce d'établir la connexité entre l'ordre physique et l'ordre intellectuel, en faisant une distinction, fort logique d'ailleurs, entre l'état *statique* et l'état *dynamique* de la société. Le premier est représenté par les conditions d'*existence*, le deuxième par le *mouvement continu*.

Pratiquement, dit-il, ce dualisme scientifique correspond à la double notion de l'*ordre* et du *progrès*. L'*anatomie* sociale, ou sociologie *statique*, doit avoir pour objet permanent l'étude positive, expérimentale et rationnelle des actions et réactions mutuelles qu'exercent continuellement les unes sur les autres toutes les parties quelconques du système social, abstraction faite du mouvement... L'autorité dérive du concours de tous

(1) *Philosophie positive*, 1re leçon.
(2) *Philosophie positive*, 2e leçon.

et non le concours de l'autorité... Il y a donc dans l'organisme social une solidarité fondamentale (*consensus* fondamental), idée mère de la statique sociale (1).

Ce passage, comme tant d'autres, ces termes de *statique*, de *dynamique*, d'*anatomie*, etc., démontrent assez que l'auteur promet à ses lecteurs de traiter les phénomènes sociaux comme des faits assujettis aux lois physiques. Or, ces faits, lorsqu'ils sont accomplis, appartiennent à l'histoire : c'est donc à elle que s'adresse Auguste Comte pour établir ses deux phases, théologique et métaphysique, et tous les principes qui en découlent :

L'esprit essentiel, dit-il, de cette méthode historique proprement dite, me paraît consister dans l'usage rationnel des *séries sociales*, c'est-à-dire dans une appréciation successive des divers états de l'humanité, qui montre, d'après l'ensemble des faits historiques, l'accroissement continu de chaque disposition quelconque, physique, intellectuelle, morale ou politique, combiné avec le décroissement indéfini de la disposition opposée, d'où devra résulter la prévision scientifique de l'ascendant final de l'une et de la chute définitive de l'autre, pourvu qu'une telle conclusion soit d'ailleurs pleinement conforme au système des lois générales du développement humain (2).

Quant à la religion, Auguste Comte reconnaît au catholicisme le mérite d'avoir autrefois été très-utile ; et, à ce point de vue, il en fait l'éloge, tout en déclarant que le rôle de cette religion est épuisé, depuis que la métaphysique en a pris la place. Ce qu'il y a de particulièrement singulier dans son ouvrage, c'est que, tout en reconnaissant que chacune des deux premières phases de la société a eu un rôle nécessaire à jouer dans le développement de l'humanité, il prodigue des compliments à

<hr>

(1) *Philosophie positive*, 48ᵉ leçon, p. 318 à 347.
(2) *Philosophie positive*, t. IV, p. 458.

l'état théologique et ne témoigne pour la phase métaphysique qu'un souverain mépris, bien que, de son propre aveu, « le triomphe politique de l'école métaphysique constituait.... une indispensable préparation à l'avénement social de l'école positive, à laquelle est exclusivement réservée la terminaison réelle de l'époque révolutionnaire, par la fondation définitive d'un système aussi progressif que régulier (1). »

Cet état positif toutefois paraît encore bien loin de nous, car il constate avec regret que les théories des phénomènes sociaux « ne sont point encore sorties, même chez les plus éminents esprits, de l'état théologico-métaphysique, auquel tous les penseurs semblent aujourd'hui les concevoir comme devant être, par une fatale exception, indéfiniment condamnées (2). »

La hiérarchie positive se partage en trois ordres fondamentaux : l'ordre *industriel* ou pratique, l'ordre *esthétique* ou poétique, et l'ordre *scientifique* ou philosophique. Ces trois grands éléments correspondent aux trois aspects généraux sous lesquels l'homme peut envisager chaque sujet comme *bon* quant à l'utilité ; ensuite comme *beau*, relativement à la perfection idéale ; et enfin comme *vrai*, « eu égard à ses relations effectives avec l'ensemble des phénomènes appréciables (3). »

La phase positive, cette phase dont l'avénement est imminent, et qui doit inaugurer pour l'humanité un Eden social, fait le sujet du deuxième ouvrage d'Auguste Comte en quatre gros volumes, intitulé : *Système de politique positive*. L'auteur le commence par la formule suivante : « L'amour pour principe, l'ordre pour base, et le progrès pour but. » Il suffit d'en citer un seul passage

(1) *Philosophie positive*, t. IV, p. 35.
(2) *Philosophie positive*, 46° leçon.
(3) *Philosophie positive*, t. VI, p. 19.

pour en dévoiler le caractère. La dernière condition de l'ascendant décisif, tant privé que public, du positivisme, « se trouve entièrement remplie par la convergence naturelle de tous les aspects positivistes vers la grande conception de l'*humanité*, qui vient éliminer irrévocablement celle de Dieu, pour constituer une unité définitive plus complète et plus durable que l'unité provisoire du régime initial » (1)

Pour Auguste Comte, l'*humanité* est donc le *Grand Être*, l'Être suprême. En d'autres termes, Auguste Comte est athée. Ce n'est certes pas là une forme nouvelle de l'esprit philosophique, mais il était réservé au père du positivisme de revêtir la négation de Dieu d'un caractère religieux, en lui octroyant un culte régulier, avec son sacerdoce (les savants), ses rites et même son mysticisme : car il l'enrichit de neuf sacrements et d'un signe de croix travesti ! Ce culte du Grand Être Humanité a beaucoup embarrassé les disciples du fondateur de l'école : ils ne veulent d'un Dieu à aucun prix, et repoussent ce dernier rêve de leur chef comme un symptôme d'affaiblissement intellectuel. Quant à nous, ce rêve nous semble, au contraire, un aveu de l'impossibilité, même pour un athée, de concevoir une société organisée et heureuse sans religion.

II

Examinons maintenant, sans parti pris, la véritable valeur de ce système qui s'arroge le titre de *positif*. Lorsqu'il s'agit de nous faire accepter une nouvelle philosophie, nous sommes en droit d'exiger que les bases sur lesquelles elle repose, si elles prêtent le flanc à quelques

(1) *Système de politique positive*, t. Ier, p. 329.

objections, ne soient pas au moins *notoirement fausses.*
C'est bien là, ce nous semble, la moindre condition que
l'on puisse demander.

Or notre auteur établit trois états sociaux se succédant l'un à l'autre dans un ordre inflexible : l'état *théologique*, évidemment caractérisé par une croyance religieuse quelconque, assez puissante pour influencer
profondément la marche de la société ; l'état *métaphysique,* dont nous devons chercher la définition chez notre
auteur ; et enfin l'état *positif,* qui n'a encore pu se manifester que dans le monde scientifique matériel. Le
premier état nous occupera plus tard, lorsque nous aurons
appris en quoi il diffère du second, dont la délimitation
nous paraît tout d'abord sujette à de sérieuses difficultés.
En effet, c'est avec une profonde stupéfaction que nous
en avons lu dans le *Cours de philosophie positive* la définition suivante :

Dans l'état métaphysique, qui n'est au fond qu'une simple
modification générale du premier (l'état théologique), les
agents surnaturels sont remplacés par des forces abstraites,
véritables entités (abstractions personnifiées) inhérentes aux
divers êtres du monde, et conçues comme capables d'engen-
drer par elles-mêmes tous les phénomènes observés, dont
l'explication consiste alors à assigner à chacun l'entité correspondante (1).

En présence d'une pareille définition, qui rappelle les
discussions chimériques du moyen âge, nous avons voulu
nous éclairer en consultant M. Littré, l'éminent continuateur de l'œuvre comtiste. Voici ce que nous avons
trouvé dans son volume intitulé : *Auguste Comte et la
Philosophie positive :*

La conception (de l'histoire) est métaphysique, si on y
admet pour l'expliquer des principes *à priori*, pris non dans
les choses, mais dans les vues de l'esprit (page 43). — C'est

____

(1) *Philosophie positive,* t. Ier, p. 4.

pour les métaphysiciens qu'il y a un *à priori :* pour la philosophie positive, il n'y en a point (page 87).

Comme la vraie métaphysique raisonne tout autant *à posteriori* qu'*à priori*, et que d'un autre côté nous ne pouvions pas concevoir une philosophie assez ennemie d'elle-même pour se priver du secours de la synthèse, les passages cités ne faisaient qu'augmenter notre perplexité, lorsque, dans le remarquable rapport de M. Ravaisson (1), nous avons enfin trouvé à la fois l'explication que nous cherchions et la condamnation de Comte :

On s'aperçoit, dit M. Ravaisson, que les phénomènes ont une constance qui ne s'accorde pas avec l'arbitraire de la volonté : ces puissances qu'on leur a données pour causes, on les conçoit alors comme bornées chacune à un genre déterminé d'effets : pour le mouvement, une force motrice; pour la végétation, une force végétative. Ce que sont en elles-mêmes ces puissances, on reconnaît qu'on l'ignore : ce sont des vertus ou qualités mystérieuses occultes, qui ne se définissent que par leurs effets... C'est là ce que Auguste Comte appelait des « entités métaphysiques », et que mettent effectivement en usage nombre de métaphysiciens... ce sont celles dont personne parmi les modernes ne vit et ne fit voir si bien le défaut que le profond métaphysicien Berkeley (page 54).

Il résulte donc de ce passage qu'Auguste Comte, chef d'école, soi-disant continuateur de Bacon, a adopté, pour établir ses trois états, une définition réfutée, il y a déjà plus d'un siècle, par Berkeley, adversaire de Locke. M. Ravaisson aurait pu ajouter que Locke lui-même est d'accord sur ce point avec son contradicteur (2), et que Condillac abonde dans le même sens (3). La théorie comtiste des trois états est donc inadmissible, par le seul fait

---

(1) *La Philosophie en France au XIXᵉ siècle.* Paris, à l'Imprimerie impériale.

(2) Voyez Locke, *Entendem. humain*, liv. III, ch. VIII, paragr. 2.

(3) Voyez Condillac, *Origine des connaissances humaines*, sect. V, paragr. 5.

d'une fausse définition (1) : nous en verrons plus loin la valeur intrinsèque. Saint-Simon avait conçu les trois états d'une manière bien autrement rationnelle, en les caractérisant par les termes *conjectural, mi-conjectural* et *positif* (2). Mais cela ne constitue point une découverte, puisque l'on sait intuitivement qu'en passant d'un état à un autre, on traverse un état intermédiaire.

Pour en revenir à la métaphysique, sa véritable définition se trouve, selon nous, dans le passage suivant de Victor Cousin :

La philosophie n'est à mes yeux que la science de la nature humaine considérée dans les faits qu'elle livre à notre observation ; parmi ces faits, il y en a qui se rapportent plus spécialement à l'intelligence et que, pour cette raison, on appelle communément *métaphysiques*. Les faits *métaphysiques*, les phénomènes par lesquels se produit l'intelligence humaine, ramenés à des formules générales, constituent les principes intellectuels ; la métaphysique n'est donc que l'étude de l'intelligence dans celle de nos principes intellectuels (3).

C'est ainsi que la comprennent Locke et tous les grands penseurs après lui. Nous voyons devant nous deux ordres de phénomènes : ceux dont nous nous rendons compte par les sens, et ceux de la pensée. Les premiers, appelés *physiques*, nous les étudions à l'aide d'expériences matérielles ; les seconds, que nous devons appeler *métaphysiques*, semblent échapper à ce moyen de recherche : ils paraissent séparés des premiers par un abîme. *Jeter un pont sur cet abîme*, essayer de ramener à une même source ces deux ordres, en apparence si divers, voilà, à notre avis, le but de toute saine philosophie pratique.

(1) Le Dr Pellarin, qui combat le positivisme à un autre point de vue, fait la même remarque : « C'est là, dit-il, prêter gratuitement aux métaphysiciens des idées qu'ils n'ont pas, ou que du moins ils n'ont plus depuis longtemps. » — *Essai critique sur la philosophie positive*, p. 26. Paris, chez Dentu.

(2) *Œuvres choisies de C.-H. de Saint-Simon*, t. II, p. 15. Bruxelles, 1859.

(3) Victor Cousin, *Fragm. philos.*, t. Ier, p. 320.

C'est bien là aussi l'intention de Comte, et la véritable métaphysique figure chez lui, fort rationnellement du reste, dans la *biologie*. Il ne faut pas toutefois en conclure que, traitée par lui, on y rencontrera les belles discussions de Laromiguière sur les sensations, ou les ingénieuses recherches de M. Simon S. Laurie sur l'origine du sentiment du bien et du mal (1). Ces sortes de sujets sont pour Auguste Comte un objet de mépris : tout entier à la *matière*, il oublie l'étude des *forces*.

M. Littré, dont l'ardente amitié pour Auguste Comte le pousse à lui payer un tribut d'éloges empreints d'une exagération manifeste, veut bien, tout en attribuant à son maître la gloire d'avoir seul imaginé la philosophie positive, reconnaître que Turgot a devancé Comte dans la conception des trois états. Comte, d'un autre côté, s'en arroge quelque part très-carrément la découverte. Que l'honneur en revienne à l'un ou à l'autre, peu nous importe, car, quand même nous accepterions la mauvaise définition de la métaphysique, réfutée plus haut, nous n'en trouverions pas moins radicalement fausse la *filiation* des trois états, pris dans le sens que leur attribuent leurs auteurs : *fictif, abstrait, réel.* En effet, ce n'est jamais de l'abstrait qu'on passe au réel : c'est du réel qu'on passe à l'abstrait ; c'est *à posteriori*, en voyant la nature qui l'entoure, que l'homme arrive à l'idée d'un Dieu. On ne peut concevoir la ligne mathématique, réduite strictement à une seule dimension, avant d'avoir vu la ligne réelle, matérielle, qui en a nécessairement trois. De même le philosophe scolastique du moyen âge ne pouvait concevoir l'entité *arboréité*, avant d'avoir vu un arbre ; et le païen ne pouvait concevoir sa *Vénus* avant d'avoir vu une femme. Les divinités n'étaient en effet que des entités,

____

(1) *On the philosophy of Ethics.* Edimbourg, Edmonston et Douglas.

plus le culte. Et ceci nous conduit à une autre partie de la question. Le polythéisme étant fondé sur la conception des entités, et cette même conception ayant, au moyen âge, été mise au service de la religion chrétienne, nous sommes en droit de nous demander où se trouve alors la ligne de démarcation entre la théologie et la métaphysique, telle que l'entendent les positivistes? Si ces deux prétendus états existent, il faut qu'on puisse nous montrer une théologie sans métaphysique, une métaphysique sans théologie. C'est ce que Comte n'a pas su faire : autrement, pourquoi parlerait-il toujours de l'état *théologico-métaphysique*, qui, selon lui, existerait encore (1)?

Nous venons de faire remarquer que les entités sont nées d'une argumentation *à posteriori*, contrairement à l'opinion des positivistes, qui fondent leur mépris de la métaphysique précisément sur la supposition erronée que cette science ne raisonne qu'*à priori*. C'est pour soutenir sa prétention de se passer de cet instrument que M. Littré cherche (2) à établir une distinction entre la méthode *subjective* et la méthode *déductive :* celle-ci, il l'accepte ; l'autre, il la repousse.

« Dans la méthode subjective, dit-il, le point de départ est une conception de l'esprit... dans la méthode déductive, le point de départ est un résultat d'expérience. » Puis il démontre que, par chacune de ces deux méthodes, on arrive à des résultats différents. Nous craignons avoir mal compris l'éminent positiviste. Serait-il possible qu'il eût voulu dire que la *méthode* change de nature d'après la *chose* à laquelle on l'applique, ou d'après les *conséquences* qu'on en tire? que, par exemple, le couteau avec lequel on coupe du pain n'est plus un couteau si on s'en sert pour couper du bois? Et cela uniquement

(1) Voir ci-dessus, page 175, la citation relative à cette question.
(2) *Auguste Comte et la Philos. posit.*, page 532.

pour se bercer de l'illusion de s'être débarrassé de la méthode subjective? Mais que répondrait-il si on lui objectait que toute hypothèse est une conception de l'esprit, et que non-seulement toute grande découverte scientifique, lorsqu'elle n'a pas été fournie par le hasard, est sortie d'une hypothèse, mais que la plus petite expérience originale ne saurait avoir d'autre point de départ? Un instant de réflexion convaincra M. Littré que les preuves à l'appui de cette thèse ne manquent pas.

III

Avant de continuer, faisons nous-même notre profession de foi. Nous sommes *éclectique indépendant*, ce qui signifie que nous choisissons à notre gré, sans interroger nos devanciers, tout ce qui nous semble rationnel dans les diverses écoles. Nous adoptons, par exemple, avec Bacon, le principe que l'expérience est le seul instrument de recherche auquel il soit sage de se fier; nous n'acceptons pas, comme M. Littré, une philosophie qui rejette absolument l'argumentation *à priori*. Nous acceptons sa « notion de l'histoire envisagée comme un phénomène naturel ». Pour nous, comme pour lui, la nature est un « bloc de substances et de phénomènes » ; comme lui, enfin, nous disons « qu'un phénomène naturel est celui qui dépend d'une matière et d'une force » et que « nous ne connaissons pas d'autre espèce de phénomène » (1). Pour nous, les faits moraux sont assujettis aux mêmes lois générales que les phénomènes physiques ; et, faisant l'application de cette donnée, nous considérons un phénomène moral comme ayant pour matière l'*homme*, pour force la *pensée* qui le fait agir. Ainsi envisagé, le monde

(1) Ouvrage cité, pp. 43 et 290.

moral peut être assujetti à l'expérience tout comme le monde physique.

De même qu'Auguste Comte, nous ne recherchons pas *la cause première des phénomènes;* mais au lieu de nous servir de cette restriction pour faire, comme lui, à la religion des compliments d'une sincérité plus que douteuse, et pour couvrir la métaphysique d'un mépris plus qu'illogique, nous affirmons franchement Dieu et l'âme : seulement, comme nos études ont été exclusivement limitées aux sciences qu'Auguste Comte regarde comme essentielles, nous craindrions de faire plus de mal que de bien en nous aventurant sur un terrain qui est spécialement du domaine de la théologie. Nous arrêtons donc prudemment nos recherches au *premier effet de la cause première*, et pour notre but c'est assez.

Par la même raison d'incompétence, nous ne discutons pas le *principe vital* (1). Comment et pourquoi, pour ne parler que du règne végétal, la graine mise en terre produit un individu de l'espèce dont elle dérive, avec les mêmes organes et la même force d'assimilation, et parcourant le même cycle de floraison et de fructification? C'est là un mystère que la science n'expliquera jamais. Nous nous bornons donc à accepter le simple fait de la vie, sans chercher à l'approfondir.

Ainsi Dieu, l'âme, le principe vital, voilà trois termes que nous acceptons, mais que nous excluons du débat. Cette restriction est ici d'autant plus à sa place que, par ce moyen, nous nous mettons sur le terrain choisi par nos adversaires.

Revenons maintenant à Auguste Comte. Si sa définition de la métaphysique nous a paru inconcevable, nous

(1) Nous n'en avons pas moins lu avec un vif intérêt les deux beaux articles du Dr Debrou, qui ont paru dans la *Revue contemporaine* des 15 et 31 janvier 1869.

avons été de plus en plus étonné à la lecture du passage
suivant :

Le dernier terme du système métaphysique consiste à
concevoir, au lieu des différentes entités particulières, une
seule grande entité genérale, la *nature*, envisagée comme
la source unique de tous les phénomènes (1).

Laissant de côté le mot *entité*, sur la valeur duquel le
lecteur est maintenant assez édifié, nous nous demandons
comment A. Comte a pu se scandaliser d'une science qui
envisage la nature « comme la source unique de tous les
phénomènes » ! En vérité, s'il en est ainsi, il nous semble
que la métaphysique n'a pas tort ! Si elle peut aboutir à
cela, pourquoi, vous Auguste Comte, athée, matérialiste, prétendu continuateur de Bacon, philosophe uniquement voué aux *faits*, méprisez-vous la métaphysique,
ou ce qu'il vous plaît d'appeler ainsi ? Vous qui niez
Dieu, la révélation et la tradition, avez-vous, en dehors
de la nature, quelque autre source où puiser les *faits* qui
doivent servir de base à votre philosophie ? Cette source
serait-elle l'histoire ? Mais vous êtes le premier à dire
(et nous sommes ici d'accord avec vous) que l'histoire
est un phénomène de la nature ! Et pourtant vous re-
poussez cette même métaphysique qui, selon vous,
aboutit à l'étude de la nature ! Renonceriez-vous par
hasard à cette étude ? Alors pourquoi exigez-vous pour
la philosophie sociale la connaissance de l'astronomie,
de la physique, de la chimie, de la physiologie ? Vous
êtes en contradiction avec vous-même, et vous nous
mettez forcément en présence du dilemme suivant : Ou
la métaphysique ne fonde pas ses raisonnements sur nos
connaissances physiques, et alors vous vous trompez en

(1) *Philosophie positive*, 1re leçon. Voir aussi le tome IV, pages 306 et
307, où il appelle la nature « une dégénération abstraite du principe
théologique » !

disant qu'elle pourra arriver à envisager la nature comme
la source unique de tous les phénomènes ; ou bien la
métaphysique tend effectivement à envisager la nature
comme la source unique de tous les phénomènes, et
alors vous, qui prétendez fonder votre philosophie positive sur les *faits*, ou, en d'autres termes, sur la *nature*,
vous ne faites vous-même que de la métaphysique, tout
en la flétrissant.

Toutes ces contradictions sont la conséquence nécessaire d'une fausse définition de la métaphysique. M. Littré l'a bien senti, et, en habile stratégiste, cherche à se
décharger de la responsabilité qu'il a lui-même encourue
dans cette question, en imaginant quatre états au lieu
de trois : le développement industriel, le développement
moral, le développement esthétique et le développement
scientifique (1). Mais comme en même temps il n'abjure
pas les trois états de son maître, nous ne voyons pas comment il se propose de répartir les trois entre les quatre.

IV

Il est temps maintenant de donner quelques échantillons des conclusions *positives* auxquelles arrive M. Comte.
Il y en a d'assez curieuses, et il faut bien que le lecteur
puisse un peu juger par lui-même.

Une chose qui excite auprès de ses partisans la plus vive
admiration, c'est le classement qu'il a fait des sciences. Selon lui, les mathématiques (qu'il met toujours au singulier)
commencent la série des connaissances humaines ; puis
viennent, par ordre, l'astronomie, la physique, la chimie,
la biologie, la physique sociale ou sociologie. D'après
cette théorie, par exemple, pour savoir la chimie il faut

(1) Ouvrage cité, pp. 50 et 51.

être astronome. M. Littré a fort bravement défendu cette classification contre les attaques de M. Herbert Spencer, dont il cite, avec une loyauté véritablement scientifique, les passages les plus concluants. Mais après cette lutte dans laquelle il nous paraît avoir succombé, il déclare que : « Il demeure établi, historiquement, que les sciences se sont constituées l'une après l'autre et superposées; et, didactiquement, que, pour les apprendre, il faut suivre l'ordre indiqué par la série (1). » Or, sans analyser ici les arguments de M. H. Spencer, qui nous paraissent invincibles, nous dirons, en nous bornant au point de vue didactique, que, d'après notre propre expérience, la physique et la chimie peuvent s'apprendre sans la moindre connaissance préalable de l'astronomie; et que nous avons, au contraire, en étudiant l'astronomie, trouvé un appui réel dans les deux sciences précédentes.

M. Herbert Spencer ayant sous une autre forme fait la même remarque, M. Littré répond que « comme la gravitation est inhérente à toute matière céleste ou terrestre, c'est en traitant de cette force qu'il faut traiter l'astronomie » (2). Nous trouvant ici sur un terrain purement didactique, nous demanderons à M. Littré s'il est d'avis d'expliquer aux élèves les phénomènes par le moyen le plus compliqué et le plus abstrus, plutôt que par ce qu'il y a de plus simple? et si l'élève ne sera pas plus apte à concevoir l'attraction planétaire quand, en versant du sous-carbonate de potasse dans une solution de sulfate de magnésie, il aura préalablement vu à l'œuvre l'attraction moléculaire ?

Nous avons vu que la définition comtiste de la métaphysique est radicalement mauvaise; mais quand même nous l'accepterions, nous serions fortement embarrassé

(1) Ouvrage cité, p. 308.
(2) Page 295.

pour faire tenir dans cette science tout ce que notre auteur y fait entrer. Le calcul des probabilités et le régime constitutionnel, la jurisprudence et l'éther lumineux, l'économie politique et le protestantisme, tout cela, chez M. Comte, se coudoie en un pêle-mêle inextricable sur le terrain de la métaphysique. On rencontre cette malheureuse science là où jamais on n'aurait cru la trouver. Tout ce qui paraît absurde à l'auteur porte chez lui le nom de métaphysique ; et, ne l'oublions pas, ce qui est absurde pour lui ne l'est pas aux yeux des autres. Ainsi, par exemple, les foudres qu'il lance contre l'économie politique sont inexplicables aux intelligences vulgaires. Nous avons en vain feuilleté les six volumes de la *Philosophie positive*, afin de trouver en quoi cette pauvre économie politique a pu démériter pour être ainsi livrée au bras séculier. Cette science négligerait-elle les faits ? écarterait-elle les données de l'observation ? Nullement : mais elle a le malheur d'être tombée en partage à de pauvres gens qui ne sont ni astronomes, ni physiciens, ni chimistes, ni physiologistes, et qui par conséquent ne savent pas raisonner. Il faut voir avec quel dédain notre auteur parle de « l'inanité nécessaire (*sic*) des prétentions scientifiques de nos économistes qui, presque toujours sortis des rangs des avocats ou des littérateurs, n'ont pu certainement puiser à aucune source régulière cet esprit habituel de rationalité positive qu'ils croient avoir transporté dans leurs recherches (1). »

En vérité, pour un chef d'école, il y a au moins de la maladresse à refuser aux avocats, habitués aux subtilités de la jurisprudence, et aux littérateurs, vieillis dans les luttes de la critique, la faculté de raisonner juste. Mais Auguste Comte a-t-il jamais seulement ouvert un traité

____

(1) *Philosophie positive*, 47ᵉ leçon.

d'économie politique? Il est permis d'en douter : cette sublime vanité scientifique qu'il étale devant nos yeux nous en donne le droit.

Aux yeux de notre auteur, l'économie politique, cette science qui n'argumente presque jamais qu'*à posteriori*, puisqu'elle traduit en chiffres *matériels* les faits sociaux, qu'elle les groupe et en déduit enfin des principes dont la valeur est journellement confirmée par l'expérience *matérielle*, n'est que de la métaphysique, c'est-à-dire, notons-le bien, la science des *entités ! !* Quand on arrive à de pareilles conclusions, il nous semblerait prudent de ne pas se compromettre davantage en écrivant que, « dans chaque organisme, la durée totale de la vie et celle de ses principales phases naturelles dépendent nécessairement de la vitesse angulaire effective propre à la rotation de notre planète » (1) (!!), ou que la hiérarchie sociale « se rattache directement à un immuable principe anatomique » (2) (à la phrénologie). En lisant de pareilles choses, ne se croirait-on pas dans l'île de Laputa ?

Quant à son exposé de l'histoire au point de vue de ses trois états, inutile de dire qu'il ne les établit qu'en dénaturant les faits au profit de son système. Ainsi, pour se tirer d'embarras, il lui a fallu inventer non-seulement l'état « théologico-métaphysique », mais aussi l'état « théologique et militaire », l'état « catholique et féodal » propre au moyen âge, etc. Comme ce dernier était difficile à classer dans son système, il le désigne comme « éminemment transitoire », en faisant remarquer « la ruine irréparable d'un tel organisme par le seul conflit mutuel de ses principaux appareils, sans aucune attaque systé-

_____

(1) *Philosophie positive*, t. III, p. 399.

(2) *Ibid.*, t. VI, p. 20. Nous nous rappelons parfaitement que déjà en 1840 le système de Gall était bel et bien enterré. C'est donc ici un parti pris : il était commode de trouver la hiérarchie sociale toute faite par la conformation des crânes !

matique pendant les deux siècles qui ont immédiatement suivi les temps mêmes de sa plus grande splendeur » (1).

Il n'est pas facile de fixer bien nettement l'époque où commença le régime féodal, mais nous croyons qu'on sera d'accord avec nous en lui assignant une durée d'au moins cinq siècles. Or, on conviendra qu'appeler « éminemment transitoire » un régime qui a duré cinq cents ans, c'est un peu s'insurger contre le dictionnaire. Si, par cette expression, Comte avait seulement voulu dire que ce système devait, tôt ou tard, passer pour faire place à un autre, il n'aurait alors énoncé qu'un fait banal, commun à tous les états. Mais il tient beaucoup à être bien compris : c'est bien « éminemment transitoire » qu'il veut dire, et pour le prouver, il affirme que le régime féodal est tombé « sans aucune attaque systématique » ! Ombres de Philippe le Bel et de Louis XI, que vous semble-t-il de l'histoire *positive ?*

S'il existe un fait bien constaté, c'est qu'au moyen âge les villes ont dû leur grandeur et leur puissance à l'élément industriel. Comte nous dit que le clergé favorisa l'affranchissement des communes (2) : c'est dire qu'il favorisait l'industrie. Quelques pages plus loin (3), l'auteur nous parle de « la tendance anti-industrielle propre à tout esprit théologique » !

Tout commentaire est superflu.

V

Nous avons vu ce qu'est le positivisme : un système fondé sur l'hypothèse gratuite de trois états sociaux successifs, dont le dernier s'appelle : bien-être universel,

(1) *Philosophie positive*, t. V, p. 517.
(2) *Philosophie positive*, t. VI, pages 56 à 88. Était-ce à Laon, en 1112 ?
(3) *Ibid.*, p. 126.

progrès indéfini ; nous avons montré qu'il n'est pas une solution du problème social fondée sur une étude approfondie de la nature humaine ; il nous reste, pour compléter notre programme, à exposer ce qu'il devrait être.

Si la philosophie doit devenir une science *pratique*, si elle doit nous aider à résoudre les problèmes sociaux, il est nécessaire qu'elle soit ce que nous avons dit plus haut, un pont jeté sur l'abîme qui sépare aujourd'hui le monde moral du monde matériel (page 179).

Si, au lieu de s'occuper de ses trois états, l'école comtiste avait tenté de jeter ce pont en recherchant les cas où les phénomènes matériels exercent une influence visible sur notre moral ; si, en consultant les lois de la mécanique, elle avait cherché à en appliquer quelques-unes aux *forces* intellectuelles ; si, en variant les appareils, elle avait essayé d'appliquer aux phénomènes de l'intelligence les méthodes de recherche et d'induction apprises dans les laboratoires de physique et de chimie, — comme l'a fait, par exemple, tout récemment, M. Vogt, en se demandant jusqu'à quel point le volume du cerveau peut être une mesure de la capacité intellectuelle d'une race humaine ; comme l'a fait Auguste Schleicher, en essayant de jeter quelque jour sur les obscurités de l'anthropologie par les données de la linguistique (1) ; comme l'a fait enfin M. Trémaux, en s'attachant à prouver, par des données recueillies pendant de longs et pénibles voyages, que la race humaine est sujette à se modifier par l'influence des milieux et par celle des terrains géologiques qui l'entourent (2) ; — si, disons-nous, l'école comtiste s'était engagée dans cette voie réellement pratique, alors nous lui accorderions avec empressement le titre de *posi-*

____

(1) *Auguste Schleicher*, notice, par M. Louis Koch. Beauvais, chez Père.
(2) Voir notre article dans la *Revue contemporaine* du 31 juillet 1864, p. 381.

tive qu'elle usurpe, et alors, reconnaissant la difficulté du problème abordé, nous serions indulgent pour les résultats. Auguste Comte et ses successeurs ont-ils seulement entrevu de loin ce vaste champ de recherche, encore vierge, dont nous leur ouvrons ici l'horizon? Nullement : Auguste Comte en était même si éloigné, qu'il niait en grande partie une des forces physiques qui exercent sur notre moral une puissance presque illimitée : l'influence des climats. Ecoutons-le :

On ne peut contester que Montesquieu n'ait, pour l'ordinaire, gravement méconnu la véritable influence politique des climats, qu'il a presque toujours extrêmement exagérée... On n'a pu même apercevoir nullement ainsi cette remarque générale... qui doit dominer toute la théorie politique des climats, savoir : que les causes physiques locales, très-puissantes à l'origine de la civilisation, perdent successivement de leur empire à mesure que le cours naturel du développement humain permet davantage de neutraliser leur action (1).

Or, sur quoi Auguste Comte se fonde-t-il pour démontrer la justesse de cette « remarque générale » , qui a d'autant plus besoin de preuves, qu'elle « doit dominer toute la théorie politique des climats » ? Prétend-il que l'on accorde une pareille « domination » à une assertion gratuite, peut-être même contraire aux données de l'histoire, et, mieux encore, de la physiologie? Vite donc ! Qu'on nous démontre, et par des faits surtout (on peut en demander à des positivistes), que le nègre né sous l'équateur saura un jour vaincre les effets accablants d'un soleil vertical et acquérir l'énergie, l'activité de l'homme du Nord! Allons, Positivisme! *hic Rhodus est, hic salta !*

Le fait est que si Auguste Comte nie l'influence des

(1) *Philosophie positive*, 47ᵉ leçon, t. IV, pages 248 à 250.

climats, il a bien raison : elle renverse, en effet, *ipso facto*, toute sa théorie des trois états. Il a dû se trouver singulièrement embarrassé pour reconnaître son état métaphysique chez les nègres et les Esquimaux, les Kamtschadales et les Patagons, qui tous pourtant feront, à l'état positif, partie de son Grand Etre Humanité. Pour se tirer d'affaire alors, il n'y a qu'un moyen : c'est de déclarer que la civilisation réussira un jour à renverser les lois de la nature, à porter le froid à l'équateur et la chaleur aux pôles.

Il suffit de lire le *Cours de philosophie positive* pour se convaincre que, malgré les nombreuses comparaisons que fait l'auteur entre différents pays, il n'a basé ses raisonnements que sur l'Europe, peut-être même est-il plus exact de dire qu'il n'a pas franchi le Rhin. Il a imaginé son système pour le milieu où il se trouvait, sous l'empire des idées que lui avait inspirées l'atmosphère qui l'entourait, et des passions, des querelles, des luttes de ce petit monde de Paris où il vivait : il ne voyait pas au delà. Non-seulement son système eût été faux aux Indes ou au Cap, il l'eût été également en Grèce comme en Suède, en Italie comme dans nos départements, partout enfin, en dehors du petit entourage de pseudo-savants auxquels il s'adressait.

VI

On entend souvent appliquer à la société le mot *maladie* : ceux qui le font croient communément se servir tout simplement d'une figure de rhétorique, d'une métaphore. Il n'en est rien : la société humaine est un corps obéissant exactement aux mêmes lois physiologiques que le corps humain : il n'y a de différence que dans les *organes*.

Auguste Comte avait donc bien raison de parler de la *physiologie sociale :* elle existe dans le strict sens du mot. M. Littré accepte ce terme dans toute sa force (page 52), et nous empruntons volontiers aux positivistes le mot très-rationnel de *sociologie.* Mais en acceptant le fait, ils n'ont pas su en déduire la conséquence inévitable : ils rêvent un progrès *indéfini :* ils nient ce qu'on appelle la *rétrogradation* sociale au moyen âge (1) ; bref, eux qui regardent l'histoire comme « un phénomène naturel soumis à des conditions déterminées (2) », eux qui espèrent tirer de cette même histoire les lois de la *physiologie sociale,* ils oublient la loi fondamentale de la nature, l'*instabilité :* ils ne voient pas que tout ce qui a eu un commencement a nécessairement une fin, et que le dernier terme de toute physiologie est la *mort !*

La *mort sociale,* — elle leur a échappé, ils ne l'ont pas entrevue, ils ne l'ont pas étudiée ! Et pourtant le dilemme est inexorable : ou vous reconnaissez une physiologie sociale, dans la véritable signification du mot, et alors vous ne pouvez nier la mort sociale ; ou, au contraire, vous niez cette mort, vous affirmez votre progrès indéfini, et alors vous n'avez pas conscience de ce que c'est que la physiologie sociale : vous niez que tout ce qui a commencé doit finir.

Vous nous répondrez sans doute que les sociétés ne meurent pas. En parlant ainsi, vous confondez les *individus* qui survivent à la tourmente avec les *institutions sociales* qui y périssent. C'est lorsque celles-ci disparaissent que la société meurt. Votre moyen âge, où vous avez

(1) « C'est un des grands services de M. Comte d'avoir donné au moyen âge sa juste place entre l'antiquité classique et l'ère moderne, et de l'avoir déchargé des imputations de ténébreuse rétrogradation que la Renaissance, le siècle de Louis XIV et le suivant avaient attachées à cette époque. » Littré, ouvrage cité, p. 46.

(2) Littré, ouvrage cité, p. 69.

cru trouver votre état métaphysique, ne fut que la mort d'une société décrépite, la naissance et l'enfance d'une autre pleine de séve.

Ajoutons que les caractères de la mort sociale sont aussi certains, aussi précis que ceux de la mort individuelle. On peut faire l'autopsie d'une société défunte, comme on fait celle d'un cadavre : seulement le bistouri n'est pas le même (1).

VII

Nous avons vu qu'au début de son ouvrage, Auguste Comte cherche à établir l'existence de ses trois états par un fait analogue qui, selon lui, se passerait dans chaque individu : chacun serait *théologien* dans son enfance, *métaphysicien* dans sa jeunesse, et *positiviste* à partir de l'âge adulte.

Cette formule, traduite en français, signifie que dans l'enfance on croit à Dieu, que pendant la jeunesse on le discute, et qu'à l'âge adulte on devient athée.

Il est possible que, chez Comte, les choses se soient passées ainsi; mais, sans le savoir, il a mis là le doigt sur un fait très-réel. Il n'est que trop vrai que, chez certaines natures, l'étude et l'instruction affaiblissent le sentiment religieux, et que, si les études sont poussées à un très-haut degré, il peut en résulter l'athéisme. L'erreur de notre auteur consiste à croire que cet effet a lieu chez tous indistinctement. Cela seul suffirait à prou-

---

(1) Écoutons le curé de Meudon : « Quant à la congnoissance des faictz de nature, ie veulx que tu t'y addonnes curieusement... rien ne te soit incongneu.., et, par fréquentes anatomies, acquiers-toy parfaicte congnoissance de l'aultre monde, qui est l'homme. » Rabelais, *Pantagruel*, liv. II, ch. VIII.

ver qu'il n'a nullement approfondi la question ; autrement il aurait vu que le fait signalé par lui se produit uniquement chez certains esprits froids, peu excitables et surtout obstinés ; mais qu'à côté de ceux-ci, fort peu nombreux d'ailleurs, il y a les natures fortement impressionnables, nerveuses, pleines d'imagination ; à celles-ci, le sentiment religieux est aussi indispensable que l'air qu'elles respirent. Telles sont, par exemple, presque toutes les personnes du sexe féminin ; ajoutons que, chez celles qui font exception à la règle, l'amabilité n'est pas précisément la qualité la mieux développée.

Dès lors, lorsque Comte rêve une société sans religion (car son Grand Être Humanité n'est qu'une plaisanterie), il rêve une chose tout simplement impossible. Le sentiment religieux est une nécessité, sinon individuelle, au moins sociale, et nous demandons au lecteur la permission de lui en donner ici une démonstration *physiologique*. La voici :

1° L'homme ne peut vivre qu'à la condition de renouveler ses forces par la nourriture. Or, de cette condition découle, comme conséquence inévitable chez l'homme jouissant d'une bonne santé, un sentiment fortement accentué : le *désir de vivre*.

Lorsqu'en effet, par diverses causes morales ou physiques, ce désir devient nul, l'homme se laisse périr : il cherche même la mort. Le *désir de vivre* est donc une des conditions essentielles de la vie.

2° Le désir de vivre a pour corollaire forcé la *crainte de la mort*.

Sous l'empire de ce sentiment, l'homme cherche à éviter tous les dangers qui le menacent. Il se familiarise aisément avec ceux qui sont à la portée de son intelligence ; mais tout ce qu'il ne comprend pas lui inspire de la méfiance, et, si cela paraît menaçant, de la *crainte*.

3° Lorsque, par exemple, ne sachant pas l'expliquer, il voit la foudre, reconnaissant qu'elle est plus forte que lui, le *désir de vivre* lui inspire l'*espoir* de fléchir l'ennemi inconnu par dès prières. Cet espoir s'appelle le *sentiment religieux*.

4° La croyance en Dieu est donc la *résultante physiologique* de trois forces plus ou moins conspirantes : le *désir de vivre,* la *crainte de l'inconnu,* l'*espoir de secours ou de protection.*

5° Or, il est clair que si l'homme pouvait tout expliquer rationnellement et trouver remède à tout, les deux forces *crainte* et *espoir* deviendraient nulles, et il ne resterait que la force *désir.* Mais puisque l'homme *ne peut pas* tout expliquer, puisqu'il *ne peut pas* trouver remède à tout, les forces *crainte* et *espoir* ne descendront jamais à zéro, et dès lors, généralement parlant, on croira *toujours* à un Être suprême.

6° Il est vrai que, comme conséquence nécessaire de ce raisonnement, plus l'homme approfondit les sciences, en s'exerçant à arracher à la nature ses secrets, plus grande sera son aptitude à expliquer les phénomènes, et mieux il sera armé contre les dangers. Il peut donc, par un travail incessant dans le silence du laboratoire, arriver à se faire illusion sur son indépendance, et se croire affranchi du pouvoir de Dieu.

Voilà pourquoi, au fond, la formule d'Auguste Comte se vérifie chez quelques individus; mais la généralité qu'il prétend lui attribuer est inadmissible.

Bref, pour que la société devînt athée, il faudrait qu'elle fût composée tout entière, sans en excepter les femmes, de docteurs ès sciences, et encore faudrait-il que chacun de ces savants eût reçu de la nature une tendance spéciale *ad hoc.* Nous pouvons dormir tranquilles, la phase positive n'arrivera pas de sitôt.

Et pourtant c'est à contre-cœur que nous maltraitons ainsi l'œuvre d'Auguste Comte, car elle ne manque pas de belles pages ni de profondes pensées isolées.

Il avait l'esprit hiérarchique, il était ennemi déclaré des vaines utopies qui ont si souvent ensanglanté le monde : à ce titre, il a notre sympathie. Quant à M. Littré, nous regrettons pour notre part qu'un esprit aussi distingué ait mis sa plume et son talent au service d'une cause qui n'a pas d'avenir.

CHAPITRE XXIV

Discussion de l'article précédent.

Commençons par faire observer que la dernière page contient implicitement la démonstration des deux anagrammes suivantes :

Du n° 11 : *Germani belli civilis exitui attendunt, rem fenoraque sperantes.* — *eflss*, qui signifie :

A mesure que l'instruction se répand, le sentiment religieux s'affaiblit.

Et du n° 22 (p. 111): *An bellum civile quiescit? Paulisper, non nego ; certe seditiones erutæ non sunt.* — *fgmnn*, qui se traduit ainsi :

Une instruction incomplète est infiniment plus dangereuse que l'ignorance absolue.

J'appelle avec insistance sur ces deux aphorismes, qui se tiennent, l'attention de ceux qui demandent avec tant d'importunité l'instruction gratuite et obligatoire. Le premier est démontré dans la page précédente avec cette rigueur qui n'appartient qu'à la PHILOSOPHIE ABSOLUE, fille aînée des mathématiques; et j'invite là-dessus sans crainte les objections qu'on croira pouvoir me faire.

Le savant, je le répète, est amené à l'athéisme par l'orgueil de son savoir : je le désarçonne plus loin.

L'ignorant qui sait tout juste lire et écrire, car on ne se borne qu'à cela, et on ne peut pas faire davantage, n'a pas les moyens intellectuels pour se faire un monde sans Dieu; mais en lisant les mauvais journaux, il le trouve tout fait. Incapable de juger de la valeur des arguments que lui apporte son faux prophète, il se dit : « Voilà des choses que je ne comprends pas, parce que je n'ai pas étudié ; mais ce monsieur qui écrit si bien, il a étudié, lui ; il me dit tous les jours qu'il n'y a pas de Dieu : il doit le savoir. Aussi se moque-t-il à tout moment des ministres de la religion, de l'Eglise, des saintes Ecritures, et il ne lui arrive rien : Dieu ne le foudroie pas, donc il n'y a pas de Dieu. Du reste, je trouve cela fort commode : du moment qu'il n'y a pas de Dieu, il n'y a pas de punition pour le mal que je voudrai faire. D'ailleurs, ce monsieur qui écrit mon journal me dit aussi que je ne suis que chair et os, que je n'ai pas d'âme : alors comment y aurait-il un enfer? C'est clair comme le jour : tuer un homme, c'est comme si l'on tuait un bœuf. A la bonne heure ! à l'occasion, j'en ferai mon profit. »

A la suite de cela, notre homme apprend aussi par son journal que les autorités ne sont que des gens animés d'une seule pensée : celle de lui faire du mal et de lui faire payer des impôts pour s'en engraisser ; que son patron est un fourbe qui s'enrichit à ses dépens, qu'enfin s'il arrivait une révolution, tout le monde pourrait rouler carrosse, et mille autres folies.

« Ah, mais, me répondrez-vous, c'est que l'instruction n'est pas assez répandue : il faut lui donner de bons livres, de bons journaux, et lui apprendre l'économie politique : alors vous verrez... »

Oui, je verrai qu'il quitte les bons livres et les bons journaux pour les mauvais. Voilà ce que je verrai !

Comment voulez-vous qu'il en soit autrement ? Les bons écrivains voudront lui inculquer ses devoirs, lui prêcher le travail et l'amour du prochain ; tandis que les mauvais lui ont déjà dit que les autres sont des réactionnaires, n'ayant d'autre souci que de le réduire à l'esclavage ; de plus, ils excitent chez lui tous les mauvais penchants, qu'ils appellent ses *droits*. Dès lors, son choix n'est pas douteux. Quant à l'économie politique, il ne saisira que celle qui lui parle de l'*infâme capital*.

Ce que je viens de dire explique et démontre en même temps ma 22e anagramme. Oui, cette instruction incomplète que vous lui donnez — et je vous défie de la lui donner complète, à moins de le faire docteur ès sciences — est un véritable danger : tandis que l'ignorance absolue le laisserait tranquille et content de l'état où il se trouve, et dont vous ne pouvez pas le tirer, à moins que vous ne lui donniez des rentes.

Un poëte anglais, qui était à mille lieues de prévoir l'usage que je ferais un jour de ses vers, l'a dit :

> ... *Where ignorance is bliss,*
> *'Tis folly to be wise* (1).

Un autre poëte anglais, qui, en écrivant ce que je vais citer, n'avait en vue que la littérature et ne se doutait certainement pas de l'immense portée politique de son aphorisme, confirme mon anagramme en ces termes :

> *A little learning is a dangerous thing ;*
> *Drink deep, or taste not the Pierian spring* (2).

---

(1) « Où l'ignorance est un bonheur, c'est une folie que d'être savant. » Gray, *Eton College.*

(2) « Un peu de savoir est une chose dangereuse ; bois à longs traits, ou bien ne goûte pas de la source des Piérides. » Pope, *Essay on Criticism*, part. II. v. 215-216.

La vérité de cette proposition est universellement acceptée dans la vie journalière, à tel point qu'on lui a même donné la forme d'un proverbe :

Gros-Jean ne doit pas en remontrer à son curé.

Malgré cela, en politique, la matière la plus scabreuse du monde, on n'admet point qu'il y ait des ignorants ; tout le monde est passé maître, tout le monde est à la fois ministre, général ou ambassadeur : il suffit de savoir lire son journal ; il y va de la *dignité* de l'homme !

Ah ! pour le coup ! celui qui a le premier su incorporer la *dignité de l'homme* dans l'art de savoir lire le *Père Duchesne,* a eu un trait de génie. Mais, en privant ainsi de *dignité,* d'un seul coup, tout le genre humain antérieur aux temps bienheureux où l'art de lire est devenu le palladium de l'athéisme et de la révolution, il a aussi fait preuve d'un fameux toupet !

Du reste, sans recourir à des poëtes anglais, pourquoi, à l'appui de mon aphorisme, ne citerais-je pas la Genèse ?

« Puis l'Éternel Dieu commanda à l'homme, disant : Tu mangeras librement de tout arbre du jardin.

« Toutefois, pour ce qui est de l'arbre de la connaissance du bien et du mal, tu n'en mangeras point ; car, au jour que tu en mangeras, tu mourras de mort (1). »

Mes bons amis, vous vous moquez de la Bible, mais vous ne savez pas la lire.

Que de quolibets sur cette belle allégorie ! mais vous ne l'avez pas comprise. Permettez que je vous l'explique.

Elle vous dit que tant que l'homme ne sait pas lire, il n'empoisonne pas son esprit des maximes subversives du *Rappel* et du *Corsaire ;* dès lors, il sera content de son état et ne se repaîtra pas de chimères irréalisables : il

(1) Gen., ii, 16, 17.

sera dans le paradis, c'est-à-dire heureux. Mais dès qu'il sait lire, il apprend à son grand étonnement qu'il n'y a ni Dieu ni âme, qu'il est l'égal de tout le monde, et que par conséquent il doit être aussi riche que les autres ; que puisqu'il ne l'est pas, c'est qu'il y a des coquins qui lui enlèvent son bien, et qu'il n'y a que la Commune qui puisse le lui rendre. Alors, adieu le paradis ! il sent naître en lui l'enfer, et il devient ouvrier de la MORT SOCIALE, qui l'engloutira le premier.

Quittons les allégories, et occupons-nous de la réalité ; la voici :

L'homme à qui l'on n'ouvre que l'horizon où ses moyens lui permettent de vivre, est heureux, car il ne voit pas au delà. Mais celui à qui l'on ouvre des horizons auxquels il ne peut atteindre, est malheureux. De deux choses l'une : ou il ne faut pas lui donner le savoir, ou il faut lui donner de quoi vivre dans la paresse.

L'art de lire sans être accompagné d'études profondes et sérieuses fait des demi-savants et des quarts de savants, que les habiles savent exploiter pour faire les révolutions.

L'instruction est une marchandise : qui la veut, qu'il la paye (1).

J'ai toujours pensé que l'art de l'imprimerie n'a pas

(1) Je trouve dans la *Gazette d'Augsbourg* (*Allgemeine Zeitung*, supplément du 5 octobre 1873) deux jolis mots, cités, bien entendu, avec blâme par l'auteur de l'article, mais démontrant clairement que je ne suis ni le premier, ni le seul à déplorer une instruction aveuglément répandue. En 1848, un Dr M., médecin d'une cour d'Allemagne (on ne dit pas laquelle, et l'on ne donne que l'initiale du nom), s'écria avec angoisse, à l'occasion des troubles de Vienne : « Pauvre peuple viennois ! on t'a donc appris à penser ! » L'autre mot, le voici. Un homme d'État allemand encore vivant dit un jour à l'auteur de l'article : «Vous ne sauriez croire quelles braves gens étaient nos Poméraniens avant que ces maudits journalistes ne les poussassent à penser ! »

Ces mots sont justes au fond ; seulement, au lieu de « penser », il aurait fallu dire : « se mêler de politique. »

attendu un Gutemberg pour se présenter à l'esprit de l'homme. L'idée de faire des caractères mobiles est trop simple pour avoir pu échapper aux anciens, qui, leurs œuvres l'attestent, ne nous étaient en aucune façon inférieurs en intelligence, bien que les sciences modernes leur fussent inconnues. Voici sur quoi je me fonde pour soutenir cette opinion :

1° La xylographie a existé chez les Chinois depuis au moins le milieu du x° siècle de notre ère. D'autres prétendent qu'elle y fut pratiquée 200 ans avant Jésus-Christ. S'ils n'ont pas dès lors inventé les caractères mobiles, c'est que leur langue, qui n'est pas alphabétique, ne s'y prêtait que mal.

2° La composition d'une encre visqueuse n'aurait pas offert des difficultés insurmontables à des gens connaissant l'art de la peinture.

3° A défaut du papier, les anciens auraient pu se servir des tissus, connus depuis les temps les plus reculés, et des membranes (cuir, parchemin), qui datent au moins du temps d'Hérodote.

4° A défaut de presse, un tampon, le plat de la main même, auraient pu suffire.

5° Ils gravaient bien, ils se servaient de sceaux, ils frappaient monnaie, ils connaissaient le moulage et l'art du fondeur ; la reproduction par ces différents moyens d'impression leur était donc parfaitement familière.

Maintenant, avec toutes ces notions, tous ces matériaux à la main, voudrait-on me soutenir que, parmi tant de milliards de cerveaux qui se sont succédé pendant tant de siècles, il n'y en ait pas eu qui eussent conçu l'idée de la reproduction des lettres par des blocs mobiles ? Et cela chez des nations qui nous ont laissé tant de preuves de leur génie ?

« Mais alors, me demanderez-vous, pourquoi n'en trouvons-nous pas de trace ? »

Simplement parce que ceux qui en ont eu l'idée — et elle a dû se présenter à l'esprit de beaucoup de monde — ne l'ont pas exécutée :

1° Parce que, dans la société d'alors, où écrivains et lecteurs étaient clair-semés, on n'en éprouvait pas le besoin ;

2° Parce qu'il aurait fallu une mise de fonds, qu'un pauvre ayant eu une telle idée n'aurait pas pu faire, et à laquelle un riche n'aurait pas consenti, parce qu'elle n'aurait rien rapporté ;

3° Mais avant tout, parce que, si cette idée fût venue à un prêtre, dans la solitude et dans l'oisiveté du temple, chose du monde la plus probable, il eût étouffé cette pensée, quelque séduisante qu'elle fût, en réfléchissant à l'immense danger qu'il y aurait à disséminer à l'infini toutes les mauvaises conceptions qui pouvaient éclore dans le cerveau de l'homme ; et peut-être aussi dans l'intérêt de sa religion, prévoyant bien que ses ennemis useraient largement de ce moyen formidable pour la battre en brèche.

Plût à Dieu que les inventeurs de l'imprimerie eussent été retenus par de pareils scrupules ! Nous n'aurions alors que des manuscrits à la portée d'un petit nombre d'élus, et nous n'aurions pas aujourd'hui à discuter l'existence de Dieu et la dissolution de la société humaine !

Je ne conteste pas à l'imprimerie son utilité : elle est devenue un rouage indispensable des administrations, des affaires, du commerce ; elle a puissamment aidé au progrès des sciences ; elle nous a conservé les chefs-d'œuvre de l'antiquité. Mais quand je vois l'usage qu'on en fait aujourd'hui, je ne puis me défendre de la conviction que c'est l'imprimerie qui nous fournira la dernière preuve du PRINCIPE DE LA FIN NÉCESSAIRE (1).

Passons à une autre question.

On a vu dans ma préface, et ailleurs dans ce livre, que je définis la NATURE en disant qu'elle est une combinaison de FORCE et de MATIÈRE.

Or, c'est là une définition acceptée par les athées.

Comment puis-je l'adopter, moi qui me déclare déiste (2) et spiritualiste ?

Je l'adopte, parce qu'elle est vraie ; ce qui me distingue des athées, c'est qu'ils ne veulent rien connaître au delà de la nature, et que moi je reconnais le MONDE SPIRI-TUEL.

Pour me faire bien comprendre, je me vois obligé de donner ici un extrait de ma première conférence publiée dans la *Revue populaire* (3), qui a sombré avec tant d'autres choses par la guerre. Qu'on veuille bien méditer cet extrait.

CHAPITRE XXV

Influence de la nature sur le monde moral. — Extrait de ma première conférence.

En consultant l'histoire, j'ai vu que, sous une infinité de formes différentes, elle renferme un nombre très-restreint de faits amenés par des causes toujours semblables et quelquefois même identiques.

(1) Voir la page 102.
(2) En ce sens que je laisse de côté le dogme, quel qu'il soit, pour ne parler que du *sentiment religieux*.
(3) Juillet-août 1870.

S'agit-il d'une émeute populaire ? les causes possibles, en définitive, se réduisent à quatre : un malaise physique, une idée fixe, l'esprit de vengeance, l'envie du pillage.

S'agit-il d'une guerre ? les causes se comptent : la faiblesse d'une partie vis-à-vis de l'autre ; une idée fixe (comme dans les guerres de religion) ; la nécessité de se prémunir contre un avenir menaçant ; les besoins du commerce ; enfin, l'esprit de vengeance.

S'agit-il d'un assassinat politique, d'une intrigue de cour, d'une colonisation, d'une exploration de pays lointains, de toute chose enfin pouvant exercer une grande influence sur la marche de la société ? on pourra toujours en ramener les causes à deux sources : l'ordre physique, c'est-à-dire le malaise ou le bien-être matériel ; l'ordre moral, c'est-à-dire les passions de l'homme.

Mais si tout se réduit à ces deux chefs, les a-t-on examinés ? les a-t-on analysés avant de se livrer à ces luttes incessantes ? Je ne le crois pas : les uns se sont jetés dans les bras de Loyola, d'autres dans ceux de Rousseau ; mais les hommes qui ont cherché la vérité par eux-mêmes, sans se soucier de ce qu'ont dit ou pensé leurs devanciers ou leurs contemporains, sont fort rares.

Voyons maintenant si ces deux sources ne pourraient avoir une origine commune.

L'état matériel, qu'il soit en bien ou en mal, dépend de l'abondance ou de l'absence des choses nécessaires à la vie. Ces choses, c'est, en définitive, la *nature* qui nous les fournit.

L'état moral résulte essentiellement de la tranquillité ou de l'inquiétude d'esprit de la plupart des membres d'une société.

Or, l'état matériel étant écarté, il ne reste, pour amener cette tranquillité ou cette inquiétude, que les passions humaines.

Tant qu'il y a partage égal entre celles-ci, de telle sorte qu'une même passion n'anime pas une partie prépondérante d'une multitude, il y a équilibre, tranquillité.

Mais dès qu'une masse prépondérante est animée d'une même passion, il y a mouvement, absence de tranquillité, inquiétude.

Prenons maintenant un seul individu de cette masse. Comme sa passion individuelle est, par hypothèse, un élément de la passion générale, nous pourrons, en examinant la sienne, nous rendre compte de l'autre.

Cette passion, quelle qu'elle soit, lui a-t-elle été inspirée par quelqu'un? celui-ci, en lui parlant, a agi sur son système nerveux, outil essentiel de l'âme. La passion est-elle née spontanément chez lui? c'est encore au système nerveux qu'il le doit. Dans les deux cas, c'est du cerveau, comme d'un quartier général, que part l'ordre à telle ou telle partie du corps d'agir.

En un mot, le système nerveux animé (car mort il n'est rien) est l'homme tout entier en tant qu'organisme sensible et agissant.

Voulez-vous vous rendre exactement, quoique grossièrement, compte de ce que c'est que le système nerveux? Figurez-vous un clavier, dont les touches sont remplacées par une infinité de petites fibres, sur lesquelles viennent jouer comme des pianistes les phénomènes extérieurs et les passions ou affections dites *morales*.

Or, l'homme que nous avons choisi est animé, disions-nous, de la même passion que toute cette multitude. Donc, en ce qui regarde cette passion *seule*, chaque individu de cette masse se trouve exactement dans la même condition que celui que nous avons pris au hasard dans le tas.

Nous avons donc ici une quantité de systèmes nerveux, qui tous, quant à cette passion, agissent à l'unisson.

Nous nous trouvons dès lors dans le cas prévu en mécanique, où un nombre indéfini de points sont animés de forces parallèles ; on cherche le centre de toutes ces forces, et leur résultante, qui passe par ce centre.

Ne vous effrayez pas : je vais bien vite quitter ce terrain scientifique et rentrer dans le langage familier. Ce que nous avons appris jusqu'ici, c'est que, une passion dominante étant donnée, tout l'ensemble humain animé de cette passion agit, quant à celle-ci, comme un seul homme.

Or, chers auditeurs, élargissons la question et examinons la société humaine. Ne voyons-nous pas une foule de groupes animés chacun d'une passion ?

Ces passions peuvent être plus ou moins semblables entre elles, plus ou moins différentes. C'est par la lutte perpétuelle de ces groupes entre eux (lutte souvent très-pacifique) que la société marche.

Mais nous avons vu qu'une passion qui anime un groupe ne fait que mettre en mouvement à l'unisson tous les systèmes nerveux qu'il renferme.

Mais d'où viennent-ils, ces systèmes nerveux ?

De la *nature*, de cette même nature que nous avons vue à l'œuvre pour les besoins matériels.

Donc, toute société marche en vertu de certaines lois *physiques* que lui a imposées la nature !

Libres à nous d'appeler *morales* celles de ces lois qui régissent le mouvement des systèmes nerveux : c'est même très-commode, — mais cela ne les empêche pas d'être essentiellement *physiques*.

Eh bien, chers auditeurs, n'est-il pas vrai que dans tous les grands discours, dans tous les grands écrits où l'on débat le sort de l'humanité, jamais, au grand jamais, vous n'entendez interroger les lois de la NATURE ? de cette nature qui nous a donné les systèmes nerveux moyennant lesquels nous marchons?

Tâchons, chers auditeurs, de nous mettre sur un terrain plus pratique. Voici deux systèmes : le monde physique et le monde moral. Entre ces deux mondes nous croyons voir un abîme. Eh bien, *il s'agit de jeter un pont dessus* (1).

Si je demande ce qu'est la NATURE, on me répond que c'est l'ensemble de ce que nous voyons : les minéraux, les plantes, les animaux de la terre, de l'eau et de l'air. Puis, si c'est un savant que j'interroge, il me dira qu'il existe dans la nature certaines forces, telles que le magnétisme et l'électricité, auxquelles s'associe la chaleur, pour faire marcher le tout. Il me conduira dans son laboratoire, où il me fera voir que s'il verse de l'acide sulfurique sur du zinc, il s'en dégagera immanquablement de l'hydrogène ; il me placera devant le télégraphe Caselli, où je verrai de quelle manière infaillible l'électro-magnétisme obéit à ses propres lois ; enfin il m'expliquera une foule d'autres merveilles.

Mais tous ces faits surprenants n'ont de valeur pour moi qu'autant que je pourrai en tirer quelque enseignement général. Les faits par eux-mêmes ne sont rien, s'ils ne doivent nous apprendre quelque vérité utile.

Eh bien ! ils nous en apprennent une que je trouve précieuse : c'est la *fixité des lois de la nature,* leur invariabilité. Mais il en existe une autre encore, qui n'est pas moins importante.

A l'affinité de l'oxygène pour l'hydrogène, nous avons opposé l'affinité plus forte qu'il a pour le zinc.

Qu'avons-nous fait ?

A une loi de la nature, nous en avons opposé une autre !

_____

(1) Voyez la même pensée à la page 179.

Donc :

Les lois de la nature sont fixes, et nous ne pouvons les changer ;

Mais nous pouvons chercher parmi ces lois celles qui nous conviennent, afin de neutraliser celles qui ne nous conviennent pas.

La recherche des moyens aptes à écarter ce qui nous est nuisible afin d'avoir ce qui nous est utile, de ces moyens, enfin, aptes à opposer la nature à la nature, cette recherche, dis-je, s'appelle la SCIENCE.

La science est-elle toute-puissante? Non, car nous serions immortels.

Donc, quoi que nous fassions, quelque intelligence que nous mettions à démêler les lois de la nature pour les faire servir à nos fins, celle-ci garde toujours assez de secrets pour se mettre au-dessus de nous, — nous en sommes les *esclaves*.

Faisons maintenant l'application de tout cela à la société. Je vous ai démontré au début de la conférence que ce qui fait vivre et marcher la société, ce sont les passions humaines. Ces passions, la nature nous les a données comme éléments de vie, pour que nous ne soyons pas des blocs de marbre. Dès lors, la société, œuvre de la nature, est assujettie, comme elle, à des lois *immuables.*

Tout change autour de nous comme dans nous-mêmes; mais, d'après certaines lois fixes qu'il n'est pas en notre pouvoir de diriger, elles marchent sans nous et malgré nous, et nous n'en sommes que les instruments.

Etudier le mécanisme de la vie sociale, afin de l'expliquer par les forces physiques que nous voyons à l'œuvre autour de nous, voilà mon but. Comme je repousse toute communauté d'idées avec l'école *positive*, naguère réfutée par moi, je me vois obligé, pour éviter la confusion, d'adopter pour mon système le titre de PHILOSOPHIE ABSOLUE.

*
* *

Il est possible qu'il se trouve parmi vous, chers auditeurs, quelques personnes qui n'acceptent pas la proposition suivante :

« L'homme civilisé n'est pas à l'état de nature. »

Ou en d'autres termes :

« L'homme à l'état de nature, c'est l'homme sauvage. »

Mais je suis également persuadé qu'il s'en trouve ici qui l'admettent.

Or, c'est à celles-ci que je vais m'adresser de préférence, parce que malheureusement je ne me trouve pas d'accord avec elles, et que je serais fier, bien fier, de pouvoir les convertir à ma manière de voir. Essayons.

Pourquoi, chers auditeurs, étant civilisés, vous croyez-vous hors de l'état de nature ?

Pourquoi croyez-vous que, pour être à l'état de nature, il faille être sauvage ?

Est-ce parce que le sauvage va tout nu, et que vous, vous portez un frac ou un paletot ?

Mais, chers auditeurs, ce paletot, ce frac, c'est la nature qui vous l'a mis sur le dos !

Voilà, direz-vous, un fameux paradoxe, n'est-ce pas ?

Examinons pourtant la question de plus près.

La plante, l'animal, ce sont là des produits de la nature. Tout le monde est d'accord sur ce point.

Or, ces produits effectuent, à n'en pas douter, des changements sur la surface du sol. L'arbre perce la terre avec ses racines, l'animal se creuse un repaire.

Ces effets, causés par des produits de la nature, sont-ils ou ne sont-ils pas l'œuvre de cette même nature ?

Son action compte-t-elle pour rien, parce qu'elle s'est servie d'un instrument?

Si, toutes les fois que la nature se sert d'un instrument, vous niez que le résultat lui appartienne, alors il n'y a pas à balancer : le percement que fait la racine de l'arbre doit être une œuvre de l'*art* et non de la *nature*.

Et alors vous aurez à me dire où finit la *nature* et où commence l'*art*.

Eh bien ! vous trouverez cela assez embarrassant, je vous en réponds.

Quelques exemples vont vous en convaincre.

Des vapeurs accumulées au sein de la terre se font jour en brisant tous les obstacles. Mendoza, Arica, Callao sont englouties ; des milliers de cadavres jonchent le sol tourmenté ; des arbres dix fois séculaires sont déracinés et transportés comme des plumes à une lieue de distance.

Est-ce la nature qui a fait cela ? — Oui.

Et pourtant elle s'est servie d'un instrument. Cet insment, c'est la vapeur emprisonnée.

Donc, ce que fait cet instrument est bien l'œuvre de la nature.

Voici maintenant la taupe.

Elle creuse la terre. Cette galerie qu'elle fait, la prenez-vous pour un produit de l'art? — Oui.

Mais pourquoi la taupe fait-elle cette galerie ? Parce que, poussée par la faim, elle veut arriver au ver blanc, dont elle se nourrit.

D'où lui vient cette faim ?

De son organisme.

Qui lui a donné cet organisme ?

C'est la nature.

Donc, si la nature n'avait pas donné un organisme à la

taupe, celle-ci n'aurait pas faim, et dès lors elle ne creuserait pas de galerie.

Il me semble donc qu'à tout prendre, c'est en définitive la *nature* qui a creusé la galerie.

Elle s'est servie pour cela d'un instrument qu'elle s'est créé : mais cette fois ce n'est plus du gaz, — c'est une taupe !

Et le tunnel du mont Cenis, lorsqu'il sera fini, sera-t-il l'œuvre de la nature ou de l'art ?

De l'art, dites-vous ?

Mais c'est le même art que celui de la taupe !

Celle-ci est remplacée par l'homme, qui, lui aussi, creuse pour gagner sa nourriture ! — Ver blanc ou salaire, cela revient au même.

Or, l'homme n'est-il pas l'œuvre de la nature ? n'est-il pas son instrument ? DONC, le tunnel du mont Cenis n'est pas moins l'œuvre de la nature que ne l'est la galerie de la taupe.

A ce compte, m'objectera-t-on, la machine à vapeur serait un produit de la nature ?

Précisément, répondrai-je; suivez bien mon raisonnement.

L'homme est non-seulement doué d'intelligence, mais aussi des moyens nécessaires pour en tirer parti, — c'est-à-dire qu'il a les *mains* et la *parole*.

Ceci est important, car c'est par là qu'il se distingue des autres organismes.

En effet, comment feriez-vous pour me réfuter, si je venais vous soutenir que l'intelligence du chien, par exemple, est de tout point égale à la vôtre? La seule chose que vous pourriez m'objecter, ce serait l'absence de preuves ; mais vous, en auriez-vous de votre côté? Aucune. Vous ne pouvez me démontrer autrement l'inferiorité de l'intelligence du chien, qu'en disant qu'il n'en manifeste pas une égale à la vôtre ?

Et comment voulez-vous qu'il la déploie, s'il lui manque les mains et la parole ?

Avouez que, sans ces deux outils-là, Aristote ou Newton n'auraient guère fait meilleure figure que lui ! Son intelligence est nécessairement bornée par le fait de son organisation inférieure.

Or, l'homme possède non-seulement l'intelligence, mais aussi les instruments nécessaires pour la faire valoir.

Cette intelligence, et les mains, et l'organe de la parole, c'est la nature qui les lui a donnés.

Par son intelligence, il voit qu'un morceau de bois pointu peut devenir entre ses mains une arme redoutable : s'il n'avait pas de mains, cette connaissance lui serait inutile; mais comme il en a, il profite de la circonstance pour se faire cette arme qu'il désire.

Puis, comme il a le don de la parole, il communique son idée à ceux qui l'entourent, et le bâton pointu est adopté par tout le monde.

Voulez-vous maintenant que d'échelon en échelon je vous fasse voir le bâton pointu se transformer en javelot; puis en flèche lancée à l'aide d'un arc? Voulez-vous que, passant en revue tous les arts mécaniques l'un après l'autre, je vous en retrace de même l'origine et le développement par l'intelligence, par la main et par la parole, ces trois instruments donnés par la nature?

Il me sera facile, je vous en réponds, de grimper ainsi jusqu'à la machine à vapeur, ce chef-d'œuvre de notre époque.

Lequel d'entre vous, chers auditeurs, se sentira maintenant la force de se dire : « Je suis un homme civilisé; je ne suis pas à l'état de nature ? »

Sachez-le bien, la nature ne vous lâche pas,—vous êtes son esclave, ou pour mieux dire sa PROIE.

*
* *

Mais nous ne l'avons pas encore élucidée, cette nature. Essayons de la connaître.

La physique, la chimie et la physiologie nous tendent ici la main pour nous servir de guide dans la recherche scabreuse que nous allons aborder.

La physique nous montre d'abord que tout ce qui nous entoure se réduit à deux éléments : MATIÈRE et FORCE. Le premier, doué de deux qualités essentielles, *impénétrabilité* et *inertie*, fournit la *forme;* le deuxième produit le *mouvement.* La physique nous enseigne aussi que la force, quelle que soit son espèce, obéit toujours à certaines lois qui peuvent se déterminer par le calcul.

La chimie, reprenant la question où l'a laissée la physique, nous montre d'abord qu'il existe deux forces principales, l'*attraction* et la *répulsion.* La première, se présentant sous les deux formes de *cohésion* et d'*affinité,* sert à constituer les masses et à déterminer les combinaisons. La deuxième, agissant en sens contraire, transforme les solides en liquides, les liquides en vapeur; elle sert enfin à détruire ce que l'attraction a produit.

Vous sentez que ce n'est pas ici le lieu d'entrer dans toutes les subtilités de cet immense sujet : j'ébauche à grands traits, pour ne pas trop compliquer la question.

La physiologie, enfin, nous fait voir que la nature s'est fait des laboratoires spéciaux, dans lesquels, se moquant de nos creusets et de nos cornues, elle élabore des tissus, des vaisseaux, des sucs que notre chimie est impuissante à reproduire. Tout ce qu'elle nous permet de faire, c'est de constater que, dans la fabrication mystérieuse à laquelle elle s'est livrée, elle a constamment obéi aux lois de la physique et de la chimie.

Ces laboratoires étonnants que la nature s'est créés, et dont nous ne savons pas imiter les produits, nous les appelons *corps organisés*. Il en existe de deux sortes : ceux qui prennent leur nourriture sur place, sans bouger : ce sont les *plantes*; et ceux qui vont la chercher : ce sont les *animaux*.

Le règne végétal sert à nourrir le règne animal, et réciproquement. Cycle incessant de décomposition et de reconstruction, dans lequel se meut, sans jamais s'arrêter, cet ensemble de force et de matière, que nous appelons la NATURE !

Pour nous, le mouvement perpétuel est irréalisable : elle seule en possède le secret. Le repos lui est inconnu, elle ne peut cesser d'agir sans cesser d'exister, et elle est immortelle vis-à-vis de l'homme.

Permettez-moi, chers auditeurs, de la personnifier, afin de mieux la caractériser.

Qu'elle soit donc pour nous une espèce de déesse, à laquelle nous prêterons une volonté, bien qu'elle en soit entièrement dépourvue, — car elle est *inintelligente*, elle n'a ni sentiment, ni cœur, ni entrailles !

Et nous, nous en sommes les serfs, les joujoux, les poupées, qu'elle se plaît à détruire quand la fantaisie lui en vient.

Car, sachez-le bien, elle est tout occupée à créer, n'est-ce pas? eh bien, elle ne peut créer qu'en détruisant!

Elle n'a pas plus tôt fait une chose qu'il lui tarde de la défaire. Car elle n'a à sa disposition que tout juste tant d'oxygène, tant de carbone, tant de ceci, tant de cela ; — elle ne peut en créer le moindre atome ; mais ceux qui existent, elle peut les manipuler comme elle l'entend. Et elle ne se fait pas prier, allez !

Il existe dans le monde tout juste autant de mal que de bien.

Et lorsque vous gagnez un bien, soyez sûrs que le mal vient bras dessus, bras dessous avec lui !

En voulez-vous une preuve ? Voici :

A force d'étude et d'observation, les médecins sont arrivés à augmenter de trois ou quatre ans, depuis le commencement du siècle, le chiffre de la vie moyenne.

C'est là un précieux triomphe, et nous leur devons toute notre gratitude.

Mais par quel moyen l'ont-ils réalisé, ce triomphe ? N'est-ce pas par l'intelligence ?

Mais l'intelligence est le fruit d'une série de vibrations du système nerveux de l'encéphale ;

Ce système, c'est la nature qui l'a donné.

Donc, par l'intermédiaire des médecins, la nature nous a fait don de quatre années de vie moyenne.

Vous croyez qu'elle a été bien généreuse ? Attendez.

Ce n'est pas chez les médecins seulement qu'elle a développé l'intelligence ; c'est chez tout le monde.

Dans ce *tout le monde* sont compris aussi les officiers d'artillerie.

Or, pendant que la nature faisait vibrer le système nerveux de Jenner pour lui faire trouver le vaccin, de Laënnec pour le mettre sur la voie de l'auscultation, des chirurgiens pour leur faire exécuter des opérations de plus en plus étonnantes, — elle faisait aussi vibrer les systèmes nerveux d'un Minié, d'un Dreysse, d'un Snider, d'un Chassepot, pour multiplier les morts sur le champ de bataille !

Ainsi, ce que la nature vous a donné d'une main, elle vous l'a retiré de l'autre !

Et par le même moyen, en aiguisant l'intelligence.

Car tout lui est bon pour opérer la destruction de ses œuvres !

Elle n'a pas d'entrailles !

« Comment, ô nature ! tu veux me faire mourir ? s'écrie le roi. Mais sans moi mon peuple sera plongé dans la guerre civile ! Les grandes améliorations que j'ai entreprises resteront inachevées ! l'invasion étrangère est imminente ! »

« Nature ! s'écrie l'artiste ; laisse-moi, je t'en prie, accomplir mon chef-d'œuvre, destiné à me rendre immortel ! »

« Encore un tout petit alcaloïde, chère nature, dit à son tour le chimiste, et je suis à toi ! Un tout petit, entends-tu ? Cela va être l'affaire d'une minute ! »

« Y songes-tu ? s'écrie les larmes aux yeux le père de famille. Comment, ô nature ! tu veux m'enlever à ma femme et à mes enfants ! Mais ils mourront dans la misère ! O nature, aie pitié de nous ! »

« Je vous trouve tous plaisants ! répond à son tour l'ogresse, vous paraissez oublier que je vous ai prêté tant d'oxygène, tant d'hydrogène, tant d'azote, tant de carbone, et que je n'ai que tout juste ce qu'il me faut de ces drogues-là ! Vous oubliez que j'ai dépouillé d'autres organismes pour nourrir les vôtres ; et maintenant que je viens reprendre mon bien, vous pleurnichez, vous ne voulez pas ! Mais ce qui est encore plus drôle, ce sont vos arguments ! Votre Majesté prévoit la guerre civile, l'invasion étrangère ? Mais c'est une véritable fête à laquelle Votre Majesté me convie ! Le sang va couler à flots, les rivières vont être remplies de cadavres, — l'eau débordera, — quel bonheur !... Comme je vais bien faire pousser avec cela les choux et la salade !

« Et vos améliorations auxquelles vous tenez tant, ces marais que vous voulez dessécher pour empêcher les miasmes, ces rues que vous voulez élargir pour anéantir les épidémies? Vous croyez que cela me fait plaisir de me voir ainsi paralysée dans mon action par vous? Que vous êtes naïf, Sire!

« Et toi, mon brave artiste, qui demandes à finir ton tableau, je ne tiens pas à ce que tu te fasses immortel; il y en a déjà trop comme cela! — Quant à ton alcaloïde, mon savant chimiste, tu crois que j'aime à me voir arracher mes secrets? C'est bien ingénu de ta part. — Quant à ta femme et tes mioches, mon excellent bourgeois, tu parais oublier que je ne demande pas mieux que de rentrer dans mes avances? Tu me parles de misère et de mort, eh bien! tout cela rentre dans mes prévisions. Allons! trêve de bêtise, et marchons, plus vite que ça! »

Voilà, chers auditeurs, la nouvelle danse macabre que j'ai l'honneur de vous présenter.

L'activité de la nature est prodigieuse! Ces monceaux de cadavres que nous venons de voir seront dans quelques jours transformés en d'autres organismes, qui eux-mêmes serviront de pâture à d'autres. Rien ne se perd, tout sert à nourrir quelque être vivant, plante ou animal, qui lui-même se transformera ensuite, dès que son rôle sera épuisé.

C'est Saturne mangeant ses enfants.

Mais de quelle manière la nature agit-elle sur les sociétés, qui, nous l'avons vu, ne sont que des agglomérations de systèmes nerveux? Ici, j'éprouve une espèce d'effroi quand je songe à l'immensité de la tâche que j'ai devant moi, et j'avoue que tout ce que j'ai dit jusqu'ici n'est qu'une table des matières! Tout ce que je puis faire, c'est de vous esquisser en peu de mots, avant de terminer cette conférence, déjà trop longue, les moyens dont se sert la nature pour agir sur *les* sociétés, car c'est une erreur de croire qu'il n'y en ait qu'une seule.

Le premier de ces moyens, c'est, comme le dit fort bien Montesquieu, le climat, auquel j'associe, avec M. Trémaux, la condition géologique du pays.

Il est clair que les Esquimaux, nés et demeurant au milieu des neiges, ne peuvent avoir ni les mêmes aptitudes, ni les mêmes idées que les nègres sous l'équateur. C'est élémentaire.

Le deuxième moyen dont se sert la nature pour insuffler la vie aux sociétés embrasse les passions humaines. L'ambition, l'amour, la haine, l'avarice, l'orgueil, sont autant de ressorts sans lesquels il n'y a pas de mouvement possible. On en a si peu étudié les effets, qu'on est allé jusqu'à les condamner ; on n'a pas vu que si elles étaient supprimées, nous ne serions que des automates.

Viennent en troisième et dernier lieu les *illusions qui flattent nos passions*. C'est d'elles que naît l'espérance, le plus fréquent et le plus puissant aiguillon du mouvement social. Trompeuses le plus souvent, les illusions dont il est ici question font notre bonheur; l'homme qui n'en a plus est atteint d'une maladie mortelle, car elle le conduit directement au suicide. Il arrive, mais assez rarement, que par un concours de circonstances particulières une illusion se réalise; ce cas sert à nous raffermir dans celles qui ne se vérifient pas; de même que le joueur, en gagnant quelquefois, croit pouvoir s'enrichir par le jeu.

J'ai eu bien soin de dire qu'il s'agit ici des *illusions qui flattent nos passions*. Il en existe d'autres, hélas ! qui, au lieu d'être une source de vie, nous inspirent du dégoût pour le monde. Je l'ai dit et je le répète : *A côté du bien se trouve toujours le mal.*

Entre les mains de la nature, les passions et les illusions jouent, selon son bon plaisir, tantôt un rôle conservateur, tantôt le contraire.

*
* *

Je viens de vous tracer, chers auditeurs, un portrait bien laid, bien horrible de cette nature tant chantée par les poëtes. A m'entendre, nous ne serions que les jouets inertes d'une puissance sans bornes, sans jugement, sans sentiments, d'une cruauté inexorable, et dont les arrêts sont inévitables.

Et quelles ressources avons-nous pour nous soustraire à son pouvoir? Quand nous avons bien épuisé notre petit répertoire de sciences, nous nous trouvons tout à coup pris entre Charybde et Scylla, et la nature nous regarde avec un sourire ironique : « Pauvre Pygmée, s'écrie-t-elle, comme tu t'es débattu! Et tu croyais m'échapper, n'est-ce pas? »

Et nous tombons dans le gouffre, et de notre intelligence, dont nous sommes si fiers, il ne resterait que du carbone, de l'hydrogène, de l'azote et de l'oxygène?

Voilà pourtant cette nature, dont quelques-uns voudraient faire le Dieu de l'humanité !

A vous de choisir : d'un côté, un despote inintelligent, aveugle et impitoyable; — de l'autre, un Être infiniment sage, infiniment juste, infiniment bon, en qui nous pouvons espérer !

Pour moi, je ne balance pas. A ceux qui prétendent que cet être n'existe pas, qu'il n'est qu'une illusion, il n'y a qu'une réponse à faire : si cette illusion rend l'homme heureux, à quel titre voudriez-vous la détruire pour le mettre aux prises avec le désespoir que doit lui inspirer cette nature inexorable qui, selon vous, remplace la Divinité?

Le *sentiment religieux*, qu'il soit chrétien ou bouddhiste, juif ou mahométan, idolâtre ou fétichiste, *est une des* FORCES *de la nature.* Voilà, ô philosophes, chers confrères, ce que vous n'avez pas compris !

Comment oserions-nous nier l'existence de cette force, quand l'histoire nous la montre incessamment à l'œuvre pour transformer les sociétés ?

Comment ! ce ne serait pas une force, et des plus puissantes, l'idée religieuse qui a engendré les persécutions les plus sanglantes et les plus nobles dévouements ? qui a fait crouler les empires et aggloméré les nations ? qui a poussé Charlemagne à vaincre les Saxons, et les Arabes à envahir la moitié du monde connu ? qui a créé Ignace Loyola et Calvin, et envoyé Jacques II à Saint-Germain ?

Sachez-le bien, ô philosophes ! le monde sans religion que vous rêvez est une impossibilité physique; la société athée que vous appelez de vos vœux restera comme curiosité dans quelque fiole de votre laboratoire, et le jour où vous aurez supprimé l'Etre suprême, vous aurez inauguré le culte des tables tournantes !

CHAPITRE XXVI

Réflexions sur le précédent extrait.

« Que de matérialisme, grand Dieu ! s'écriera-t-on en lisant les pages qui précèdent. Voilà les centres nerveux qui font tout, voilà la nature maîtresse absolue, avec ses lois fixes et immuables, faisant tout par la force et par la matière ! Autant vaudrait nous citer tout de suite le baron d'Holbach ! »

Je crois, mes chers lecteurs, que vous vous récriez mal à propos, et que le baron d'Holbach ne dit pas ce que je vais dire dans la suite. Jusqu'ici, je ne suis arrivé qu'à établir que si nous n'avons que la nature sans Dieu, nous nous trouvons en face du DÉSESPOIR, précurseur du SUICIDE.

Si en effet nous ne sommes que matière, si nous ne sommes qu'un système nerveux tenu debout par une charpente osseuse revêtue de muscles, je ne vois réellement pas pourquoi nous resterions dans ce monde avec tous nos chagrins, toutes nos souffrances, nos haines et nos craintes. Il est si facile d'en sortir !

Si, d'autre part, pour démontrer l'existence de Dieu et de l'âme, je ne dois me servir que des arguments de mes devanciers, ce n'est vraiment pas la peine d'écrire.

Or, voici ce qu'ont fait mes devanciers. Ils ont tous commencé par nous montrer les merveilles de la nature. Lisez Bossuet, lisez Paley : ils vous montreront le mécanisme étonnant de notre corps : le cœur, centre du mouvement circulatoire, le sang noir qui prend de l'air dans les poumons pour redevenir rouge, le système nerveux qui se ramifie dans tout le corps pour aboutir au cerveau, les organes si délicats des sens, et enfin la correspondance de toutes ces parties entre elles. Puis, en descendant l'échelle, on fait voir que tout animal, quelque petit qu'il soit, a tous les organes nécessaires pour vivre, soit sur la terre, soit dans l'eau ou dans l'air, et l'on s'extasie, non sans raison, à la contemplation de ce tout si admirablement harmonieux, preuve indubitable d'une haute intelligence, d'une suprême sagesse dirigeant l'ensemble.

Or, en présence d'un pareil tableau, l'athée se trouve parfaitement à son aise. Il admire, tout comme ses adversaires, cette merveilleuse organisation; mais selon lui, cette haute intelligence n'a pas sa raison d'être, tout s'étant fait non pas par accident, mais par nécessité. La matière et le mouvement, seuls éléments de la nature, ont existé de tout temps ; si les molécules A, B, C se sont jointes aux molécules D, E, F pour faire un corps vivant, c'est qu'elles n'ont pas pu faire autrement, parce qu'il n'y avait pas là présentes les molécules G, H, I, dont l'intervention aurait déterminé la formation d'un gaz ou d'un liquide; si d'ailleurs chaque animal a tous les organes qu'il lui faut, c'est que sans eux il ne pourrait pas vivre. Tout cela est clair comme le jour, et il n'y a pas besoin de Dieu pour cela, puisque Dieu n'aurait pu y rien changer.

Alors les théologiens se fâchent, citent saint Augustin ou saint Bernard, ou bien ils s'abandonnent au mysticisme, à l'éloquence spéculative, et finissent par fulminer des anathèmes contre l'athée. Celui-ci se moque de saint Augustin, de saint Bernard, du mysticisme, des spéculations et de l'anathème.

Autre phase de la dispute : on objecte aux athées que le sentiment religieux fait partie de l'essence de l'homme et qu'il lui est en quelque sorte *inné*, puisqu'il n'y a pas de nation au monde, même la plus sauvage, qui ne se soit fait une idée d'un Etre supérieur, immatériel.

Là-dessus les athées fouillent dans tous les recueils de voyages anciens et modernes pour trouver des peuplades absolument dépourvues de toute idée, soit de Dieu, soit d'un démon quelconque. Ils n'y ont pas réussi : l'Esquimau s'en va dans la lune après le trépas : il croit donc à une vie future ; l'Indien de l'Amazone a pour démon Jurupari ; le Fuégien croit, selon Darwin, qu'en tuant certains animaux on soulève des tempêtes, preuve évidente d'une croyance au surnaturel ; Livingstone enfin avoue, contrairement à ce que d'autres ont dit, que les Boschimans et les Hottentots ont une idée de Dieu et de la vie future. Quoi qu'il en soit, cette controverse est encore en pleine activité.

Ici, je me sens autorisé à renvoyer le lecteur aux pages 195 et 196, où je démontre péremptoirement, et sans réfutation possible, que le sentiment religieux est une *nécessité physiologique* tant qu'elle n'est pas écartée par une *violence physiologique*, semblable à celle qu'exercent les Chinois sur les pieds de leurs filles. La violence que se fait le savant pour se débarrasser du sentiment religieux par l'étude, est du même genre. Ainsi, quels que puissent être à l'avenir (car quant à présent il n'y en a pas) les témoignages négatifs des voyageurs, je ne les accepterai pas. Car, puisque la *crainte de l'inconnu* est le germe du sentiment religieux, il faudrait supposer des sauvages assez abrutis, assez au-dessous des bêtes de toute espèce, pour ne pas ressentir cette *crainte de l'inconnu.*

En voulant établir quand même l'absence du sentiment religieux chez certains peuples, les athées commettent évidemment une maladresse ; mais les théologiens n'en commettent pas une moindre, lorsqu'ils prétendent qu'il ne peut pas y avoir des athées par conviction. Il y en a, uniquement parmi les savants, ainsi que je l'ai expliqué à la page 196, et ce n'est que par le raisonnement qu'on peut les guérir.

Toutes les réfutations de l'athéisme qu'on a faites jusqu'ici, à ma connaissance, pèchent par la base, parce qu'on ne s'est pas mis sur le terrain des athées ; on ne s'est pas servi de leurs propres armes pour les combattre.

Ceux d'ailleurs qui se donnent la tâche de réfuter l'athéisme semblent le faire plutôt par un sentiment de devoir que par conviction ; on jurerait qu'ils ont peur de prendre le bœuf par les cornes, et qu'ils se disent : « Ces gens-là sont bien forts, et ils ont raison ; mais il ne faut pas la leur donner, car, après tout, une religion est nécessaire :

Si Dieu n'existait pas, il faudrait l'inventer.

Si mes prémisses sentent jusqu'ici l'athéisme, c'est que je puis, sans me gêner, accepter tous les faits dont les athées prétendent avoir le monopole ; CAR AUCUN DE CES FAITS NE SUFFIT POUR DÉMONTRER QU'A CÔTÉ DU MONDE MATÉRIEL IL N'Y AIT PAS UN MONDE SPIRITUEL.

Existe-t-il un monde spirituel? Voilà le vrai nœud de la question. Je l'aborde de front, bannières déployées, sans subterfuges, mais en m'affranchissant de toutes les idées dogmatiques ou métaphysiques dont on a jusqu'ici embarrassé la question. Je ne veux me servir que des armes que me fourniront mes adversaires; mais afin de pouvoir ferrailler en toute liberté, je demande la permission d'adopter la forme du dialogue. Les interlocuteurs sont, d'un côté, Ariste, un de mes adeptes, et Eleuthère, physiologiste distingué.

CHAPITRE XXVII

Premier dialogue. — Holbach.

Ζῆνα δέ τις προφρόνως ἐπινίκια κλάζων
Τεύξεται φρενῶν τὸ πᾶν,
Τὸν φρονεῖν βροτοὺς ὁδώσαντα,
Τὸν παθήματος θέντα κυρίως ἔχειν.

ESCHYLE, *Agam.*

(*Un grand laboratoire physiologique. Quelques rayons de livres dans un coin. ARISTE et ÉLEUTHÈRE assis sur un divan; devant eux, une table avec des volumes, du papier, etc.*)

ÉLEUTHÈRE (*se levant en colère*). Eh bien, voilà un homme avec qui j'ai lu tout le *Système de la nature* au collége, et qui s'avise, au bout de trente ans, de me parler encore de Dieu !

Ariste *(toujours assis, se curant tranquillement les ongles)*. Dame ! mon cher, c'est que pendant que tu étais enfermé dans ton laboratoire, où tu as vu la nature en petit, moi, je l'ai vue en grand, j'ai voyagé, j'ai traversé les mers, j'ai touché à peu près à tous les points du globe, j'ai vu l'homme sous tous ses aspects, et voilà ! je suis revenu croyant en Dieu.

Él. *(le regardant avec pitié)*. Pauvre ami ! tu es malade.

Ar. Pas, que je sache.

Él. *(se rasseyant et indiquant les volumes sur la table)*. Mais voyons ! te rappelles-tu que nous savourions cela ensemble ? que nous en étions ravis ?

Ar. Oh ! parfaitement ! nous avons même failli être chassés du collége...

Él. Quand le pion a trouvé le premier volume dans ta case...

Ar. Et le second dans la tienne ! *(Ils rient aux éclats.)*

Él. *(reprenant son sérieux)*. Eh bien, mon ami, il n'y a pourtant rien de changé dans ce livre : ce qui te plaisait alors y est encore.

Ar. Je n'en disconviens pas ; mais, vois-tu, en vieillissant, on apprend à lire.

Él. Que veux-tu dire par là ?

Ar. Je veux dire qu'on apprend à réfléchir à ce qu'on lit, à discuter son auteur. Quand on est jeune, on gobe tout ce qui est plausible sans l'approfondir : à mon âge, on est plus difficile.

Él. Ah ! ma foi ! je voudrais bien voir comment tu t'y prendrais pour réfuter Holbach !

Ar. Donne-le-moi donc. *(Il le feuillette.)* Il y a de bien

bonnes choses dans ce livre, je ne saurais le nier. Écoute
un peu ce passage :

« La diversité qui se trouve entre les individus de
« l'espèce humaine met entre eux de l'inégalité, et cette
« inégalité fait le soutien de la société. Si tous les
« hommes étaient les mêmes pour les forces du corps et
« pour les talents de l'esprit, ils n'auraient aucun be-
« soin les uns des autres : c'est la diversité de leurs fa-
« cultés et l'inégalité qu'elles mettent entre eux qui
« rendent les mortels nécessaires les uns aux autres ;
« sans cela, ils vivraient isolés. D'où l'on voit que cette
« inégalité, dont souvent nous nous plaignons à tort, ·
« et l'impossibilité où chacun de nous se trouve de tra-
« vailler efficacement tout seul à se conserver et à se
« procurer le bien-être, nous mettent dans l'heureuse
« nécessité de nous associer, de dépendre de nos sem-
« blables, de mériter leurs secours, de les rendre favo-
« rables à nos vues, de les attirer à nous, pour écarter,
« par des efforts communs, ce qui pourrait troubler
« l'ordre dans notre machine... Ainsi la diversité et
« l'inégalité des facultés tant corporelles que men-
« tales, ou intellectuelles, rendent l'homme nécessaire à
« l'homme, le rendent sociable, et lui prouvent évi-
« demment la nécessité de la morale (1). »

Él. Eh bien, tu vois : il n'est pas si terrible. Gœthe
a eu bien tort d'en avoir peur.

Ar. Et qu'aurait-il dit, Holbach, lui qui a écrit cette
belle page, s'il avait vécu pour voir la guillotine fau-
cher les hommes les plus éminents au nom de cette égalité dont il démontre l'impossibilité ?

Él. Mais je crois qu'il aurait flétri comme elle le
mérite cette soif de sang, cette folie meurtrière.

(1) *Système de la nature*, 1ʳᵉ partie, chap. IX.

A_R. Et il ne se serait fait aucun reproche d'avoir, lui, contribué par son livre à toutes ces saturnales? Tu le vois : voilà un athée qui était éminemment conservateur : il voulait la société telle qu'elle était, il aurait reculé d'horreur s'il eût, comme nous, entendu proclamer que « la propriété, c'est le vol. » Mais il avait une idée fixe : détruire Dieu, et dès lors il fut, bien contre sa volonté, un des artisans les plus acharnés de la démolition sociale, à laquelle nous devons quatre révolutions, quatre invasions et la Commune! Car, il n'y a pas d'illusion à se faire, tout cela se tient : sans Dieu, pas de lois, pas de gouvernement, pas de société possible!

É_L. Je crois que tu vas un peu vite en besogne. Moi, par exemple, je ne crois pas en Dieu, mais je ne descends pas dans la rue faire des barricades.

A_R. Évidemment, parce que tu ne pourrais qu'y perdre; mais tu les prépares sans le savoir. Tu es de ces âmes douces qui réclament contre la peine de mort, qui voient une différence entre l'émeutier et l'assassin, qui demandent toujours l'amnistie pour les crimes politiques, et qui prêchent toujours ces trois choses si douces : la liberté, l'égalité et la fraternité; puis, de temps à autre, un petit sarcasme contre Dieu. D'étage en étage, ces jolies maximes finissent par descendre chez les vauriens qui ne veulent pas travailler, qui seraient enchantés de voir les crimes impunis, et qui par conséquent ne demandent pas mieux que de n'avoir pas à craindre Dieu.

É_L. Je te ferai observer, toutefois, pour ne pas sortir de la question, que, dans tous les cas, l'*utilité* de l'idée de Dieu, que je conteste d'ailleurs, n'est pas une preuve de son *existence*.

A_R. C'est vrai, c'est une digression. Feuilletons notre Holbach. Ah! voici un passage charmant. Dis donc, comment l'entends-tu cette discussion que nous allons entamer? Est-ce d'après des hypothèses, ou d'après les faits que nous devons raisonner?

Él. Pour moi, il me faut des faits. Je suis positiviste.

Ar. Comme Auguste Comte? comme Littré?

Él. Précisément.

Ar. Dans ce cas-là, je crains bien que tu ne sois pas fort méticuleux en matière de faits, car jamais je n'ai vu des assertions aussi gratuites que celles qu'ont débitées ces messieurs dans leurs ouvrages.

Él. (*ironiquement*). Vraiment? c'est que tu ne les auras pas compris.

Ar. Toi, plutôt, tu ne les auras pas contrôlés. Mais point de digressions. Je te dirai seulement que, moi, j'adopte la Philosophie absolue.

Él. Connais pas.

Ar. Elle repose sur des faits, rien que sur des faits.

Él. Eh bien alors, c'est du positivisme.

Ar. Avec cette petite différence qu'elle conduit à des conclusions diamétralement opposées.

Él. Alors elle est absurde!

Ar. Si les faits sont absurdes...

Él. Va toujours, nous verrons.

Ar. Voici une page où Holbach répond à la question « d'où l'homme est venu? » Sais-tu ce qu'il répond?

Él. Je ne m'en souviens pas.

Ar. Voici :

« Nous répondrons que l'expérience ne nous met pas
« à portée de résoudre cette question, et qu'elle ne
« peut nous intéresser véritablement : il nous suffit de
« savoir que l'homme existe, et qu'il est constitué de
« manière à produire les effets dont nous le voyons sus-
« ceptible. »

Él. Eh bien, il a raison : ce sont des faits.

AR. Attends :

« Mais, dira-t-on, l'homme a-t-il toujours existé?
« L'espèce humaine a-t-elle été produite de toute éter-
« nité? ou bien n'est-elle qu'une production instantanée
« de la nature? Y a-t-il eu de tout temps des hommes
« semblables à nous, et y en aura-t-il toujours? Y a-t-il
« eu de tout temps des mâles et des femelles? Y a-t-il eu
« un premier homme dont tous les autres sont descendus?
« L'animal a-t-il été antérieur à l'œuf, ou l'œuf a-t-il
« précédé l'animal? Les espèces sans commencement
« seront-elles aussi sans fin? Ces espèces sont-elles indes-
« tructibles, ou passent-elles comme les individus, etc.? »
Sais-tu ce qu'il répond? Voici :

« Il paraît que l'on peut prendre sur toutes ces ques-
« tions, indifférentes au fond de la chose, tel parti que l'on
« voudra (1). »

ÉL. Mais il me semble qu'il a raison : que veux-tu
qu'il réponde?

AR. Comment! voilà un homme qui prend l'engagement de me prouver que Dieu n'existe pas, il me fait une
leçon de physique et de physiologie qui, au bout du
compte, ne me démontre que ce que je savais déjà, c'est-
à-dire qu'il règne dans la nature un ordre admirable;
puis, quand nous arrivons à la question fondamentale,
celle de l'*origine* de toute chose, il me congédie avec une
fin de non-recevoir, en me disant que tout cela « est indifférent au fond de la chose » ? Ah çà, mais voilà un
toupet renversant !

ÉL. Je ne vois pas en vérité de quoi tu te scandalises.
Il a pris l'engagement d'expliquer les phénomènes de la
nature sans se servir de l'hypothèse de Dieu. Il le fait,
et admirablement. Quel intérêt y a-t-il à savoir d'où vient

____

(1) *Syst. de la nat.*, 1re partie, chap. vi.

l'homme, d'où vient le germe, et toutes ces bêtises-là? C'est de la curiosité de bonnes femmes, et voilà tout.

AR. Ah! tu le prends aussi sur ce ton-là? Alors ce n'est pas la peine de discuter. Tu ne vois pas que c'est précisément là le nœud de la question? Peut-être cela te paraît-il indifférent, parce que tu ne sais pas y répondre?

ÉL. Mais il y répond, lui, si je ne me trompe. Fais donc voir. (*Il prend le volume.*) Voici ce qu'il dit, en effet :

« Au défaut de l'expérience, c'est à l'hypothèse à
« fixer une curiosité qui s'élance toujours au delà des
« bornes prescrites à notre esprit. Cela posé, le contem-
« plateur de la nature dira qu'il ne voit aucune contradic-
« tion à supposer que l'espèce humaine, telle qu'elle est
« aujourd'hui, a été produite, soit dans le temps, soit de
« toute éternité ; il n'en voit pas davantage à supposer
« que cette espèce soit arrivée par différents passages ou
« développements successifs à l'état où nous la voyons. La
« matière est éternelle et nécessaire, mais ses combinai-
« sons et ses formes sont passagères et contingentes ; et
« l'homme est-il autre chose que de la matière combinée,
« dont la forme varie à chaque instant (1)? »

Voilà ce qui s'appelle raisonner, ou je ne m'y connais pas. Y vois-tu déjà poindre cette belle théorie de Darwin?...

AR. Que nous sommes des singes perfectionnés? Ma foi, en entendant ce passage, je serais tenté d'y croire. Voyons, toute plaisanterie à part, où sont les FAITS?

ÉL. Les faits? mais...

AR. Tu es positiviste, tu ne veux que des faits. Moi je suis philosophe absolu, je ne demande que des faits. Où sont-ils, les faits? Je ne vois là que des hypothèses.

ÉL. Très-plausibles toujours.

____

(1) *Syst. de la nat.*, 1re partie, chap. VI.

AR. Où sont les faits? Je te mets au pied du mur. Lui qui avoue cent fois dans son livre qu'il n'y a pas d'effet sans cause, il voit l'effet *homme* et il nie qu'il ait une cause?

ÉL. Mais pas du tout !

AR. Si, il le nie : il veut que la nature soit à la fois cause et effet, ce qui est scientifiquement absurde. Et quand on lui demande l'origine des choses, ce qui est le vrai problème, il hausse les épaules et nous traite de curieux indiscrets. C'est extrêmement commode, je l'avoue. Hé, crois-tu qu'une fois le point de départ donné, je me trouverais embarrassé à tout démontrer comme lui? C'est le point de départ que je veux ; et comme il ne peut me le donner autrement qu'en m'accordant Dieu, il me laisse nonchalamment la liberté de choisir moi-même telle hypothèse que je voudrai, hormis celle-là ! Evidemment, là où les faits s'arrêtent, notre savoir s'arrête aussi ; mais alors on avoue son ignorance, et l'on ne bâtit pas des échafaudages sur le vide. L'origine de toute chose, c'est là où je l'attends, mais il n'a garde d'y répondre.

ÉL. Dans tous les cas, ton hypothèse de Dieu est aussi difficile à comprendre que les effets sans cause.

AR. Ce serait alors partie remise, dis-tu? Je ne me contente pas de si peu ; mais c'est un aveu dont je prends acte. Mais revenons à d'Holbach. Dans le passage que tu viens de lire, il est dit que la matière est *éternelle* et *nécessaire*. Où prend-il cela?

ÉL. Mais du moment que je ne puis la détruire?

AR. Toi, je le veux bien ; mais sais-tu positivement, toi positiviste, que tu es au sommet, et qu'il n'y a personne au-dessus de toi?

ÉL. Je m'arrête aux faits : je ne puis pas détruire la matière, c'est un fait; je ne vois rien au delà.

Ar. Il y a pourtant un autre fait : tu ne sais pas faire une feuille ni un insecte, par exemple ; et cependant les voilà, et il n'y a pas d'effet sans cause.

Él. La cause, c'est la plante, c'est l'œuf.

Ar. Et la cause de la plante, de l'œuf?

Él. Eh bien, c'est le germe.

Ar. Et la cause du germe?

Él. Ah ! va te promener !

Ar. (*souriant*). Toujours l'origine ; je suis indiscret, n'est-ce pas? Et : « la matière est *nécessaire :* » où prend-il cela? C'est une pure assertion : tu ne peux pas la prouver.

Él. J'en suis convaincu toujours.

Ar. Cela ne prouve rien. Ailleurs, notre auteur, en parlant du mouvement, demande d'où la nature a reçu son mouvement, et il vous répond que c'est d'elle-même (1). Voilà encore l'effet qui est sa propre cause : « la matière se meut par sa propre énergie. » Demandez-lui-en la preuve, il n'en donne pas, et pour cause.

Él. Et pourquoi cela ne serait-il pas?

Ar. Démontre-moi que cela est : *Affirmanti incumbit onus probandi, non neganti.* C'est la même histoire que l'origine du germe : tu ne peux pas la prouver. Voici maintenant une bourde colossale de ton d'Holbach. Ecoute :

« On nous dira sans doute que la nature renfermant et
« produisant des êtres intelligents, ou doit être intelli-
« gente elle-même, ou doit être gouvernée par une cause
« intelligente. Nous répondrons que l'intelligence est une
« faculté propre à des êtres organisés, c'est-à-dire cons-
« titués et combinés d'une manière déterminée... Nous
« ne pouvons appeler la nature *intelligente* à la manière

____
(1) 1re partie, chap. ii.

« de quelqu'un des êtres qu'elle renferme, mais elle
« peut produire des êtres intelligents (1). »

Él. Eh bien?

Ar. Conçois-tu la nature donnant, de l'aveu de l'auteur, une chose qu'elle n'a pas? Conçois-tu, toi chimiste, que l'acide sulfurique puisse donner de l'azote qu'il n'a pas?

Él. Voilà, par exemple, une manière un peu matérielle d'envisager la chose.

Ar. Puisque tout est matière, mon ami, n'est-ce pas? (*Il feuillette.*) Ici encore, après avoir voulu démontrer que, lorsqu'un homme a commis un crime, il n'a fait que céder à une nécessité, mais qu'on n'en a pas moins le droit de le punir, bien qu'il ne soit pas libre (sophisme monstrueux), il arrive à dire ceci : que la loi doit montrer aux crimes nécessaires des hommes toute l'indulgence compatible avec la conservation de la société (2). Dis donc : si nous ne sommes que chair et os, des machines inconscientes, quoi? je ne vois absolument pas pourquoi nous nous gênerions en fait de punition, — et *punition* n'est même pas le mot, — de *revanche*, si tu veux. Est-ce que nous hésitons, par exemple, à tuer un bœuf ou un poulet, qui pourtant ne nous ont rien fait?

Él. Voudrais-tu comparer ces bêtes à l'homme, voyons ?

Ar. Et pourquoi pas?

Él. Il me semble que sa dignité comme être intelligent...

Ar. (*se levant avec animation*). Ah çà ! tu perds donc la boussole? Ne sommes-nous pas partis de l'hypothèse qu'il n'y a ni Dieu ni âmes? que nous ne sommes que matière?

----

(1) *Syst. de la nat.*, 1re partie, chap. v.
(2) 1re partie, chap. xii.

ÉL. Matière intelligente !

AR. *Inintelligente*, monsieur ! inconsciente ! C'est ton auteur qui le dit : « Toutes les actions de l'homme sont nécessaires, » et les crimes sont nécessaires aussi, nous venons de le voir. Non, non, nous ne sommes que chair et os, tout comme le bœuf et le poulet, et dès lors la loi, ou n'importe qui, est en droit de tuer le monsieur qui a commis un crime nécessaire. De l'indulgence pour la matière? pour ce qui n'est que muscles et tendons ? Allons donc ! L'anthropophagie elle-même est permise, car, bœuf, poulet ou homme, n'est-ce pas la même chose?

ÉL. (*avec dépit*). Tu exagères.

AR. Voilà un monsieur qui a tué mon frère ou ma sœur ; mais c'était une nécessité chez lui ; il a ce travers-là, le pauvre homme ! Soyons indulgents ! Encore un peu, nous le prierons à genoux de nous assassiner aussi.

ÉL. Du reste, mon cher, notre d'Holbach est un peu vieux. La science a marché depuis, nous savons par exemple maintenant par la géologie ce qu'il ne savait pas : c'est qu'il y a des espèces éteintes et que l'homme a paru sur la terre longtemps après la formation de celle-ci. Holbach l'a un peu prévu, mais il ne le savait pas. Si tu veux revenir demain, je te ferai voir, dans l'ordre physiologique surtout, des choses qui peut-être ébranleront ta conviction.

AR. A la bonne heure ; je serai enchanté de voir les progrès dont tu me parles. Mais au moins tu en conviendras, ton prophète d'Holbach est farci de contradictions.

ÉL. Nous verrons cela demain.

AR. A demain donc!

ÉL. Adieu, à demain.

CHAPITRE XXVIII

Deuxième dialogue. — Physiologie et Dieu.

(Même endroit. Sur la table, des microscopes et appareils divers.)

Él. Je viens de te faire voir, mon cher, la cellule albuminoïde sous sa forme la plus élémentaire; tu l'as vue se propager par bourgeonnement, par fissiparité. Voilà le commencement de toute chose vivante. Chez les plantes, ces cellules se trouvent rangées les unes à côté des autres, ou bien en masses, pour constituer ces formes plus ou moins élémentaires que nous voyons flotter ou nager dans les eaux stagnantes. C'est aussi le cas des algues. Dans le champignon, la cellule donne naissance aux spores; dans les organismes plus élevés enfin, où se rencontrent des radicelles, des feuilles et des fleurs, nous assistons, le microscope à la main, à la conception et au développement de la graine qui produira un jour une plante pareille. C'est toujours la fécondation de la cellule primaire. Dans le règne animal, c'est encore la même chose; seulement la cellule élémentaire, lorsqu'elle est fécondée, s'appelle un œuf. Toujours albuminoïde, la cellule renferme un noyau dont il est impossible, même avec le microscope, de reconnaître la nature avant un certain temps nécessaire au développement. Toujours est-il qu'on voit les cellules s'agrandir et se multiplier continuellement, jusqu'à ce que l'ensemble ait pris une forme reconnaissable, particulière à quelqu'un de ces êtres qui nous environnent.

Ar. C'est merveilleux en effet, mais jusqu'ici ce n'est pas nouveau pour moi. Je t'ai écouté attentivement, et sans t'interrompre, parce que j'espérais toujours que tu finirais par me montrer d'où est venue la première cellule.

Él. Oh! ça... je te demanderai alors d'où vient la matière? Elle est éternelle, et douée de certaines forces qui l'obligent à se grouper de façon à produire des formes données.

Ar. Hum! alors tu admets l'éternité?

Él. Pour la matière, oui.

Ar. Tu sais que c'est un des attributs dont, selon nous, Dieu est investi.

Él. Oh! je n'en suis pas gêné.

Ar. Tu n'admets pas la création.

Él. Non, parce que la création supposerait un néant antérieur; or : *Ex nihilo nihil fit.*

Ar. C'est vrai pour toi, c'est vrai pour moi; mais s'il y avait quelqu'un de plus fort que nous?

Él. Je ne l'admets pas, car s'il existait un Créateur, il faudrait qu'il fût libre; or, il ne le serait pas, puisqu'il serait forcé de se soumettre à de certaines lois immuables.

Ar. Ah! explique-moi donc cela.

Él. C'est facile. Tu admets bien qu'il y a dans la nature deux forces contraires, l'une appelée *attraction,* l'autre *répulsion?*

Ar. Accepté.

Él. Ces deux forces sont *nécessaires*, entends-tu? *nécessaires*. Dans la création, on ne saurait s'en passer.

Car, s'il n'y avait ni l'une ni l'autre, la matière resterait immobile, elle ne se grouperait pas; ce serait un chaos d'éléments disjoints et divers, sans forme ni ordre. Or, cela n'est pas.

S'il n'y avait que l'attraction seule, tous ces éléments se réuniraient en une masse informe et impénétrable. Ceci n'est pas non plus.

S'il n'existait que la répulsion seule, tous ces éléments s'éparpilleraient dans l'espace, se fuyant les uns les autres, sans pouvoir jamais se réunir. Or, ce n'est pas là ce que nous voyons.

Donc, l'attraction et la répulsion existent, et se manifestent sous les différentes formes de cohésion, d'affinité et de ce que nous appelons magnétisme, gravitation universelle.

Dès lors, ton Créateur ne saurait se passer de ces deux forces, qui donnent à la matière, sans lui, toutes les formes que nous voyons : par conséquent, ce n'est pas la peine qu'il existe.

Ar. C'est très-bien. Passe-moi donc la plume et l'encre : je vais verbaliser.

Él. Voilà, je ne demande pas mieux.

Ar. Maintenant, permets-moi de te faire deviner une matière à laquelle je pense dans ce moment-ci.

Él. Hum! c'est un peu vague. Tu me diras au moins si elle est solide, liquide ou gazeuse?

Ar. Solide.

Él. Et la couleur?

Ar. Rouge. Figure-toi de l'avoir entre les mains.

Él. Je lui donnerai d'abord un coup de marteau, pour voir sa cassure.

Ar. Elle n'est pas cassante ; le marteau l'aplatira plus ou moins.

Él. Serait-ce un corps mou?

Ar. Assez dur au contraire.

Él. Alors cela doit être dans les métaux. J'emploierai la lime....

Ar. Elle s'empâte.

Él. C'est probablement du cuivre. Je prends de l'acide azotique...

Ar. Il s'en dégagera des vapeurs rutilantes.

ÉL. C'est du deutoxyde d'azote, alors. Décidément, j'ai affaire à du cuivre.

AR. Peut-être. L'azotate que tu as fait est bleu.

ÉL. C'est cela. Je me décide à fondre la matière.

AR. Elle fondra à la chaleur rouge.

ÉL. C'est du cuivre. Je retire du bain une goutte de métal, elle se solidifie ; je lui donne un coup de marteau, elle ne se gerce pas. Je coule en lingot : il se forge à froid. J'essaye l'ammoniaque, je fais des sels, enfin toutes les opérations que je tente me confirment dans la pensée que ce métal est du cuivre.

AR. J'accepte toutes ces opérations et les résultats que tu me dis. Mais il te reste encore, ce me semble, quelque chose à faire. As-tu déterminé le poids spécifique de ce métal?

ÉL. Il est entre 8 et 9.

AR. Pardon, il n'est que de 2.

ÉL. Deux ?

AR. Deux.

ÉL. Eh ! alors ce n'est pas du cuivre !

AR. Cela t'a pourtant donné tous les composés du cuivre ; tu les a analysés, tu les a essayés de toutes les façons, et tu t'es avoué que c'est du cuivre.

ÉL. Mais une densité de 2, tu comprends ! ce n'est même pas du soufre !

AR. Alors, bien que tous les autres caractères existent, le seul fait d'une densité qui n'est pas celle du cuivre te suffit pour rejeter l'idée que ce soit du cuivre ?

ÉL. Comment veux-tu qu'il en soit autrement? Il n'est pas à ma connaissance qu'un corps pareil existe ; si tu veux m'en apporter, je serai enchanté de garder cette *rara avis* dans mon laboratoire...

AR. Alors, plaisanterie à part, pour toi ce n'est pas du cuivre, et pourquoi ?

Él. Parce qu'il lui manque une qualité essentielle.

Ar. Si c'est là ton raisonnement, tu devras pareillement admettre que, Dieu étant donné, il ne serait pas Dieu s'il lui manquait un attribut essentiel?

Él. Je ne sais pas trop où tu veux en venir; mais Dieu étant donné, je n'ai aucune difficulté à reconnaître qu'il doit avoir tous ses attributs.

Ar. Dieu, privé même d'un seul de ses attributs, c'est le cuivre sans sa densité?

Él. D'accord.

Ar. Seulement, il faut que tous ces attributs soient légitimes. Si je te disais que le cuivre doit fondre dans l'eau bouillante, tu me répondrais que ce n'est pas là le caractère du cuivre?

Él. Evidemment.

Ar. Eh bien, alors, examinons quels doivent être légitimement les attributs de Dieu. Doit-il être ÉTERNEL? Cela est-il bien nécessaire? Ne pourrait-il pas être sujet à la mort?

Él. (*réfléchissant*). Cela me paraît inadmissible, car alors il pourrait y avoir un monde sans Dieu, ce qui est contre l'hypothèse.

Ar. Effectivement. Donc, un de ses attributs essentiels, c'est l'ÉTERNITÉ. Il n'y a pas à revenir là-dessus, n'est-ce pas?

Él. Non certainement.

Ar. Est-il OMNISCIENT? Peut-il arriver quelque chose sans qu'il le sache?

Él. Puisque, par hypothèse, il doit être le régulateur, le gouverneur de l'Univers, il faut qu'il sache tout; autrement, il n'aurait pas le moyen de remplir ses fonctions.

Ar. Par la même raison il lui faut une SAGESSE INFINIE: il doit être *summe sapiens*. Peut-il s'en passer?

Él. Du moment que tu en fais l'Intelligence universelle, il faut bien lui accorder cela. C'est un attribut nécessaire au système.

Ar. Est-il PARTOUT?

Él. L'omniprésence est également une condition essentielle à l'Être que tu supposes, car, s'il n'était pas partout, il y aurait des endroits où il ne pourrait pas agir, ce qui serait contre l'hypothèse.

Ar. Est-il IMMUABLE ?

Él. Autrement il serait capricieux; l'hypothèse s'y oppose.

Ar. C'est entendu. Maintenant, est-il *tout-puissant?*

Él. Aussi.

Ar. Eh bien, non!

Él. (*surpris*). Comment !

Ar. Non, il n'est pas *tout-puissant*. C'est un attribut qui lui a été donné par irréflexion, par ignorance, ou plutôt parce qu'on ne s'est pas rendu compte du sens de ce mot.

Él. Je tombe des nues. Toi, tu nies la toute-puissance de Dieu? Alors, à quoi bon?

Ar. Il est TRÈS-PUISSANT, il n'est pas *tout-puissant*. Car, par exemple, son *éternité* étant donnée, il ne peut pas se suicider.

Él. Ah!

Ar. Mieux encore: il ne peut pas renoncer à un seul des autres attributs que nous lui avons reconnus. Car, du moment qu'il s'en serait dépouillé, il ne serait plus Dieu. Les attributs d'éternité, d'omniscience, de suprême sagesse, d'ubiquité et d'immutabilité lui sont aussi inséparablement inhérents que l'est au cuivre sa densité naturelle.

Él. Tu crois?

Ar. Tu en es convenu toi-même : j'ai tes réponses

par écrit. Tu m'aurais même, toi, accordé la toute-puissance ; c'est moi qui n'en veux pas. C'est là l'unique point où d'Holbach aurait eu raison, s'il n'avait dit, au pluriel, que *les attributs* de Dieu sont en contradiction *les uns* avec *les autres* (1). Un seul de ces attributs, la toute-puissance, est en contradiction avec les cinq autres ; c'est que l'impossibilité où il se trouve de ne pas être *éternel, omniscient, infiniment sage, omniprésent* et *immuable* oppose une limite infranchissable à sa *toute-puissance.*

ÉL. Eh bien, je n'aurais jamais cru qu'un déiste voulût nier la toute-puissance de son Dieu.

AR. C'est une fatale erreur dans laquelle on est tombé que de donner à Dieu cet attribut incompatible avec les autres qualités que nous venons d'énumérer ; et l'entêtement des théologiens d'y tenir n'a pas peu contribué à jeter du discrédit sur la religion. Réfléchis-y bien : les cinq attributs auxquels j'adhère, loin de s'entre-détruire, comme le prétend d'Holbach, se *complètent* les uns les autres : ils font un tout, *solide, inattaquable,* et si fortement amalgamé, qu'aucun de ses termes ne saurait se séparer des autres sans faire crouler tout l'édifice. Tu as toi-même donné d'excellentes raisons pour démontrer qu'aucun de ces attributs ne peut manquer au Dieu que je substitue à ton matérialisme.

ÉL. (*ironiquement*). Reste toujours à prouver que ton Dieu existe.

AR. Une chose à la fois ; il faut d'abord que je détruise ton argument de l'attraction et de la répulsion. En attendant, ma formule est celle-ci : *Dieu est tout-puissant en toute chose non contraire aux cinq attributs de* l'ÉTERNITÉ, *de* l'OMNISCIENCE, *de la* SAGESSE INFINIE, *de* l'UBIQUITÉ *et de* l'IMMUTABILITÉ.

______

(1) *Syst. de la nat.*, 2ᵉ partie, ch. III, et *passim*.

Et comme il peut m'arriver d'avoir souvent besoin de cette formule, je l'appellerai LE PRINCIPE DES CINQ ATTRIBUTS.

ÉL. Tu oublies la *justice*, la *bonté*, la *miséricorde*. Je ne suis pas très-ferré sur la théologie, mais je crois que vous autres, vous accordez cela à votre Dieu.

AR. Ces trois attributs-là sont compris dans la sagesse infinie. Je maintiens ma formule. Arrivons maintenant à ton grand argument. Tu dis que puisque Dieu ne pourrait pas créer de la matière non douée d'attraction et de répulsion, forces indispensables, il se trouverait là en présence d'une impossibilité, que sa puissance divine serait incapable de surmonter?

ÉL. Précisément.

AR. Et que dès lors on peut se passer de lui?

ÉL. Effectivement.

AR. Tu invites Dieu à faire de la matière n'ayant ni attraction ni répulsion, et, au cas où il ne le pourrait pas, tu te moquerais de lui?

ÉL. Absolument.

AR. C'est un défi?

ÉL. Comme tu vois.

AR. Descendons un peu du Pégase scientifique, et représentons l'attraction par quelque chose qui colle : cela te va-t-il?

ÉL. (*riant*). Je n'y vois pas d'inconvénient.

AR. Alors la répulsion, ce sera quelque chose qui ne colle pas, le sable par exemple?

ÉL. Soit : ça va être drôle.

AR. Maintenant, si je te demandais de me coller ensemble ces deux feuillets de papier, comment t'y prendrais-tu?

ÉL. Je prendrais de la colle.

AR. Et si je t'engageais à les coller avec du sable?

Él. Je te rirais au nez.

Ar. Et pourquoi me rirais-tu au nez?

Él. Parce que ce serait absurde.

Ar. Eh bien alors, quand tu demandes à Dieu d'établir de la cohésion entre deux matières qui ont de la répulsion l'une pour l'autre, c'est absurde aussi, n'est-ce pas?

Él. Mais puisque Dieu est tout-puissant...

Ar. Il est infiniment sage, donc il ne peut pas commettre une absurdité.

Él. (*vexé*). C'est une fin de non-recevoir.

Ar. C'est si peu une fin de non-recevoir, que c'est moi qui ne te lâche pas : à mon tour le défi. Tu me prouves fort bien que sans attraction et sans répulsion rien ne marcherait, que la cohésion serait un mythe, que l'affinité n'existerait pas, que les corps célestes ne sauraient bouger, qu'enfin le mouvement moléculaire serait nul, que dès lors il y aurait atonie partout, et que le groupement des atomes moyennant lequel on voit se former plantes et animaux, ainsi que le monde inorganique, n'aurait pas lieu...

Él. (*vivement*). C'est bien ça!

Ar. Et maintenant, en t'adressant à Dieu, tu lui dis : « Dieu, puisqu'on prétend que tu es tout-puissant, je vais te mettre à l'épreuve : je veux que tu me fasses tout ce monde que je vois, mais par des moyens contraires à ceux que le sens commun indique : ainsi, tu me feras du mouvement en clouant toutes les choses à leur place ; tu me feras de la stabilité sur une mer agitée ; tu mouilleras avec ce qui est sec, et tu allumeras le feu avec de la glace ; tu feras en sorte que les animaux soient le fruit des arbres, et que les arbres sortent du sein des animaux. Et si tu ne peux pas faire tout cela, je te déclare que tu n'es pas Dieu et que je puis me passer de toi. »

Él. (*riant*). C'est absolument ce que je lui dirais.

Ar. (*se levant et se promenant les mains derrière le dos*). Alors, si Dieu te faisait l'honneur de te répondre, il te dirait : « Mon fils, puisque tu peux te passer de moi, apparemment tu sais faire toutes ces choses-là toi-même. Quant à moi, je ne le puis pas, parce que ce sont des absurdités, contraires à ma sagesse infinie, qualité qui fait tellement partie de mon essence, que je ne puis pas, même pour un instant, m'en séparer. Et puis à quoi bon? Ce que tu demandes guérirait-il le monde de ses folies? Cela l'engagerait-il à consulter les faits avant d'établir des principes? à préférer une sagesse fructueuse à cette chose stérile qu'on appelle *de l'esprit?* à ne jamais oublier les leçons si dures de l'expérience? à regarder les révolutions comme des crimes? à en punir les auteurs, au lieu de les exalter? à se laisser gouverner par d'honnêtes gens? à ne pas écouter les charlatans, les brouillons et les bavards? Cela pourrait sembler mériter que je chauffasse ton poêle avec de la glace.

« Mais tout d'abord la sagesse me dit qu'un tel miracle serait indigne de ma majesté, et que j'ai de meilleurs moyens entre les mains, lesquels, employés à propos, à l'époque où la sagesse me dira qu'ils atteindront le but, produiront un effet durable et salutaire; et ensuite cette même sagesse me fait voir que pour convertir tout simplement un petit-maître en science comme toi, ce n'est vraiment pas la peine que je me mette en frais de miracles. Car la sagesse veut que toute action soit proportionnée au but, et il serait ridicule de prendre la massue d'Hercule pour tuer une mouche. Or, que me demandes-tu? De prendre des moyens contraires au but à atteindre, et cela seulement pour satisfaire un de tes caprices. Mais alors j'aurais à obéir aux caprices de tout le monde! Ce serait un joli désordre! Et tu voudrais que je le fisse, moi qui suis la perfection de l'ordre? Tu le vois, mon fils, tu radotes. Sache une bonne fois que je ne suis tout-puissant qu'à la condition d'être la suprême sagesse. Si je cessais d'être sage, je n'aurais plus de raison d'être. Va, mon enfant : quand ta prétendue science t'aura révélé tous les mille secrets devant lesquels tu t'arrêtes interdit, et que tu t'avoues à toi-même de ne jamais pouvoir sonder, alors tu auras le droit de venir me dire que tu peux te passer de moi. »

Él. (*irrité*). Tous les théologiens disent que Dieu est tout-puissant : si tu changes les conditions du problème...

Ar. Si le problème a été mal posé, ce n'est pas ma faute : je le rétablis tel qu'il doit être. Ah ! cela te vexe ? Je conçois cela. Tu t'étais déjà préparé à défiler tout un chapelet d'axiomes de mathématique et de physique, comme des choses en dehors de la puissance de Dieu, n'est-ce pas? Elle est connue cette rengaîne-là, va! Te voilà maté, mon ami !

Él. Oh ! si tu espères que je me rende si vite, tu te trompes. Il te plaît de nier la toute-puissance de Dieu, libre à toi : seulement je me demande alors comment tu te tireras d'affaire quand nous serons sur le chapitre des miracles et des traditions, où la toute-puissance de Dieu joue le rôle principal?

Ar. Halte là ! C'est sortir de la question. C'est parce que l'on a toujours voulu mettre en cause la *foi* avec la simple question de l'*existence de Dieu*, qu'on a fait ce labyrinthe inextricable d'où est sorti l'athéisme. De la crainte de l'inconnu et de notre impuissance à expliquer les secrets de la nature, est sortie la *connaissance de Dieu;* de celle-ci est sortie la *foi*, qui prend chez différents individus des formes diverses. Les idolâtres partagent entre plusieurs les pouvoirs d'un seul Dieu: bonne ou mauvaise, c'est là une forme de la foi ; les Juifs, Chrétiens, Mahométans, Bouddhistes croient tous à un seul Dieu, mais la *foi* est différente dans chacune de ces religions. Heureux l'homme qui en a une, car, quelle qu'elle soit, elle lui donne l'*espérance*, la *force* de supporter ses maux, la *sympathie* pour ceux d'autrui. Mais la foi n'existe que chez ceux qui reconnaissent un Dieu : toi, tu le nies, ce Dieu; il est donc inutile de faire entrer dans notre discussion la foi, car elle ne se discute pas. Elle est une conviction intime qui porte le bonheur et la consolation à celui qui la possède, mais elle ne se prête pas aux démonstrations. Je crois que tu es mon ami, mais je serais fort embarrassé pour démontrer cette croyance par A+B. Restons dans la question. Lorsque nous avons commencé cet entretien, tu n'as pas touché aux articles de foi : tu as tout de suite nié l'existence de Dieu. Je m'en tiens là. Si les arguments d'Holbach paraissent si séduisants, c'est qu'il a su les affubler d'une quantité d'injures et de sarcasmes contre les prêtres et les autels. Donne-toi la peine un jour d'en effacer tous les passages de ce genre, qui sont à côté de la question, et tu verras ce qui en reste : fort peu de chose, que j'ai déjà réfuté ici devant toi.

ÉL. Eh bien, même en me mettant sur ton terrain, je ne vois pas que tu m'aies le moins du monde démontré l'existence de Dieu. Nous avons fait un Dieu hypothétique, muni de cinq attributs essentiels, et d'un sixième, que tu déclares subordonné aux autres, mais cela ne prouve nullement qu'il existe.

AR. J'avoue que jusqu'ici je ne t'ai prouvé que la *possibilité* de son existence, possibilité que tu prétends encore nier, malgré l'évidence; mais toi, as-tu pu me prouver qu'il n'existe pas ? Pas le moins du monde.

Ne l'oublie pas :

Tu n'as pas su me dire d'où vient la première cellule, et tu t'es réfugié dans l'hypothèse d'une matière faisant tout parfaitement bien sans intelligence, contradiction flagrante.

Moi, en admettant Dieu, je me sens parfaitement à mon aise pour expliquer l'origine de la cellule ; dès lors, je renverse ta théorie de l'*inutilité* d'un Dieu, et j'ai établi la *possibilité* de son existence.

Le reste à demain.

ÉL. Il y a au moins une chose que tu n'as pas faite, c'est de me convaincre ; je n'ai pas pu, il est vrai, te dire d'où vient la première cellule ; mais, d'autre part, tu t'es servi d'un argument que tout théologien repousserait : celui de refuser à Dieu la toute-puissance.

AR. Tu te trompes : cette proposition est implicitement contenue dans beaucoup d'arguments des meilleurs théologiens. Ainsi, Bossuet fait un syllogisme établissant que *Dieu hait le péché*. Aussitôt après, il en fait un autre pour prouver que Dieu ne change jamais ses résolutions (1). Il en résulte implicitement que si Dieu hait le péché aujourd'hui, il faut qu'il l'ait haï de toute éternité, et qu'il le haïsse à l'avenir : il NE PEUT PAS l'aimer. Tu vois donc que, même d'après Bossuet, il n'*est pas tout-puissant* en ce qui concerne *le principe des cinq attributs*. Eh bien, cela suffit à mon argumentation.

EL. En attendant, tu avoues que, quant à présent, Dieu n'est encore qu'une hypothèse ?

AR. D'accord ; mais tu avoues que l'*éternité* existe ?

ÉL. Pour la matière.

AR. C'est bien, nous verrons demain si elle appartient à Dieu ou à la matière. Adieu !

ÉL. Au revoir, à demain !

____
(1) *Connaissance de Dieu et de soi-même,* chap. I, § 13.

CHAPITRE XXIX

Troisième dialogue. — Géologie,

ELEUTHÈRE. Mon bon ami, lorsque, hier, je n'ai pas su répondre à ta question du premier germe, j'étais frappé de cécité, d'aliénation mentale.

AR. Vraiment? Et tu en es guéri aujourd'hui?

ÉL. Radicalement : je vais t'en donner la preuve.

AR. Je t'écoute avec empressement.

ÉL. Voyons d'abord, car il faut commencer par le commencement, quelques-unes des opinions de nos cher: cheurs les plus illustres.

AR. Des opinions? Et pourquoi pas des faits?

ÉL. Opinions fondées sur des faits. Tu acceptes cela, n'est-ce pas ?

AR. C'est selon. Les faits probants se passent d'opinions.

ÉL. Enfin, écoute-les toujours. Cela n'engage à rien.

AR. Ecoutons.

ÉL. Je te citerai, pour commencer, feu Bronn, professeur à Heidelberg.

AR. Celui qui a dit que la théorie darwinienne renfermait la clef de l'origine des espèces, mais qu'il lui manquait encore certains jeux pour pouvoir ouvrir la serrure ?

ÉL. Oui, oui, il a dit cela; mais il n'en a pas moins exprimé son admiration pour cette théorie. Il a dit qu'elle était l'œuf fécondé d'où devait sortir la vérité, la larve destinée à produire l'insecte parfait.

AR. Ce serait déjà quelque chose.

ÉL. Il est vrai qu'il admettait encore en 1857, dans

son traité des *Lois du développement du monde organique*, une force créatrice; mais il ajoutait aussitôt que cette hypothèse se trouvait en opposition formelle avec toute la marche, toutes les opérations de la nature.

Ar. Singulière manière d'admettre une hypothèse.

Él. Il n'avait pas tort, va ! Car, ce qui l'a frappé surtout dans ses recherches paléontologiques, c'est cette tendance incontestable, qui ne se dément jamais dans toute la série de nos couches terrestres, cette tendance constante, dis-je, qu'a la nature à toujours perfectionner les formes ; de telle sorte que les races éteintes sont toujours inférieures aux suivantes, sans toutefois jamais s'écarter de cette loi de parenté que l'on constate partout entre le monde passé et le présent. Dès lors, la force créatrice n'a jamais pu enfreindre, même dans le courant de milliers de siècles, certaines règles, certaines lois, dont on reconnaît partout l'existence. Puisque donc, en supposant un Créateur, celui-ci a toujours obéi à ces lois (ce qui est un *fait*, entends-tu, toi qui ne veux que des *faits*), il est rationnel de conclure qu'il n'a pas pu s'en affranchir, qu'il ne jouissait donc pas de sa liberté, et que dès lors ce Créateur, s'il existe, n'est qu'une machine inintelligente, et par conséquent un rouage inutile, puisque la nature, inintelligente elle-même, se suffit à elle seule.

Ar. (*ironiquement*). Me voilà désarçonné !

El. Et Bronn en conclut fort sensément que tous les mouvements qu'on constate dans le monde organique sont assujettis à une seule grande loi qui suffit à expliquer tous les phénomènes organiques : loi de développement et de propagation, régissant le monde vivant actuel, comme elle en a déterminé la naissance et tout le développement géologique.

Ar. Est-ce tout ?

Él. Pour le moment.

Ar. Il y a donc toujours eu progrès?

Él. Les organismes se sont toujours perfectionnés.

Ar. Prenons l'ichthyosaure; en quoi trouves-tu que ce poisson reptile fût plus parfait que notre phoque, par exemple?

Él. (*hésite*).

Ar. Mangeait-il?

Él. Évidemment.

Ar. Procréait-il?

Él. Je m'en doute.

Ar. Y voyait-il?

Él. Il avait des yeux énormes.

Ar. Son squelette présente-t-il, en le comparant aux êtres analogues de nos jours, quelque imperfection de nature à nous faire supposer que son appareil viscéral fut inférieur au leur?

Él. Pas, que je sache.

Ar. Eh bien, en quoi alors était-il au-dessous de n'importe quel animal marin de nos jours? Même question pour le plésiosaure.

Él. Les formes sont laides, les mouvements devaient être lourds.....

Ar. Tu radotes. Ces animaux, et tous les autres que nous révèle la géologie, n'étaient pas plus laids que les nôtres, car la laideur dépend d'un idéal. Si nous étions toujours entourés de ces animaux-là, nous les trouverions beaux. Leurs mouvements étaient conformes à leurs besoins ; leur état physiologique ne laissait, dans la limite de leurs espèces, rien à désirer. Ce perfectionnement progressif, je ne le vois pas. Je pourrais même te citer tel animal mieux conformé que ceux d'aujourd'hui : le ptérodactyle par exemple, à la fois oiseau, chauve-souris et reptile.

Él. Et l'homme donc? N'est-il pas supérieur à tous ces organismes qui l'ont précédé ?

Ar. Tu feras bien de ne pas me citer l'homme ; car s'il y avait quelque chose qui, plus qu'une autre, pouvait démontrer l'existence d'un Créateur, c'est justement lui. Du reste, nous devrons forcément y revenir. Eh bien, ce cher M. Bronn, qui nous parle d'une *force créatrice*, d'une *loi* unique.... mais tout cela, c'est justement ce que nous appelons Dieu !

Él. Oui, mais pas un Dieu immatériel comme le tien, ayant des attributs absurdes...

Ar. Tu as reconnu toi-même que, dans l'hypothèse d'un Dieu *immatériel*, ils ne sont pas absurdes. Tout au plus la question pourrait-elle se restreindre à ceci : y a-t-il quoi que ce soit d'immatériel ? Eh bien, là-dessus ta néga-tion n'a guère plus de poids que mon affirmation. Il y a équilibre, — quant à présent au moins. Nous y revien-drons.

Él. Veux-tu savoir ce qu'a dit le professeur Ch.-A. Zittel, de Munich, dans une leçon toute récente? « Si certains philosophes veulent nous faire accroire que tous les êtres sont sortis parfaits de la main du Créateur et qu'ils n'ont dégénéré que peu à peu par le péché, le naturaliste doit formellement s'opposer à une pareille manière de voir (1). » Ce professeur, d'ailleurs, est un des disciples les plus convaincus du progrès perpé-tuel.

Ar. Je la connais cette leçon, où il a la franchise de proposer lui-même une objection fatale à sa théorie. Si ce progrès existe, dit-il, pourquoi, à côté des plantes et des animaux de la plus haute organisation, en trouvons-nous des millions d'autres qui vivent encore tout à fait au bas de l'échelle ? Et sais-tu comment il y répond?

____

(1) Leçon du 3 mai 1873.

ÉL. Mais certainement, sa réponse est même excellente : Ou il faut admettre qu'il se forme encore de nos jours de ces organismes inférieurs...

AR. Tout seuls ?

ÉL. Tout seuls ; ou bien il faut nous résoudre à voir dans ces êtres imparfaits les derniers rejetons d'une famille précédente encore moins développée.

AR. Des hypothèses alors ?

ÉL. (*haussant les épaules*). Faute de mieux...

AR. Mais des hypothèses, je t'en apporte autant que tu voudras. Où sont les faits ? Moi, philosophe absolu, je veux des FAITS ; toi, positiviste, tu veux des FAITS, — ton école s'en vante du moins.

ÉL. Nous en trouverons un jour... la science marche...

AR. A reculons. Ton professeur Zittel s'est fourré dans la tête qu'il y a toujours progrès *vers la perfection*, il le dit expressément. Or, tout d'un coup il se trouve en présence d'une difficulté inexplicable; alors, au lieu de courber la tête et d'avouer qu'il est à la fin de son rouleau, il imagine des hypothèses. Et voilà la science ! Or, l'idée de la perfectibilité progressive dans la nature est radicalement fausse. Le polype d'aujourd'hui n'est pas mieux constitué que celui d'autrefois ; le saurien d'il y a dix mille ans était aussi bien conformé pour ses besoins et pour le milieu où il vivait que les nôtres, et ainsi de suite. Qu'entends-tu par une organisation plus élevée? En quoi l'insecte le plus infime est-il moins merveilleusement organisé pour son état que l'homme? Ces petits vaisseaux capillaires qu'il a sont-ils moins étonnants que nos artères ?

ÉL. Et nos facultés intellectuelles donc ?

AR. Ah ! effectivement : que tu es aimable de me les rappeler toi-même ! Explique-moi donc ça : tu analyses le corps humain et celui des insectes ou d'autres animaux ; tu trouves chimiquement les mêmes substances. Et pourtant l'intelligence n'appartient qu'au premier. Comment cela se fait-il ? L'intelligence ne dépend donc pas de la matière ?

Él. (*contrarié*). Si, si, pardon... mais nous n'en sommes pas encore là. Laisse-moi te parler des dernières publications d'Ernest·Hæckel.

Ar. Va toujours, j'écoute volontiers.

Él. Dans son *Histoire de la création naturelle* (1), ce zoologue distingué a émis des théories fort concluantes sur le sujet qui nous occupe. Il part de ce principe que, dans les temps les plus reculés, — je te parle de millions d'années, lorsque notre écorce terrestre n'était encore qu'imparfaitement refroidie, et lorsque la vapeur d'eau qui remplissait l'atmosphère jusqu'à une hauteur immense se condensait à grand'peine, — il a dû y avoir à l'état libre cette immense quantité de carbone que nous voyons maintenant emprisonnée dans les couches de houille inépuisables que l'on exploite aujourd'hui, et où se trouvent comprimés les restes d'une végétation illimitée qui recouvrait jadis notre planète. Or, que faisait-il tout ce carbone ? Était-il, comme c'est probable, répandu dans l'atmosphère d'alors à l'état d'acide carbonique? Ou bien concourait-il à la formation de quelque matière albuminoïde contenant en elle-même le germe de la vie animale? Ces deux hypothèses se tiennent et se complètent. Dans tous les cas, l'atmosphère d'alors devait être différente de la nôtre : les conditions de densité et d'électricité n'étaient pas les mêmes. On peut en dire autant de la constitution de l'Océan, qui couvrait à peu près toute la surface terrestre. La température, la salure, la densité étaient-elles les mêmes ? Il est permis d'en dou-

---

(1) *Natürliche Schöpfungsgeschichte*, 4e éd. Berlin, chez G. Reimer, 1873.

ter ; et nous pouvons dès lors supposer que, sous l'empire de conditions totalement différentes de celles d'aujourd'hui, il ait pu exister une force créatrice donnant lieu au phénomène de la vie (1).

AR. C'est là ce que dit Ernest Hæckel?

ÉL. C'est là son idée fondamentale, étayée d'arguments fort savants, qui appartiennent au domaine de ces FAITS que tu réclames toujours.

AR. Il y a beaucoup de choses à dire là-dessus. Si je t'ai bien compris, l'atmosphère d'alors contenait beaucoup plus d'acide carbonique qu'aujourd'hui ?

ÉL. Cela paraît indubitable.

AR. L'air de notre atmosphère actuelle ne contient qu'environ six dix-millièmes d'acide carbonique, et nous savons que lorsque l'air en est surchargé, il devient impropre à la respiration.

ÉL. Cette circonstance n'est pas concluante pour la vie végétale.

AR. N'oublie pas que tu me parles d'une époque où la mer a dû couvrir à peu près toute l'écorce terrestre, selon toi, à peine un peu refroidie. En admettant l'immense température d'alors, la mer devait être bouillante, de sorte que la condensation de la vapeur aqueuse suspendue dans l'atmosphère n'était pas possible. Dès lors, toute vie animale ou végétale a dû être ajournée jusqu'à la formation silurienne. Encore cette vie se réduit-elle à celle de quelques mollusques, de quelques crustacés et de fort peu de plantes marines. Je ne vois pas que ton acide carbonique surabondant ait pu trouver beaucoup d'acheteurs à cette époque.

ÉL. Qui te dit que la mer d'alors n'en absorbât beaucoup plus qu'aujourd'hui ?

____

(1) *Schöpfungsgeschichte*, pages 303 et 304.

Ar. Il est permis d'en douter; une absorption considérable de carbone sous une forme quelconque ferait supposer une faune et une flore marines plus développées que celles de l'époque silurienne; dans tous les cas, notre Océan actuel, si peuplé, doit être bien plus riche en matière albuminoïde que ne pouvait l'être une mer à laquelle tu attribues une température tellement élevée, que la vie organique n'a pu y trouver place que vers la fin de l'époque, et encore dans une mesure fort restreinte.

Él. Admets-tu qu'il y ait eu à cette époque-là de l'azote, du carbone, de l'hydrogène et de l'oxygène?

Ar. Je crois ne rien risquer en admettant cela.

Él. (*triomphant*). Eh bien alors, il a dû y avoir de l'albumine, ou au moins un protoplasme albumineux.

Ar. *Nego consequentiam.* Ce sont des formes protéiques qui ne résistent pas à une haute température.

Él. Mais nous sommes convenus que la température a déjà baissé assez pour permettre la naissance des polypes, des mollusques et des plantes marines.

Ar. Soit, seulement l'existence seule des quatre éléments que tu cites n'entraîne pas *nécessairement* la formation de l'albumine. Or, ton Dieu, c'est la *nécessité*.

Él. C'est égal; il a pu y en avoir, tu admets cela?

Ar. Sans doute.

El. Eh bien, as-tu entendu parler du *Challenger?*

Ar. C'est le navire qui s'occupe actuellement de dragages à de grandes profondeurs? Si fait. C'est le capitaine Maury qui a inauguré, il y a bien longtemps, ce système de dragages.

Él. La science peut s'attendre à de grandes découvertes par ce moyen. Nous touchons à la révélation du grand secret de la nature: la vie organique.

Ar. Vraiment? Cela va être curieux.

El. Moque-toi autant que tu voudras; c'est un fait.

Les dragages ont ramené à la surface une matière organique qui se trouve en masses énormes aux grandes profondeurs. C'est une substance gélatineuse, ou plutôt albuminoïde, qui s'est formée sous l'influence de la haute
pression de la mer. Tantôt on la trouve en mottes, tantôt
en grumeaux, ou en filets de mucus enveloppant les cail-
loux et les coquillages du fond de la mer. Huxley, zoologue anglais, l'a appelée *bathybius,* c'est-à-dire « vivant
dans les profondeurs».

AR. Et ces bathybius donnent-ils des signes de vie?
possèdent-ils des facultés? celle de se mouvoir par
exemple, de changer de forme, de se multiplier par scissiparité ou autrement?

ÉL. A vrai dire, mon ami, nous n'en sommes pas encore là ; on n'a pas encore pu y reconnaître une organisation quelconque ; seulement, quant à la reproduction, elle
me paraît démontrée par l'immense quantité de ce mucus,
de cette gélatine, de cette glaire, comment l'appelle-
rai-je, qui tapisse tout le fond de l'Océan.

AR. Hum!... Et si, par le plus grand des hasards, ce
mucus, cette glaire, comme tu l'appelles, ne vivait pas?

ÉL. Ah! voici : c'est peu probable, parce que cette substance albuminoïde ressemble, à s'y méprendre, aux monères découverts par Ernest Hæckel.

AR. Qu'est-ce que c'est que ces monères ?

ÉL. Je vais te l'expliquer. Partons d'un principe
solide, et admettons que la vie organique soit inhérente
à la matière, et éternelle comme elle...

AR. Pardon : tu appelles cela un principe solide, mais
je n'en vois pas la solidité. Tu commences par dire :
Admettons ; ce n'est donc qu'une hypothèse ?

ÉL. Infiniment probable.

AR. J'avoue que je n'en vois pas la probabilité. La

vie inhérente à la matière.... il y en a alors dans l'argile, dans les métaux ?

ÉL. (*impatienté*). Tu m'ennuies ! je ne te parle que des substances albuminoïdes.

AR. Alors la vie ne serait inhérente qu'au carbone, à l'oxygène, à l'hydrogène et à l'azote ?

ÉL. A leurs combinaisons albuminoïdes.

AR. Fallait le dire. La vie n'est donc pas inhérente à la matière en général, mais seulement à l'albumine.

ÉL. C'est ça.

AR. Mais alors l'albumine est éternelle ?

ÉL. La matière, en général, et l'albumine en particulier.

AR. C'est bien embrouillé, tout cela. Avant d'arriver à l'albumine, il a fallu de la matière pour la former.

ÉL. Eh bien ?

AR. Or, comme, d'après ta manière de voir, la vie n'appartient qu'à l'albumine, et que celle-ci, postérieure à la matière, n'a pas existé de toute éternité, la vie elle-même n'a pu se manifester qu'à une époque encore plus récente.

ÉL. Voilà toujours ton idée, radicalement fausse, qu'il y a eu un commencement. Il n'y en a pas eu, entends-tu ? Et l'albumine a existé de tout temps, et la vie avec.

AR. C'est un peu difficile à admettre, puisque notre terre a jadis eu une température infiniment plus élevée qu'elle n'en a maintenant ; tellement élevée, en effet, que tu affirmes que l'eau n'existait qu'à l'état de vapeur lancée au loin dans l'espace. Or, l'albumine de l'œuf, la seule qui concourt à la formation de l'être organisé, se coagule à 75 degrés. Dès lors, il y a eu un temps où elle n'a pu se former et où, par conséquent, la vie n'a pas existé.

Éʟ. Erreur! Il y a d'abord des albumines qui ne se coagulent pas par la chaleur : ce sont, par exemple, celles des œufs des oiseaux de proie.

Aʀ. Soit. Comme alors cette albumine des oiseaux de proie a pu braver toutes les températures....

Éʟ. Mais je ne dis pas ça!

Aʀ. Tu ne dis pas cela? Alors à quoi te sert cet argument?

Éʟ. Je te fais seulement remarquer qu'il y a des variétés d'albumines...

Aʀ. Ces variétés ont-elles pu être vivantes à une époque où la terre était incandescente?

Éʟ. (*impatienté*). Je n'ai jamais dit cela.

Aʀ. Alors ne compliquons pas inutilement la question par l'albumine non coagulable des œufs des oiseaux de proie : parlons de l'œuf des gallinacés. Son albumine étant coagulable par la chaleur, il est évident que la poule n'a pu naître qu'*après* que la température de notre planète fut descendue au-dessous de **75** degrés, et même **60** degrés. Nous voilà encore en présence de cette éternelle question : *le premier œuf, d'où est-il venu?* Car maintenant *tu ne peux plus nier qu'il y ait eu* ᴜɴ ᴘʀᴇᴍɪᴇʀ œᴜꜰ!

Éʟ. (*irrité*). Pour moi, ce n'est pas là la question. Nous ne disons pas qu'à l'époque d'incandescence la vie ait existé sur la terre; nous ne prétendons pas que l'albumine se soit formée sous une température de fusion. La vie organique a pu exister n'importe où dans l'espace, à des distances où la chaleur rayonnée par notre planète n'a pu atteindre. Voyons ce qui se passe sur notre terre même. Si nous montons jusqu'à la crête d'un volcan, nous ne chercherons certes pas la vie organique dans la lave qui bouillonne à nos pieds au fond du cratère, mais son bord n'en est pas moins tapissé de cryptogames et même d'autres plantes. Dans certaines sources thermales, ayant plus de 80 degrés de chaleur, on a trouvé des infusoires vivants ; or, la mer primitive n'a guère, je pense, eu plus de chaleur que cela.

AR. L'eau salée ? Je te demande bien pardon.

ÉL. (*avec volubilité*). Laisse-moi finir. Nous ne connaissons aucune zone terrestre, aucune élévation au-dessus d'elle, où la vie organique n'existe pas. A toutes les profondeurs où l'on a dragué, même à une profondeur de 8000 mètres, on a trouvé la vie organique.

AR. Une seule fois le *Challenger* a réussi à faire un sondage approchant de ce chiffre, et...

ÉL. Ne m'interromps pas. A quelque hauteur que nous nous élevions dans l'atmosphère, nous y trouvons la vie organique. Au-dessus de la gueule fumante du cratère du volcan Pichincha, près de Quito, et bien plus haut que le mont Blanc, on trouve non-seulement des mousses, mais aussi le *culcitium nivale,* plante laineuse découverte et admirée par Bonpland. Sur la cime du Chimboraço, Boussingault a remarqué une saxifrage en pleine floraison. D'autres plantes particulières, qu'on ne retrouve pas ailleurs, ont été observées à l'intérieur du cratère du Pichincha, par le Dr Jameson, de Quito, au milieu des vapeurs chaudes sortant de ce cratère. Dans les régions les plus élevées, on a vu non-seulement des infusoires, des spores microscopiques, mais même des insectes, des diptères, à la hauteur de 6,000 mètres, sur les crêtes des Cordillères des Andes, où un petit colibri leur fait la chasse. Dans les neiges éternelles des Alpes, on a reconnu des infusoires et d'autres organismes microscopiques. Même en ballon, on n'a pas pu atteindre une hauteur où la vie organique fît défaut. Le condor vole tranquillement, malgré la raréfaction de l'air et le froid glacial, à des hauteurs que nos aéronautes n'ont jamais atteintes. Que notre atmosphère est pleine d'innombrables organismes microscopiques, c'est une vérité banale. Eh bien, lorsque la terre encore incandescente était enveloppée d'une couche de vapeur s'étendant dans l'espace à d'énormes distances, et retenant infiniment plus de chaleur que notre air actuel aux plus grandes hauteurs, nul doute que dans les couches extrêmes il n'y eut de ces infusoires, de ces monères que nous trouvons aujourd'hui dans les profondeurs de la mer (1).

Ar. Et tout cela pour prouver que la vie organique est inhérente à la matière?

Él. (*essoufflé*). Absolument.

Ar. Tout ce que tu as dit me rappelle bien ce mot charmant de Mme de Sévigné : que « quand les gens coupables tiennent une pauvre petite vérité pour eux, ils la retournent de cent façons (2). » Tu es justement ce coupable, car tu sais que tu défends une mauvaise cause ; tu sais que j'arriverai tôt ou tard au mot de la fin, auquel il n'y a pas de réplique ; tu le crains ce moment, et uniquement pour le retarder, avec une mauvaise foi insigne, tu t'accroches à quelques vérités dont tu exagères la portée, pour arriver à quoi? A dire: «Nul doute que, etc.» Je te le demande: est-ce là ta manière d'affirmer un FAIT? Veux-tu que j'accepte comme un fait probant ton assertion que : *Nul doute*, etc. ?

Él. Nous ne savons pas tout encore, mais la science s'enrichit tous les jours, et nous sommes déjà assez savants pour pouvoir prévoir par analogie ce qu'elle va nous révéler tôt ou tard.

Ar. Si je voulais écarter la discussion, je pourrais dès

(1) Tous ces arguments d'Éleuthère sont empruntés à des articles du professeur Moritz Wagner, publiés dans la *Gazette universelle* d'Augsbourg (suppléments des n°s 301 et 302, oct. 1873).

(2) Lettre du 10 février 1672.

maintenant te répondre valablement : « Quand la science t'aura révélé cela, je l'accepterai. » Mais j'aurais tort de me contenter de la partie simple quand je puis faire capot. Parlons d'abord de tes infusoires, de tes spores, dans des régions bien au-dessus de celles qu'ont atteintes nos aéronautes.

Él. Tu le nies ?

Ar. Non sans quelque raison. Glaisher s'est élevé à 11,000 mètres, mais au prix d'un évanouissement. Heureusement son compagnon, M. Coxwell, plus jeune et plus robuste que lui, a pu, presque mourant lui-même, faire descendre le ballon à 8,000 mètres, ce qui lui a permis de ranimer son ami. Mais je me garderais bien d'accorder une foi entière à des observations faites dans des conditions pareilles ; c'est à peine si l'on peut lire le baromètre : on est engourdi de froid, la respiration se fait difficilement, et les sens sont troublés. Non-seulement, du reste, Glaisher ne dit pas qu'il ait trouvé des spores à 8,000 mètres, mais, s'il le disait, on serait encore en droit de penser qu'elles eussent été apportées par le ballon. Or, les exemples de vie organique que tu me cites sont à 2,000 mètres au-dessous. Admettons qu'à 7,000 mètres un ballon trouve des spores, des infusoires ; qu'est-ce que cela pourrait prouver, sinon que des courants d'air les auraient transportés des hauteurs des Andes ou de l'Himalaya... et pourquoi pas du mont Blanc, pourquoi pas des plaines ? Les tourbillons et les ouragans produisent des effets bien autrement étranges. Même réponse pour tes neiges du mont Blanc, où se trouvent tes germes. Bref, ces raisonnements par lesquels tu veux prouver que les organismes vivants peuvent exister à toutes les hauteurs de l'atmosphère, ne méritent pas qu'on s'y arrête : ils sont même entachés de mauvaise foi, ou tout au moins d'exagération. Le condor n'a jamais atteint dans son vol même la moitié de la hauteur à laquelle s'est élevé Glaisher, le 5 septembre 1862. Tes 6,000 mètres sont jusqu'ici l'*ultima Thulé* de la vie organique ; tu ne me cites que cela pour tes diptères et pour ton petit colibri, et je te défie d'en trouver plus haut. Les infusoires ne résistent pas à un froid d'un degré au-dessous de zéro. Ta prétention de soutenir qu'on a trouvé la vie à toutes les hauteurs est simplement une de ces fanfaronnades dont vous autres athées vous vous donnez le monopole.

Él. Ah ! des fanfaronnades ?

Ar. Eh ! que veux-tu ? La PHILOSOPHIE ABSOLUE que je professe ne connaît que les FAITS. Où sont-ils ? As-tu des échantillons de cette faune, de cette flore des hautes régions ? Ou peux-tu m'indiquer quelque musée où ils se trouvent étiquetés dans quelque fiole ? Glaisher en a-t-il rapporté de sa grande ascension du 5 septembre ? Et ce pauvre Pouchet qui, dans ses recherches sur la génération spontanée, se croyait à l'abri des spores à la hauteur des Pyrénées et du mont Blanc ! Mais admettons que tu m'en apportes d'une hauteur — voyons, je suis bon prince — de 7,000 mètres ; admettons que sous le microscope ces germes ne répondent à aucune forme terrestre connue, et qu'il soit dès lors légitime d'y voir une faune ou une flore aérienne, cela ne suffira pas à la PHILOSOPHIE ABSOLUE : il faut encore m'en apporter des fossiles ! appartenant à ces temps dont tu parles, où la terre incandescente chassait au loin cette vie organique inhérente à la matière. Et il faut encore me prouver que ces animalcules fossiles microscopiques vivaient dans cet air si surchargé d'acide carbonique dont tu m'as parlé. Il faut que tu me prouves que cet acide carbonique d'alors ait pu être un élément de respiration au lieu d'un élément d'asphyxie, comme il l'est aujourd'hui ! Tu sais que Dujardin dit expressément que les infusoires ont besoin de trouver dans l'eau de l'air respirable (1). Les infusoires d'alors auraient-ils pu respirer l'acide carbonique ? Réponds donc !

Él. (*vexé*). Et les monères d'Ernest Hæckel ?

Ar. Au fait, nous les avons perdus de vue. Que sont-ils, ces monères ?

Él. Ce sont de petites masses de mucosité albuminoïde, qui nagent dans les mers, plus rarement dans les eaux douces, et qui ont la faculté de changer de forme, de se développer et de se propager ?

Ar. Sans organes ?

Él. Sans organes. Tiens. (*Il apporte des livres, et en étale une planche.*) Tu les vois ces corpuscules agrandis ? Voilà les monères.

Ar. (*contemplant la planche*). Écoute : je ne veux pas parler de ce que je ne connais pas. Veux-tu me prêter ces volumes jusqu'à demain ?

Él. Tu lis l'allemand ?

Ar. Comme le français.

Él. Eh bien, emporte-les, ces livres ; à demain la réponse.

Ar. A demain, adieu !

CHAPITRE XXX

Quatrième dialogue. — Les Barnums scientifiques.

Ariste. Me voici avec ton Ernest Hæckel.

Éleuthère. Tu as dû être étonné de sa profondeur.

Ar. Cela dépend du point de vue où l'on se met. Commençons ; voici ce qu'il dit :

« Dans ma *Morphologie générale des organismes*, j'ai

(1) *Dujardin, Hist. nat. des zoophytes. Infusoires*, page 109.

« appelé MONÈRES des êtres vivants placés au plus bas
« de l'échelle de l'organisation, et dont tout le corps, à
« l'état parfaitement développé et librement mobile,
« consiste en une masse complétement homogène et sans
« structure, en une petite motte d'albumine pouvant se
« nourrir et se propager.... Il est impossible de conce-
« voir des organismes plus simples, plus incomplets que
« les monères. Leur corps ne représente autre chose
« qu'un seul corpuscule albumineux, absolument homo-
« gène, à l'état mou. La forme extérieure est tout à fait
« incertaine, incessamment changeante, contractée en
« boule à l'état de repos. Nos plus forts microscopes
« sont impuissants à y révéler une structure intérieure,
« une réunion de parties de formes inégales. Comme,
« dans la masse homogène du monère, on ne distingue
« pas même un noyau intérieur différent du plasma
« extérieur, et que plutôt le corps, dans sa totalité, ne
« se compose que de plasma ou de protoplasma homo-
« gène, la matière organisatrice n'atteint même pas,
« comme forme, la valeur d'une cellule des plus sim-
« ples (1). »

ÉL. C'est bien ; après ?

AR. Plus loin, il y insiste encore : « Je fais remar-
« quer, dit-il à ce propos, que je me borne exclusive-
« ment à parler de vrais monères, c'est-à-dire de corps
« plasmatiques nus, sans noyau et sans autres organes ;
« et que je ne tiendrai compte ici ni des protoplastes
« possédant un ou plusieurs noyaux (Amibiens, Ar-
« celles, etc.), ni des Rhizopodes, Siphonées, etc., qui
« se distinguent par une coque ou membrane différente
« du reste (2). »

<hr>

(1) *Studien über Moneren und andere Protisten.* Leipzig, Wilh. Engel-
mann, 1870, page 3.

(2) *Ibid.*, page 5.

Él. C'est entendu. Qu'as-tu à dire là-dessus ?

Ar. Simplement, que ton auteur semble s'arroger l'honneur d'avoir été le premier à découvrir ces êtres. Il annonce évidemment ce qu'il croit une nouveauté : « La plupart des observateurs, dit-il, ne seront pas dis- « posés à reconnaître à première vue un organisme in- « dépendant et complétement développé dans cette « petite parcelle de mucus dépourvue de forme et ho- « mogène dans toute sa masse (1). » Il y a d'ailleurs une foule d'autres passages où cela se voit.

Él. Mais les monères sont bien à lui !

Ar. Il pourrait se faire qu'ils ne le fussent pas. Passe-moi donc les *Infusoires* de Dujardin, que tu as là sur tes rayons. C'est un observateur dont tu ne saurais refuser le témoignage.

Él. Oh ! je l'accepte.

Ar. Bien. Voici d'abord ce qu'il dit à la page 26 :

« Les Infusoires les plus simples, comme les Amibes et les Monades, se composent uniquement, au moins en apparence, d'une substance charnue glutineuse, homogène, sans organes visibles, mais cependant organisée, puisqu'elle se meut en se contractant en divers sens, qu'elle émet divers prolonge-ments, et qu'en un mot elle a la vie (2). »

Él. Il ne parle pas des monères, voyons ! il ne les con-naissait pas !

Ar. Pardon ! je trouve qu'il les connaissait, puisqu'il parle d'une substance *sans organes visibles*, et, par con-séquent, sans noyau. Or, Hæckel exclut très-particuliè-rement les Amibes et les Arcelles, qui ont, selon lui, des noyaux ; les Rhizopodes, qui ont une coque ou une membrane. Voici ce que dit Dujardin à la page suivante :

« Les expansions des Amibes, des Difflugies et des Arcelles,

<hr>

(1) *Studien über Moneren und andere Protisten*, page 9.
(2) Dujardin, *Hist. nat. des zoophytes. Infusoires. Paris,* 1841.

comme celles des Rhizopodes, ne sont formées que d'une substance glutineuse vivante, sans fibres, sans membranes extérieures ou intérieures. Cela est prouvé suffisamment par la faculté qu'ont ces expansions de se souder et de se confondre entre elles, ou de rentrer dans la masse commune qui en produit de nouvelles sur un point quelconque de sa surface libre. »

Tu vois que Dujardin est en opposition flagrante avec Hæckel. Du reste, quelques passages de l'auteur français nous permettront de mieux comprendre l'autre. A la page 28, Dujardin dit :

« Les divers Infusoires appartenant au type des Monades, c'est-à-dire ayant le corps nu, de forme variable, sans bouche, sans tégument et sans cils vibratiles, sont susceptibles de s'agglutiner temporairement, soit entre eux, soit à la plaque de verre du porte-objet ; il en résulte des prolongements irréguliers qui s'allongent à mesure que l'animalcule s'agite, jusqu'à .ce que, leur adhérence cessant, il reste comme une queue qui se raccourcit en se contractant peu à peu, et finit par disparaître. Ces prolongements accidentels sont quelquefois aussi déliés que les filaments moteurs. Dans tous les cas, ils ont eux-mêmes une certaine motilité. Ce sont des prolongements de cette sorte... qui donnent aux Monades de certaines infusions des caractères qu'on a crus suffisants pour établir des genres, mais qui n'ont rien de constant. »

Éʟ. Mais tout cela n'est pas contesté !

Aʀ. Continuons toujours. Ici, à la page 18, après avoir parlé des Infusoires ciliés, Dujardin nous dit :

« D'autres enfin n'ont aucuns filaments ou cils, et ne se meuvent que par des extensions et contractions d'une partie de leur masse... Tous les Infusoires peuvent, en outre, présenter une ou plusieurs cavités sphériques ou *vacuoles* remplies d'eau, lesquelles sont essentiellement variables quant à leur grandeur et à leur position, et disparaissent en se contractant, pour être remplacées par d'autres vacuoles creusées spontanément dans la substance charnue vivante, et n'ayant rien de commun avec les précédentes que leur forme et leur mode de production. »

Et plus loin, page 20 ·

« Quand, par suite de l'altération chimique du liquide soumis au microscope ou de son évaporation, ou par toute autre cause, un Infusoire n'est plus dans des conditions favorables à son existence, il se décompose par *diffluence*, c'est-à-dire que la substance glutineuse dont il est formé s'écoule en globules hors de la masse, laquelle, si les mêmes circonstances continuent à agir, se décompose tout entière, en ne laissant, pour dernier résidu, que des particules irrégulières ou des globules épars ; mais si, par une addition d'eau fraîche ou d'un liquide convenable, on change ces circonstances funestes, le reste de l'animalcule, reprenant sa vivacité primitive, recommence à vivre sous une forme plus ou moins modifiée. »

C'est sur cette diffluence qu'il s'étend longuement aux pages 32 et 33. Ehrenberg, qui a aussi observé ce phénomène, regarde cela comme la ponte de l'animalcule. Dujardin dit encore, à la page 40, — écoute bien ceci :

« Malgré de légères variations dans la manière de se comporter avec l'eau, il me semble que cette substance est bien analogue à celle des embryons de mollusques, quand la vie commence à s'y manifester ; à celle de très-jeunes articulés, et même à la substance que dans les poissons on trouve entre la peau et la chair, et que, chez plusieurs vertébrés, on fait sortir par expression de l'épaisseur des membranes muqueuses. Le vitellus des œufs d'articulés et des poissons est en partie formé d'une sorte d'albumine peu soluble dans l'eau, et susceptible de se creuser des vacuoles comme la substance des Infusoires, mais bien moins consistante et moins élastique. »

Nous pouvons maintenant nous occuper utilement des monères de Hæckel. Voici d'abord son *Protogenes primordialis* (1). Ce petit être, ayant un millimètre de diamètre, fut trouvé par lui près de Nice, en 1864, nageant librement dans la mer : « Un tiers seulement de « ce diamètre appartenait à la masse centrale intérieure « du corps, qui était une boule de sarcode homogène,

____

(1) *Studien über Moneren*, page 6.

« tandis que les deux tiers extérieurs formaient une
« zone périphérique consistant uniquement en de mil-
« liers de fils muqueux minces et rayonnants. » (ARISTE
regarde ÉLEUTHÈRE.)

ÉL. Eh bien?

AR. Cela répond-il bien à sa définition du monère?

ÉL. Je ne vois pas...

AR. S'il y a une masse centrale, c'est un noyau ; si l'on
distingue des fils, où est l'homogénéité? « Ces fils, que
« l'on appelle pseudopodes, qui se dirigeaient vers la
« périphérie, tantôt solitaires, tantôt enchevêtrés et
« s'anastomosant, rayonnaient immédiatement de la pé-
« riphérie du corps central albuminoïde. » Eh! qu'en
dis-tu?

ÉL. Malheureusement je n'ai pas observé ce monère
moi-même...

AR. Tu dois pourtant t'en rapporter au texte de ton
grand-prêtre. Cela te paraît-il la description d'un Infusoire sans organes? Tu n'as qu'à feuilleter dans les micrographes, tu y trouveras de ces descriptions-là par
centaines.

ÉL. Va toujours : nous trouverons bientôt du nouveau.

AR. Dans la suite, nous avons une description de la
diffluence dont parle Dujardin...

ÉL. Il explique la manière de se nourrir, tu vois...

AR. Cela n'est pas nouveau non plus; il le dit lui-
même : c'est comme chez les Rhizopodes. De petits végétaux, comme les diatomées, les algues à une cellule, etc.,
restent attachés à la surface gluante de l'animal, lequel
se met à couler tout autour, entraîne lentement sa proie
dans l'intérieur de son corps albuminoïde, puis rejette
les restes non assimilables.

ÉL. Eh bien, c'est merveilleux pourtant !

Ar. C'est merveilleux, mais c'est suspect.

Él. Comment suspect ?

Ar. C'est que j'ai trouvé dans un article de Cien-kowski (1) quelque chose qui ressemble furieusement à ce monère. Lui, il maintient à ses infusoires le nom de *monade* ; Hæckel, qui en parle, les appelle *monères*. Mais ces messieurs me paraissent, tous les deux, aller un peu vite en besogne lorsqu'ils regardent cette absorption de corps étrangers comme un acte de *nourriture*. Voyons ! ont-ils pris la précaution de peser exactement ces diatomées et ces algues avant le repas, et de repeser ensuite les restes non assimilables ?...

Él. (*se récriant*). Comment voudrais-tu qu'on fît cela avec des atomes, des riens qui échappent à nos balances les plus délicates ?

Ar. Alors où prennent-ils que ces riens aient servi de nourriture ?

Él. Pourquoi l'animal les aurait-il entraînés ?

Ar. Toute nourriture suppose une assimilation ; et il me semble que l'assimilation ne puisse pas se faire sans organes ?

Él. (*hésite*).

Ar. Le corps de l'animalcule étant albuminoïde et sans organes, c'est donc de l'albumine toute pure ? du blanc d'œuf tel quel ?

Él. Il est bien difficile dans des êtres si petits...

Ar. C'est vous autres qui avez choisi ce terrain-là : ce n'est pas moi. Du moment que vous fondez vos arguments sur des infiniment petits, c'est que vous y êtes chez vous, et que vous avez des réponses pour toutes les objections. Bref, as-tu quelque preuve que l'albumine

____

(1) *Archiv für mikroskopische anatomie*, édité par Max Schultze, 1er vol. 1865, pages 203 et suiv.

sans organes ait par elle seule la faculté d'assimiler des végétaux ?

ÉL. Singulière question !

AR. Ce n'est pas là une réponse. Cienkowski et Hæckel me disent qu'un corps albuminoïde vivant sans organes a pu se nourrir de végétaux microscopiques, appelés diatomées : ils ont vu rejeter les restes non assimilables de ce repas. Or, comme l'assimilation est une fonction physiologique fort complexe, où certains organes élaborent des sucs destinés à agir chimiquement sur les aliments, tandis que d'autres organes s'emparent du produit pour le transformer en sang, en muscles, et que sais-je encore ? je te demande d'abord comment tout cela se fait sans organes ? Et comme il n'y en a pas, et que dès lors nous en sommes réduits à une action purement chimique, je te demande, moi, s'il est à ta connaissance que l'albumine puisse *per se* décomposer un végétal, en modifier, *sans secours aucun*, certaines parties, en les transformant en albumine, et puis rejeter le *caput mortuum ?*

ÉL. *(réfléchit).*

AR. *(après quelques instants de silence).* Cette difficulté a aussi embarrassé Dujardin, qui ici, à la page 229, en parlant des Amibes, dit qu'il est « fort difficile à croire » que les objets ainsi engloutis doivent leur servir de nourriture ; toutefois, il « ne nie pas » qu'elles ne trouvent un moyen d'absorber les éléments nutritifs en engloutissant les corps étrangers.

ÉL. Ah ! Eh bien alors...

AR. Oui, mon ami, mais je n'accorde d'autorité à Dujardin qu'autant qu'il affirme positivement ; car, vis-à-vis de sa pure supposition, prononcée encore avec hésitation, mon objection reste tout entière. On n'absorbe utilement des éléments nutritifs qu'autant qu'on peut les assimiler ; or, pour assimiler, il faut des organes. Qu'on me dise avec Dujardin qu'un corps muqueux peut se nourrir par endosmose, jouer, pour ainsi dire, le rôle d'éponge, je répondrai que je n'en sais rien, et que par conséquent je n'ose pas nier ; mais quant à l'assimilation par déglutition, sans organes, je la nie absolument.

ÉL. Pourtant, si tu as lu ce que dit Hæckel sur la *Protomyxa aurantiaca*.....

AR. Justement, arrivons-y : voici la planche. Ce mo-nère (j'emploie son terme), il l'a trouvé sur la côte de l'île Lanzarote, une des Canaries, attaché, sous la forme d'un point rouge, à une coquille de *Spirula Peronii*. Voici la biographie de cet animalcule. Le point, composé d'une membrane et d'une gélatine intérieure, présente des granules intérieurs, qui, en grandissant, finissent par déchirer la membrane. Ils en sortent sous forme de poires, lesquelles se déchirent et prennent le caractère d'Amibes. Celles-ci se collent ensemble, forment un réseau présentant les caractères de la diffluence ; ce réseau se remplit de vacuoles non contractiles. Notre auteur n'hé-site pas ici à supposer que celles-ci *peuvent devenir* con-tractiles, c'est-à-dire *se transformer en organes* phylo-génétiquement, par leur action propre, en un mot par génération spontanée. A l'état diffluent, cet animalcule se nourrit, comme toujours, de diatomées et d'isthmies : cet état n'est donc plus la mort, comme le pense Dujar-din, ni la ponte , selon Ehrenberg : c'est la vie. Car peu à peu les rameaux retournent au centre, il se refait une boule qui s'encyste, et l'on revient au point de dé-part (1).

ÉL. Eh bien, ne trouves-tu pas cela étonnant?

AR. Pas nouveau toujours, à part l'explication, que je crois au moins hasardée. Quant au reste , compare la

(1) *Studien über Moneren*, pages 10 à 29.

description de l'*Amiba diffluens* de Dujardin et mieux encore le *Monas amyli,* et généralement toute la description des monades donnée par Cienkowski, avec ce *monère* de Hæckel, et tu auras bien de la peine à les distinguer l'un de l'autre.

ÉL. Allons donc!

AR. Je puis, sans nuire à ma thèse, admettre que Hæckel ait trouvé quelques *variétés* d'Amibes, mais jamais ni des *genres* ni même des *espèces* nouvelles. Il n'avait donc aucun droit de leur donner un nom nouveau, beaucoup moins de le donner, comme il le fait (p. 8), au *Monas amyli* et à la *Vampyrella* de Cienkowski. Quant à la question de la nourriture, si je soutenais que l'acte d'embrasser ces corpuscules étrangers était un acte de *fécondation*, par exemple, comment ferait-on pour me prouver le contraire ?

ÉL. Mais la fécondation suppose des organes...

AR. La nourriture aussi. Ajoutons que ton Hæckel, après avoir vu son monère se *nourrir*, le voit aussi *s'encyster*, pour briser ensuite sa membrane afin de donner issue à de nouveaux spores. Voilà donc un cas de *multiplication ;* or, celle-ci suppose une *fécondation*. Tu le vois : ma supposition n'est pas absolument gratuite, mais je ne soutiens pas qu'elle soit vraie.

ÉL. Je te ferai observer que l'histoire naturelle des Infusoires est pleine de mystères...

AR. De mystères? je le crois bien ; mais pour des gens qui veulent expliquer le phénomène de la vie par les Infusoires, il ne doit pas y avoir de mystère : tout doit être clair comme le jour. Or, le microscope est un instrument des plus fallacieux.

ÉL. Je ne dis pas non : il y a le mouvement brownien...

AR. Et les affections des yeux, et les poussières dans

l'air, et l'apparence du creux et du relief, et mille autres circonstances.

ÉL. Oh! mais les bons observateurs savent tout cela !

AR. D'accord ; mais quand on pense que même Ehrenberg s'est souvent trompé, lui qui a passé sa vie à observer ! Et pourtant, il se mettait en garde contre les erreurs. C'est lui qui dit, par exemple, que *le mouvement n'est pas une preuve de vie ;* que si l'on n'observe pas rigoureusement, on est tenté de prendre pour des essaims de monades les fragments de branchies et les parcelles de mucus qui tourbillonnent et se meuvent de mille manières dans l'eau trouble (1). Dujardin aussi s'étend longuement sur le chapitre des illusions.

ÉL. Oh! mais il y a des circonstances où l'illusion n'est pas possible : la scissiparité par exemple...

AR. Dujardin en parle beaucoup, surtout pour faire ressortir la difficulté qu'on éprouve à distinguer les espèces. Voici ce qu'il dit (2) :

« Les Infusoires en voie de multiplication par fissiparité ou division spontanée, et mieux encore ceux qu'un accident a dilacérés, montrent la substance charnue, étirée, transparente, et sans traces appréciables d'organisation intérieure... Les déformations qui en résultent ont donné lieu à l'établissement de plus de trente espèces de Müller ; car les vrais Infusoires, déjà si remarquables par leur fissiparité, ont la propriété de continuer à vivre, tout mutilés qu'ils aient été, pourvu que le liquide n'ait pas changé de nature, soit par l'addition de quelques nouveaux principes , soit par la privation d'oxygène. »

ÉL. Les monères aussi.

AR. Mon Dieu, tu sais bien que ce que Hæckel appelle *monère* n'est autre chose que ce que Dujardin appelle

(1) Ehrenberg, *Infusionsthierchen*, page 36.
(2) *Infusoires*, page 30.

vrai infusoire; c'est la même chose que Cienkowski appelle *monade,* nom qui date déjà de O.-F. Müller : il a juste un siècle. Je persiste à penser qu'il est de bonne foi impossible d'accorder aux monères de Hæckel autre chose qu'une place fort subordonnée comme *variétés* d'une espèce déjà connue, et qu'il n'a aucunement le droit de leur donner le nom de genre ou de famille.

ÉL. Ce nouveau nom de *monère* t'agace beaucoup, à ce que je vois?

AR. Non sans quelque raison. Je constate d'abord que ton auteur a un but qu'il veut atteindre *per fas et nefas.*

ÉL. Est-ce que tu lui ferais un crime d'avoir un but?

AR. Un but à atteindre scientifiquement est autre chose qu'un *parti pris.* Or, M. Hæckel a une marotte qui prime tout chez lui : celle de supprimer Dieu; elle ressort de mille passages, mais surtout du suivant :

« J'ai montré, dans ma *Morphologie générale,* que
« l'acceptation d'une génération spontanée ou archi-
« gonie arrivée une ou plusieurs fois est devenue main-
« tenant un postulat logique de la science naturelle
« philosophique. La plupart des naturalistes qui ont
« traité cette question raisonnablement avaient cru de-
« voir admettre que la cellule était le plus simple de
« tous les organismes nés par génération spontanée, et
« d'où se sont développés les autres. Mais toute vraie
« cellule présente déjà une composition de deux parties
« différentes : noyau et plasma. Évidemment, la nais-
« sance immédiate d'un tel composé par la génération
« spontanée n'est pas facile à concevoir; d'autre part,
« celle d'une substance organique parfaitement homo-
« gène, comme le corps albuminoïde sans structure du
« monère, se conçoit beaucoup plus aisément (1). »

(1) *Studien über Moneren,* page 5.

Él. Je ne vois rien encore qui me choque. Hæckel se fonde sur un ouvrage antérieur pour établir qu'une génération spontanée d'un protoplasme vivant est possible, voilà tout.

Ar. Eh bien! c'est assez. Quand on veut se débarrasser de Dieu au moyen des infusoires, c'est bien le moins que l'on ait des preuves solides et qu'on ne commence pas par invoquer un *postulat!* Mon Dieu! la filiation de ses idées est bien facile à suivre : « Si je dis qu'un bœuf est venu tout seul, on ne me croira pas ; mais, si je puis faire voir une petite boule de gélatine tremblotante, et si après j'affirme que c'est de là qu'est venu le bœuf au bout de quelques millions de siècles, on est capable de me croire. » Voilà le fond de sa pensée.

Él. Tu traites, ce me semble, assez légèrement une question d'une si haute importance.

Ar. (*se levant et se promenant de long en large*). Mais, dans notre monde si éminemment logique, c'est le nom qui fait tout : sans nom, pas de salut. Quand l'épicier veut vendre un vieux cirage qui ne va plus, il l'appelle *mélanocire,* ou *baume de Nigritie,* ou n'importe quoi ; alors, ça va comme sur des roulettes. Hæckel l'a bien compris, et voilà pourquoi il a inventé le nom de *monère,* dont le besoin ne se faisait pas sentir ; voilà aussi pourquoi, non content de ses propres découvertes, il a emprunté celles des autres pour en faire des familles, des genres, des espèces.

M. Hæckel est un homme fort savant, et je le crois de bonne foi ; mais il est très-fâcheux qu'emporté par ses idées préconçues, et alléché par la fausse gloire de se faire le chef d'une école scientifique, il ait voulu inventer un nom inutile pour des êtres dont la nouveauté est fort contestable ; et qu'il l'ait pris d'un ton si haut pour soutenir des théories absolument dépourvues de preuves, qu'involontairement je me suis senti entraîné à voir, à tort sans doute, dans ses procédés, une certaine analogie avec ceux du célèbre Barnum.

ÉL. *(furieux).* Allons donc !

AR. Ne te scandalise pas : la race des Barnums scientifiques est déjà ancienne : Paracelse, Cardan, le docteur Dee, Mesmer et bien d'autres l'ont illustrée; mais c'est depuis une trentaine d'années qu'elle a pris un nouvel essor, et à peu près dans toutes les sciences. Le Barnum scientifique est un homme qui a fait des études sérieuses et qui est très-savant dans la science qu'il a cultivée ; seulement, il lui manque..... la sincérité. Perdu au milieu d'une foule aussi savante que lui, il voit deux moyens de se faire connaître : le premier, fort honorable, qui consiste à travailler mieux que les autres; le second, celui d'entrer dans la carrière des Barnums, c'est-à-dire de profiter du goût qu'on a pour le merveilleux pour mettre en avant quelque proposition insoutenable, afin de faire parler de soi. Voilà le moyen qu'il préfère, parce qu'il est le plus court pour arriver à la renommée. L'art des Barnums présente diverses ressources : tantôt on attaque quelque théorie bien établie en la chicanant avec talent; d'autres fois, on s'en crée une fort creuse, mais que l'on étaye habilement de quelques observations ou expériences faites de parti pris, pour soulever des discussions, autant de réclames pour le rusé inventeur; ou bien on prend l'idée d'un autre, on en fait la critique sur un point insignifiant ; en la corrigeant, on la travestit, et on s'en dit alors l'auteur ; mieux encore, on s'empare des découvertes d'autrui et on leur donne un nom nouveau. Bref, le Barnum est un poseur, et autant je respecte la vraie science honnête et sincère, autant je déteste les Barnums scientifiques.

Éʟ. Où prends-tu que Hæckel ne soit pas sincère ? Dis qu'il a pu se tromper, mais.....

Aʀ. Dieu me garde de vouloir rien insinuer contre la sincérité de M. Hæckel; je dis seulement que ses convictions sont si fortes, pour ne pas dire violentes, qu'elles exercent sur son jugement une influence fâcheuse, à tel point qu'il croit avoir découvert des mines de Golconde sur un terrain déjà épuisé par ses devanciers. Lorsqu'il nous dit que le corps des monères n'est autre chose qu'une petite motte albuminoïde homogène, et qu'il ajoute : *so befremdend dies auch klingen mag* (1), « quelque étrange que cela puisse paraître », en parlant à tout un monde de micrographes qui ont vu et décrit à satiété le même phénomène, que veux-tu que j'en conclue ? De deux choses l'une : ou il faut admettre qu'il se fait illusion, ou bien il faut le soupçonner de barnumisme.

Éʟ. Tu n'en as pas le droit.

Aʀ. Ce serait un *postulat*, comme le sien. L'a-t-il démontré, le sien ?

Éʟ. Les *postulats* ne se démontrent pas; mais le sien est fondé sur l'opinion des meilleurs penseurs....

Aʀ. S'il en était ainsi, j'en serais vivement fâché, dans l'intérêt même de son *postulat*, que je voudrais voir établi sur des bases plus solides. Car, que signifie aujourd'hui un *penseur* ? Pas comme autrefois, un homme cherchant la vérité. Un *penseur* est un homme qui cultive le sophisme, qui veut faire éclat par la singularité des maximes qu'il débite, et qui, faute de mieux, demande à renverser la société et à mettre en haut ce qui est en bas. Eh bien! tout cela, c'est du barnumisme.

Éʟ. Alors, en un mot, pour toi, Hæckel est un Barnum ?

____

(1) *Studien über Moneren*, page 3.

AR. (*se rasseyant*). Nullement ; je voudrais seulement pouvoir le mettre en garde contre l'écueil qui l'attend s'il persiste dans la même voie. Je lui objecte qu'il se hâte trop de créer des familles, des genres, des espèces, là où Dujardin et d'autres après lui ont déclaré avoir de la peine à distinguer même les individus (1). Je trouve que ses arguments manquent souvent de solidité. Où a-t-il démontré, par exemple, l'*indépendance* de ses monères, lui qui veut qu'ils soient nés tout seuls, par *archigonie* (2), autrement dite *génération spontanée* ? Il prétend que ce ne sont pas des œufs, parce qu'il n'y voit pas de noyaux et parce que leur cycle de développement est complet. Mais a-t-il démontré qu'il ne puisse pas y avoir des œufs sans noyau, puisqu'il y a des animaux sans noyau ? Est-il bien sûr que ce ne soient pas des œufs d'entozoaires, de poissons ou de crustacés mis accidentellement en liberté ? A-t-il obtenu plusieurs générations de ses monères ? Il ne le dit pas. Mais ce qui l'intéresse avant tout, c'est d'établir sur ces données plus que douteuses la *théorie du protoplasme*, qui consiste à admettre que la matière peut se grouper *ab initio* de telle façon qu'il en sorte spontanément le phénomène de la vie. Et avec quelle conviction encore ! « L'exactitude de « cette théorie n'est nulle part démontrée à un si haut « degré, ni en même temps d'une façon si simple et si « *irréfutable* que par les phénomènes vitaux des mo- « nères (3). » Au moins lui conserve-t-il quelque part la qualité d'hypothèse? Nullement ; il en raisonne comme d'une chose démontrée ; il nous parle (p. 22) d'une

<hr>

(1) Dujardin, *Infusoires*, p. 116.

(2) C'est l'orthographe adoptée par Hæckel, dérivée probablement d'ἀρχηγενής, qui se trouve dans Eschyle ; mais alors il faudrait dire *archigénie*. Il me semble préférable de dire *archégonie*, du mot également existant ἀρχέγονος.

(3) *Studien über Moneren*, page 48.

« animation organique (*organische Beseelung*) », c'est toujours la vie donnée à son monère par voie organique spontanée ; de même (p. 19), « il est *très-probable* (tou-« jours la *probabilité !*) que les simples vacuoles devien-« nent *phylogénétiquement* (par création naturelle) des « vessies contractiles ». Enfin, comme couronnement, après avoir si minutieusement décrit la voracité et les mouvements si agités de son monère, il déclare (p. 22) qu'il est tout aussi possible que cet être soit une plante qu'un animal.

ÉL. Eh parbleu ! dans le monde microscopique, tout est possible.

AR. Pardon ! Ou le monde microscopique est une fantasmagorie, ou il faut admettre qu'un être visqueux ou gélatineux, doué de mouvements rapides, et qui entoure sa proie, qui l'assimile et puis en rejette les parties non assimilables, doit appartenir au règne animal, car, dans le règne végétal, l'assimilation se fait autrement. Ce doute qu'il se permet n'a d'autre but que celui d'expliquer d'un seul coup par son monère l'origine de la vie végétale en même temps que celle de la vie animale. Il veut que son monère puisse dire :

> Je suis oiseau, voyez mes ailes.....
> Je suis souris, vivent les rats !

ÉL. Eh bien ! mais tu sais que les deux règnes se confondent....

AR. De grâce, mon bon ami, ne touchons pas à ce chapitre, qui nous conduirait trop loin. Dans le cas spécial qui nous occupe, l'assertion de Hæckel ne laisse que le choix entre une inconséquence puérile ou une arrière-pensée comme celle que je viens d'indiquer.

ÉL. Ah ! mais, soyons juste enfin ! Ces descriptions qu'il fait ont pourtant tous les caractères de la véracité ?

AR. Pas de la *nouveauté* à laquelle il prétend. Du reste, une chose que je ne conteste pas, c'est le talent de l'auteur, et, si j'avais l'honneur de le connaître personnellement, je le prierais de vouloir bien, comme faveur, me dire, d'abord de quelle façon lui, darwiniste, arriverait à expliquer les facultés intellectuelles dont il est si largement doué, par une échelle commençant au monère et finissant à l'homme, et ensuite comment cette conception essentiellement darwinienne pourrait se concilier avec sa proposition 1, ainsi conçue : « Tous les monères restent des cytodes leur vie durant : jamais ils ne passent à l'état plus élevé de cellule, puisque jamais il ne se forme des noyaux dans leur protoplasme (1). » Du reste, ses *monères* n'ont pas été acceptés par les micrographes.

ÉL. Ah ! par exemple !

AR. Je n'en veux pour preuve que le cri de détresse lancé par son acolyte Moritz Wagner, qui s'exprime ainsi : « La haute importance de cette découverte de « Hæckel relativement au transformisme ne nous paraît « pas avoir été appréciée à toute sa valeur, ni par les « naturalistes ni par les philosophes. La pleine recon- « naissance du mérite d'un contemporain a été de tout « temps difficile à atteindre (2). » Lisez entre les lignes : « Ça ne mord pas ! » J'en ai, du reste, d'autres preuves. (*Il tire des fascicules de sa poche.*) Voici une publication de MM. Dallinger et Drysdale sur certaines monades observées par eux. Ils disent ici de l'une de celles-ci « qu'ils n'ont pu y remarquer aucun corps défini pou- vant être considéré comme un noyau à aucune époque

(1) *Studien über Moneren*, p. 64. Comparez avec *Protogenes*, page 268 ci-dessus.

(2) *Neueste Beiträge zu den Streitfragen der Entwicklungslehre*, article publié dans l'*Allgemeine Zeitung* d'Augsbourg, suppl. n° 301, année 1873.

du développement (1). » Et pourtant ils n'adoptent pas pour cela le nom de *monère*. D'ailleurs, dans tout le cours de leur écrit, de Hæckel *ne verbum quidem*.

Él. Oh! il a assez d'adhérents, va!

Ar. Je le crois bien ; et puis tous les journaux ne l'appellent-ils pas « un des penseurs les plus hardis du jour » ? Cela veut dire un de ceux qui savent braver la logique et la vérité avec le plus de conviction. (*Il arpente le laboratoire en gesticulant.*) Et puis, n'a-t-il pas inventé un nom ? Il l'a fait innocemment, lui, emporté par la fougue de son esprit. Mais que de gens font cela uniquement pour se donner de l'aplomb! Car quand on a inventé un nom, on arrive à l'état de Barnum adulte. Alors commence le phénomène de la reproduction. Les petits Barnums se font par fissiparité : arrivés à l'âge de l'adolescence, ils lancent dehors leurs petits écrits ou *pseudopodes*, puis les uns s'agglutinent aux autres comme les amibes, ils font cercle autour du Barnum leur père commun, et alors ça s'appelle une *école*. C'est ainsi que s'établissent les théories les plus saugrenues. Quand elles ont passé par cinq ou six mains, elles sont sauvées. Et plus une théorie est saugrenue, plus elle a de chances de réussite.

Él. (*vexé*). Ce qu'il y a de certain, c'est que tu as une franchise qu'on n'accusera pas d'un excès de politesse.

Ar. Mon cher ami, sous ce rapport-là il me reste encore beaucoup à apprendre de mes adversaires. Je ne suis pas encore arrivé à cette divine grossièreté, cette *göttliche Grobheit* dont ils ont eu jusqu'ici le monopole. Permets-moi de te lire quelques fleurs de rhétorique cueillies dans leur jardin à l'adresse des idiots qui pensent comme moi. (*Il sort son carnet de la poche.*) Voici d'abord le docteur Charles Zittel :

« Si *certains* philosophes *veulent nous faire accroire*

(1) *Monthly microscopical Journal*, London. Numéro de févr. 1874, p. 69.

« que tous les êtres sont sortis parfaits de la main du
« Créateur... la science naturelle doit décidément s'op-
« poser à de pareilles manières de voir (1). »

Tu le comprends, ce *certains* ironique et méprisant? et
veulent nous faire accroire? C'est nous qui sommes les
Barnums alors? Tu vois que nous sommes quittes. Voici
maintenant Moritz Wagner :

« Ce ne sont pas seulement les adhérents zélés de la
« *foi du charbonnier*, mais malheureusement aussi certains
« écrivains *plats libéraux*, qui, en toute occasion, se
« servent du mot matérialisme comme d'une expression
« à effet, pour insulter et mettre en suspicion, aux yeux
« d'une multitude *bornée*, qui ne comprend pas l'équi-
« voque insidieuse de ce mot, les partisans d'une *concep-*
« *tion religieuse* (!!) de la Divinité et de l'Univers un peu
« différente de la leur... L'accusation de matérialisme est
« souvent jetée si généreusement et si légèrement à la
« tête d'une conception du monde fondée sur la philo-
« sophie naturelle, et ayant la conscience de sa dignité.
« morale, qu'en lisant sans parti pris certaines critiques,
« on ne sait vraiment pas si cette perpétuelle confusion
« qu'on voit faire de deux choses totalement différentes,
« et cette invocation, souvent pas plus justifiée, de ce
« qu'on appelle idéalisme ou spiritualisme, sont unique-
« ment dues à un *engourdissement nébuleux* et au *tem-*
« *pérament bilieux* d'un auteur très-honoré ; ou bien s'il
« ne s'y mêle pas aussi peut-être un peu d'*ignorance* et
« de *stupidité* (2). »

ÉL. Eh bien, ma foi, il a raison !

AR. Il a raison d'accuser ses contradicteurs d'*igno-*
rance, de *stupidité*, d'*engourdissement nébuleux?* Il a
raison de parler de multitude *bornée*, de *plats libéraux*,

(1) *Allgemeine Zeitung*, supplém. du 6 juillet 1873.
(2) *Allgemeine Zeitung*, supplém. du 25 oct. 1873, p. 4523, col. 2.

de *foi du charbonnier ?* Eh bien, qu'on me pardonne alors mon Barnum !

ÉL. On n'a qu'à ouvrir la bouche sur les sciences naturelles, pour être tout de suite traité de matérialiste !

AR. Il paraît que ce mot vous offense, vous autres ; car Moritz Wagner, dans ce que je viens de lire, se permet de l'appeler une *conception religieuse !* et encore *seulement un peu différente* de la nôtre ! Après cela, il faut tirer l'échelle.

ÉL. Hæckel a très-bien montré qu'il y a deux espèces de matérialisme.....

AR. Effectivement, tu fais bien de me rappeler ce passage ; le voici : il y distingue le matérialisme *scientifique* (c'est celui que nous discutons ici), et le matérialisme *moral* ou *éthique*, lequel n'a, dit-il, rien de commun avec l'autre : il est *sensuel*, c'est-à-dire, d'après la description qu'il en fait, il est tout simplement la crapule sous toutes ses formes. Celle-là, il ne faut pas la chercher chez les naturalistes, ni chez les philosophes, mais, — et ici il place une de ces insolences dont les fanatiques comme lui ont seuls le secret. Voici ce qu'il dit :

« Ce matérialisme, on doit le chercher chez les princes
« de l'Église et chez tous ces hypocrites qui, sous le
« masque extérieur d'une pieuse adoration de Dieu,
« n'ont exclusivement pour but que la tyrannie hiérar-
« chique et l'exploitation matérielle de leurs semblables.
« Insensibles à la noblesse infinie de la matière brute et
« du monde magnifique de phénomènes qui en ressort,
« inaccessibles aux attraits inépuisables de la nature, et
« ignorant ses lois, ils accusent d'hérésie et de péché
« toutes les sciences naturelles, ainsi que la civilisation
« qui en découle, tandis que ce sont eux qui pratiquent

« ce matérialisme coupable sous la forme la plus
« odieuse (1). »

Qu'en dis-tu ?

ÉL. Quel langage mâle ! Comme il écrase ces gens-là !

AR. *(ironiquement)*. On peut en citer, en effet, de ces princes de l'Église crapuleux, dont il parle. L'un s'appelait Affre, l'autre Darboy. En fait d'ignorants livrés à la sensualité, nous avons le père Secchi. La *foi du charbonnier* est bien représentée par cette *multitude bornée* qui se faisait naguère tuer sur le champ de bataille pour ramasser les blessés, et par ces *engourdies nébuleuses* qui attrapent journellement le choléra et la fièvre en s'obstinant sottement à soigner les malades dans les hôpitaux. Les philosophes éclairés, ceux qui savent reconnaître la *noblesse infinie de la matière brute,* sont bien éloignés d'imiter cette crapule !

ÉL. *(vexé)*. Comme tu parlerais d'or, s'il n'y avait eu les persécutions, les guerres de religion, les horreurs de l'Inquisition !

AR. Mon bon ami, sache-le, le jour où tes Hæckel et Wagner auront le dessus (ce qui sera un symptôme de l'approche de la MORT SOCIALE), on les verra renouveler toutes les atrocités dont tu me parles, et les prisons de l'Inquisition seront rouvertes pour y recevoir les scélérats qui croiront en Dieu !

ÉL. *(indigné)*. Allons donc !

AR. *(se promenant)*. Tout se tient par une logique inexorable. De même qu'au nom de la Liberté, de l'Égalité et de la Fraternité, nous avons vu fusiller les otages, de même aussi, au nom de la libre pensée, on verra un jour brûler ceux qui professeront une croyance religieuse.

ÉL. *(en colère)*. Exagérations abominables !

____

(1) *Schöpfungsgeschichte,* 4ᵉ édition, page 33.

AR. Mais revenons à M. Hæckel, lequel, s'il est hautement doué du côté de l'intelligence, paraît l'être moins du côté du caractère. Voici de quelle façon il parle d'un adversaire :

« Reichert, professeur d'anatomie humaine à Berlin,
« et qui fut appelé en 1858, *par un bizarre accident,* à
« succéder à l'immortel Jean Müller, etc. (1). »

ÉL. Eh bien! quoi?

AR. Que signifient ces mots : *par un bizarre accident?*
Et *bizarre* n'est même pas la traduction exacte de *wunderlich,* qui a ici le sens de *cocasse.* Or, que M. Hæckel dise : « Reichert a tort, » c'est tout naturel; qu'il mette Reichert en contradiction avec lui-même, s'il le peut, c'est de la bonne guerre; mais qu'il trouve *bizarre* ou *cocasse* que Reichert ait été nommé professeur, cela veut dire en toutes lettres : « Cet homme-là ne mérite pas sa place : cherchez à vous en débarrasser. »

ÉL. *(décontenancé).* Je ne dis pas..... C'est un peu raide.....

AR. Oh! il n'y a pas deux manières d'envisager cela. Je ne le condamne pas pour avoir dit des impertinences au professeur Rütimeyer, de Bâle, parce que celui-ci a déclaré que la *Schœpfungsgeschichte* n'a aucune valeur scientifique (2). Qu'il s'étonne, si tel est son plaisir, de l'aveuglement du professeur His, de la même ville (3), ou de la *déraison hautement comique* (4) de l'ethnographe Bastian, de Berlin, parce que ces messieurs ne veulent absolument pas reconnaître combien cela serait commode pour la science si le darwinisme était une vérité. Toutes ces excentricités, on peut les lui pardonner,

(1) *Studien über Moneren,* page 48.
(2) *Schöpfungsgesch.,* p. XXIII.
(3) *Ibid.,* p. XXVI.
(4) *Ibid.,* p. XXVIII.

parce qu'au fond il n'attaque pas la position sociale de ses adversaires ; mais quant à Reichert, c'est autre chose.

Él. Affaire de tempérament. C'est un homme bilieux, si tu veux ; mais enfin nous lui devons le *Règne des protistes* (1).

Ar. Fameuse découverte, comme celle du *Bathybius* (2). Oh! mais n'entamons pas ce chapitre-là aujourd'hui. *Sufficit diei militia sua.* A demain!

Él. (*le reconduisant*). Bravo! tu sais ton Evangile par cœur.

Ar. Ah! si tu le savais aussi!.....

CHAPITRE XXXI

Cinquième dialogue. — Attraction moléculaire. Génération spontanée. Bathybius et Darwinisme.

Ariste. Que de pensées me sont venues après notre entretien d'hier sur les erreurs de jugement que peut causer le microscope quand on veut en tirer plus qu'il ne peut donner! Ainsi, par exemple, quelle est à peu près la grandeur d'un amibe?

Éleuthère. Que sais-je? Un dixième de millimètre en moyenne.

Ar. Et lorsqu'il s'est allongé?

Él. Cela pourrait faire tout au plus, voyons : — un millimètre.

Ar. Eh bien, ne penses-tu pas que ces mouvements mystérieux d'une substance gélatineuse, presque huileuse, glissant par-ci par-là, pourraient bien ne pas être de preuves de vie?

---

(1) *Studien über Moneren*, page 56.
(2) Voyez la page 257 ci-dessus.

Éʟ. A quoi les attribuerais-tu alors?

Aʀ. L'attraction moléculaire, par exemple, produit de bien singuliers phénomènes.

Éʟ. Mais d'où viendrait-elle, cette attraction?

Aʀ. Si elle venait du verre où l'on fait l'observation? Crois-tu que ces substances n'exercent pas quelque attraction à la distance d'un millimètre, et sur de la matière homogène, sans organes et sans fibres?

Éʟ. Je ne vois pas trop comment tu prouverais cela.

Aʀ. Voyons. Pourquoi l'amibe étendrait-il ses pseudopodes? A-t-il une volonté?

Éʟ. (*réfléchissant*). Pour cela, il lui faudrait un système nerveux. Il cherche tout simplement à se nourrir.

Aʀ. Il a donc faim alors? Mais cela suppose un organe, et il n'en a pas.

Éʟ. Ces questions ont déjà été débattues bien des fois. On sait que les infusoires donnent des démentis étonnants à la physiologie.

Aʀ. Etonnants, c'est bien le mot. Celui, par exemple, de pouvoir supporter des degrés de chaleur dont la moitié seulement nous tuerait.

Éʟ. C'est très-curieux, en effet; on les a vus résister à 120 degrés.

Aʀ. MM. Dallinger et Drysdale, dont je t'ai parlé hier, ont fait à ce sujet sur leurs trois monères des expériences fort intéressantes. Ils les ont d'abord exposés à une chaleur de 80, de 93, de 121 et de 148 degrés centigrades, et n'en ont retiré que des masses amorphes, ne donnant aucun signe de vie sous un grossissement de 1200 diamètres. Mais au bout de huit heures et demie de séjour dans une chambre humide, quelques spores des deux premières espèces précédemment exposées à ces hautes températures, à la dernière surtout, maintenue pendant dix minutes, ont survécu; la troisième seule, vivipare, était complétement morte (1).

ÉL. C'est en effet inexplicable.

AR. C'est un mystère, et je persiste à croire qu'il y a là des effets d'action moléculaire. Il y en a d'étonnants, sais-tu? Je crois pouvoir te prouver que le mouvement, et même la fissiparité, ne suffisent pas pour démontrer l'existence de la vie. Donne-moi ces coupes que tu as là.

ÉL. Qu'est-ce que tu veux en faire? (*Il les apporte.*)

AR. Sont-elles propres?

ÉL. Parfaitement.

AR. Versons-y de l'eau ordinaire. (*Il en verse.*) Maintenant, as-tu de l'huile d'olive?

ÉL. En voici.

AR. Bien, j'en dépose une goutte sur l'eau. Prends la loupe et regarde.

ÉL. Je vois qu'elle s'étend en une mince pellicule circulaire. Ah! ah! tiens! Elle se découpe sur les bords.... Ah! quel joli filet! C'est charmant!.... Ah... les mailles se déchirent peu à peu.... le bord se peuple de perles, qui vont en s'éloignant.... Elles s'éparpillent.... Il reste toujours la goutte mère, mais fort découpée.

AR. Eh bien, tu vois : mouvement et scissiparité sans vie! Explique cela si tu peux. Mille fois tu as jeté une goutte d'huile sur l'eau, et tu n'y as pas fait attention. Faisons l'inverse, et mettons une goutte d'eau sur l'huile. Que vois-tu?

ÉL. (*après une pause*). L'immobilité complète.

AR. (*il sort des fioles de sa poche*). Voici du camphre...

____

(1) *Monthly Microscopical Journal*, mars 1874, pp. 100 et 101.

Éʟ. Oh! je connais ça : il tournoie dans l'eau.

Aʀ. (*en met un morceau sur l'eau*). En effet, tu vois? Maintenant, ce que tu ne sais peut-être pas : voici de l'essence de girofle, j'en laisse tomber une goutte sur l'eau... Vite! regarde!

Éʟ. Ah! c'est curieux... le bord de la goutte s'agite, se découpe....

Aʀ. Oui, mais le camphre?

Éʟ. Il ne tournoie plus!

Aʀ. Regarde maintenant à la loupe la belle pellicule marbrée qu'a faite l'essence. Quel joli dessin! Une peau de chagrin irisée. Tout cela entoure la goutte, mais celle-ci en est séparée par de larges pétales, lui donnant quelque apparence d'une rose.

Éʟ. C'est très-curieux.

Aʀ. Maintenant, à un autre. Déposons une goutte d'essence de lavande sur cette eau-ci.

Éʟ. La pellicule est un peu découpée, mais je ne vois pas autre chose.

Aʀ. Laissons reposer cette coupe, et allons à celle-ci, où je mets une goutte de créosote. Vite, regarde.

Éʟ. Eh! quelle agitation! Comme cela voyage! Ça crache de tous les côtés; voilà des gouttes lancées au loin...

Aʀ. Et regarde le bord, comme il se déchire... C'est comme un soleil flamboyant en petit. N'est-ce pas que cela ressemble à la vie? Çà, revenons à notre essence de lavande, et voyons ce qu'elle a fait.

Éʟ. Ah! le joli bord de guipure! Et ces belles stries marbrées! et ces îlots! C'est vraiment très-joli! Mais quel rapport cela a-t-il avec notre sujet?

Aʀ. Voilà des effets de mouvement, et même de séparation, où la vie ne joue aucun rôle. C'est de l'attraction ou de la répulsion moléculaire. Le professeur Tomlinson, à qui j'emprunte ces expériences (1), explique ces effets par la lutte entre la cohésion de l'essence et l'attraction moléculaire de l'eau.

ÉL. (*réfléchissant*). Alors, selon toi, les mouvements du sarcode ne seraient pas la vie, mais résulteraient d'une lutte analogue?

AR. Suis bien mon raisonnement. De quoi s'agit-il? D'une masse minime sans organes et même sans fibres musculaires. Dans ces conditions, l'existence de la vie serait contraire à toutes les lois, que dis-je? aux axiomes mêmes de la physiologie.

ÉL. Je ne dis pas non, mais enfin nous y voyons les phénomènes de la vie.

AR. Quelle est, sous le microscope, l'ampleur d'une contraction ou expansion d'un amibe d'un dixième de millimètre, par exemple?

ÉL. Eh! sous le microscope, un mouvement sarcodique, avec un grossissement de 500 à 700 diamètres, peut bien avoir l'ampleur, voyons, d'un quart de pouce.

AR. Soit 6 millimètres environ. Prenons une moyenne de 600 diamètres; l'ampleur réelle ne serait alors que d'un centième de millimètre?

ÉL. A peu près.

AR. Or, crois-tu qu'un pareil mouvement imperceptible ne puisse pas se produire par la simple attraction moléculaire du verre? Le sarcode semi-fluide, visqueux, tend par son attraction moléculaire propre à se contracter en boule. L'attraction du verre s'y oppose : comme il n'est pas absolument homogène dans toute sa masse, il étire le sarcode irrégulièrement; de là les pseudopodes : il y a lutte. Deux amibes, également gluants, se rencontrent sans se chercher : ils se collent mécaniquement l'un à

(1) Voir le *Philosophical Magazine* de Londres, octobre 1861, mars 1862, juin et novembre 1864.

l'autre ; nouvelle lutte, où le plus fort l'emporte et entraîne l'autre dans une nouvelle forme globulaire...

Él. Et la diffluence ?

Ar. Je l'explique, comme Ehrenberg, par la putréfaction. Ce n'est peut-être pas vrai; mais toi, tu n'en sais pas plus long que moi à ce sujet.

Él. Et les rhizopodes ?

Ar. C'est autre chose : je ne te parle que des amibes, des trop célèbres *monères* de Hæckel, et de leur prétendue génération spontanée.

Él. Tu as beau dire, quant à cette dernière, nous avons des preuves irréfutables. Tout dernièrement, le docteur Bastian a obtenu des bactéries dans une infusion de navets contenant des rognures de fromage...

Ar. Oui, et Pouchet et d'autres ont pris du foin et diverses autres matières organisées. Mais les ont-ils *faits* les navets? l'ont-ils créé eux-mêmes le foin ?

Él. (*se récriant*). Allons donc !

Ar. Il faudrait cela pourtant. S'ils veulent que je croie à la génération spontanée, ce n'est pas en me montrant des transformations de matières *organisées* qu'ils y parviendront. Non ! il faut qu'ils me fabriquent de toutes pièces, au moyen de la chimie minérale, des navets, du foin, du fromage.

Él. C'est excessif, cela.

Ar. Comment! excessif? Vous niez un Créateur : faites donc voir que vous savez faire des plantes et des animaux sans aïeuls.

Él. Je t'y attendais : ce que tu demandes est fait. Voici la dernière recette publiée par M. Huizinga, de Groningue. Il prend 25 parties en poids de sucre de raisin, 2 de nitrate de potasse, 2 de sulfate de magnésie, 4 de peptone, et 967 d'eau distillée additionnée d'une petite fraction de phosphate de chaux. Ayant fait bouillir ce liquide pendant dix minutes, il a aussitôt bouché le ballon avec une plaque de terre réfractaire préalablement exposée à un feu très-vif; il a laissé refroidir, puis il a mis le tout à digérer à une température de 30° centig. Trois jours après, il trouve le ballon rempli de bactéries (1). Qu'en dis-tu? vas-tu me répondre par la vieille rengaine des spores dans l'air?

AR. C'est curieux! très-curieux! Dis donc, où a-t-il pris le sucre de raisin et le peptone? Car l'un est tiré du règne végétal, l'autre du règne animal.

ÉL. Le sucre de raisin? Ma foi, il ne le dit pas : c'est peut-être celui du commerce; peut-être l'a-t-il fabriqué lui-même, par l'amidon...

AR. Il savait donc faire l'amidon? je veux dire, le créer de toutes pièces? comme l'urée, par exemple?

ÉL. Oh! l'amidon... c'est autre chose.

AR. Ah! Et le peptone?

ÉL. Le peptone, il le dit. Il a traité l'albumine d'œuf dans du suc gastrique artificiel fait avec l'extrait de pepsine.

AR. A-t-il fait l'œuf? a-t-il fait la pepsine?

ÉL. (*impatienté*). Quelles demandes!

AR. Elles ne sont pas hors de propos; car tant que vous opérerez sur des substances organisées, comme l'ont fait Pouchet, Bastian, Huizinga et tant d'autres, la génération spontanée ne sera pas acceptée par moi. La matière organisée a des propriétés particulières que nous ne connaissons pas : entre autres celle, dans les petits organismes surtout, de résister à des températures incroyables, fort au-dessus des 100° de ton M. Huizinga. Comment veux-tu, en présence de faits pareils inexplicables, que j'ajoute foi, ici, à la naissance spontanée

____

(1) *Monthly microscopical Journal*, n° de janvier 1874, pages 24 et 25.

d'un *Penicillum glaucum;* là, à celle de bactéries?
Non, non ! si vous opérez sur du foin, sur des navets, sur
de l'albumine, faites-les d'abord par la chimie minérale
toute seule, et alors le doute ne sera plus permis. Voilà
comment j'entends la génération spontanée.

ÉL. (*vexé*). Tu voulais dire quelque chose sur le *bathybius,* je crois ?

AR. Ah ! justement : j'ai trouvé dans ton ami Hæckel
tout l'historique de l'affaire. Voici : lors de l'exploration
du fond de l'Atlantique en 1857 pour la mise du câble
télégraphique, le professeur Huxley, de l'École des mines
de Londres, crut voir, dans une espèce de mucus ou de
glaire retirée du fond de la mer par des dragages à des
profondeurs variant entre 1,500 à 4,000 mètres, quelque
chose de vivant, et, sans se donner la peine de vérifier
si ce quelque chose vivait réellement ou non, il lui donna
crânement, avec ce sans-façon dont nous avons vu chez
MM. les micrographes d'éminents exemples, le nom de
bathybius. Sans entrer dans de plus longs détails, disons
qu'en 1868 Huxley reprit ses observations, en examinant
surtout les corps étrangers qui se trouvaient mêlés,
presque incorporés à cette masse muqueuse. Il les appela
coccolithes et *coccosphères :* ils ne nous intéressent pas.

ÉL. Pardon si je t'interromps, mais tu oublies de
dire que le docteur Carpenter et le professeur Wyville
Thomson, d'Édimbourg, ont reconnu du sarcode vivant
dans cette masse : on pouvait donc très-bien l'appeler
bathybius.

AR. Où est la preuve que ce sarcode vivant soit venu du
fond de la mer ? Car, ne l'oublie pas, c'est là pour ces messieurs le point important, attendu qu'ils veulent faire passer le bathybius pour le père de tous les êtres, né lui-même
par spontéparité sous l'influence de l'énorme pression de
la mer. En vertu de quel principe de physique cette

pression puisse devenir un élément générateur ; *manet alta mente Hæckelii repostum !* Quoi qu'il en soit, où est la preuve, je le répète, que le sacorde vu par Carpenter et Wyville Thomson soit venu du fond de la mer? La charge a bien pu, en remontant, attraper quelque atome vivant, quelque polype microscopique à la recherche d'un rocher où planter son polypier. Mais peu importe, car le bathybius examiné par Hæckel n'était certainement pas vivant, puisqu'on le lui avait envoyé conservé dans de l'esprit-de-vin.

ÉL. Mais il y a appliqué les réactifs du protoplasme...

AR. Les réactifs peuvent montrer que le corps est albuminoïde, mais jamais qu'il a vécu. Mais notre moné-romane ne s'est pas arrêté à si peu de chose : il a aussi-tôt rangé le bathybius dans ses monères, d'autant plus que Huxley lui a fait le compliment assez équivoque d'appeler sa trouvaille *Bathybius Hæckelii* (1).

ÉL. Eh bien, c'était reconnaître les éminents services de ce savant...

AR. Oui, si le bathybius vivait : mais je possède, sans plus y perdre mon temps, la preuve la plus convain-cante qu'il ne vit pas. Car voici le professeur Moritz Wagner, le séide, le *pedissequus* de Hæckel, qui a la franchise, étonnante pour un athée, de s'exprimer ainsi : « Ernest Hæckel appelle aussi ce bathybius un mo-« nère, mais inexactement, je pense; car on n'a pas « encore observé chez lui les apparences de vie de tous « les monères, savoir : le mouvement, les changements « de forme, la propagation par fissiparité (2). » Tu com-prends qu'un aveu pareil, venant d'un adversaire acharné, me dispense de faire d'autres recherches.

(1) Voir *Studien über Moneren*, pages 86 à 106.
(2) *Allgemeine Zeitung* d'Augsbourg, supplém. du 28 oct. 1873, p. 4362, 1re colonne.

ÉL. Mais enfin, ce bathybius, que serait-il alors, selon toi?

AR. Mon Dieu, c'est très-facile à expliquer. C'est du détritus animal et végétal accumulé depuis des siècles, voilà tout. Dans un immense charnier comme l'Océan, ce n'est pas étonnant. Au lieu d'être du *protoplasme*, mon cher (*il frappe Éleuthère sur l'épaule*), c'est de l'*hystatoplasme*, c'est le dernier mot de la décomposition, c'est la *mort* et non pas la *vie* (1)!

ÉL. (*se résignant*). C'est possible : cela n'empêche pas le reste d'être vrai.

AR. Il faudrait pour cela que la logique de M. Hæckel fût un peu plus solide qu'elle ne l'est. Ici, par exemple, après avoir dit que Darwin déclare ne pas devoir en aucune façon s'occuper de l'origine de la vie, il fait remarquer que « tout penseur qui aura lu cet ouvrage « doit se faire la demande d'où est venue la première « forme la plus simple (2). » Il avoue donc que le penseur doit trouver hautement intéressante cette recherche de l'origine. Que dit-il maintenant dans sa *Schœpfungsgeschichte?* « Tout le monde organique a-t-il une origine

(1) Au dernier moment, je trouve cette opinion confirmée par le professeur Wyville Thomson lui-même, dans une lettre datée de Melbourne, le 17 mars 1874, et résumée dans la *Nature*, de Londres, n° du 25 juin de la même année. Elle contient un récit détaillé du voyage du *Challenger*, et entre autres le passage suivant : « M. Murray a eu l'idée, par suite des données recueillies dans l'Atlantique, de combiner avec les sondages l'emploi du filet à différentes profondeurs comprises entre la surface et 150 brasses, et d'examiner les échantillons obtenus par ces deux moyens. Et ce double travail l'a fait arriver à cette conclusion (*à laquelle je suis maintenant forcé de me rallier complétement, bien qu'elle soit certainement contraire à mon opinion antérieure*) : que la masse de la matière qui tapisse le fond dans les eaux profondes est *toujours* dérivée de la surface » (p. 143, 2° colonne). Donc, comme le dit fort bien Ariste à la page 294, le sarcode vivant ne provenait pas du fond, mais de la surface. Ailleurs, le professeur W. Thomson avoue que le fond contient des masses de cadavres de foraminifères, etc.

(2) *Studien über Moneren*, p. 177.

« commune, ou est-il sorti de plusieurs actes de géné-
« ration spontanée ? Cette question généalogique fonda-
« mentale·paraît tout d'abord avoir une importance
« extraordinaire. Vous verrez toutefois bientôt, en y
« regardant de plus près, qu'elle n'en a pas, et qu'au
« contraire elle n'a au fond qu'une signification très-
« subordonnée (1).» Voilà la recherche de l'origine tombée
à zéro. Le penseur de tout à l'heure n'est qu'un idiot !

ÉL. Si tu vas éplucher comme cela un auteur... Dans
deux ouvrages différents, il est presque impossible qu'il
n'y ait çà et là quelque légère contradiction.

AR. Légère ? sur un point fondamental ? Tu es bien
indulgent. Mais chez vous autres athées, c'est un parti
pris de nier l'importance de la question de l'origine.
Holbach, nous l'avons vu naguère, n'a pas fait autrement (2). Ailleurs, page 8, Hæckel est même plus expli-
cite : « La création, comme origine de la matière, ne
« nous concerne en aucune façon. Cet événement, s'il
« est jamais arrivé, est entièrement en dehors de la
« connaissance humaine, et ne peut donc être jamais
« l'objet des recherches des sciences naturelles. » C'est
carré, comme tu vois.

ÉL. Mais c'est bien mon avis aussi !

AR. Comment! c'est ton avis aussi ? Mais tu oublies
alors la prétention de ton école de tout prouver, absolument tout, par la science seule ? Vous niez Dieu, vous
lui substituez la science : il faut alors que la science
puisse être Dieu. Vous devez pouvoir tout démontrer, et
il ne vous est pas permis de nous dire : « Telle chose ne
nous regarde pas ; elle est en dehors des connaissances
humaines. » Vous êtes tenus de remplir votre programme
jusqu'au bout!

(1) Page 369.
(2) Voir ci-dessus, la page 229.

Él. (*haussant les épaules*). J'aurais donc à répéter ce que je t'ai dit l'autre jour?

Ar. C'est justement ce que fait Hæckel : il apporte les mêmes arguments que tu m'as présentés, et que j'ai déjà réfutés (1). Mais le *premier œuf*, que diable ! il a existé, lui (2) ! Il ne nous est pas venu d'une autre planète, voyons !

Él. C'est la loi de l'évolution qui explique cela !

Ar. Justement. Et ton auteur est un darwinien à tous crins.

Él. Je le crois bien, ma foi !

Ar. Mais sans admettre de réplique. Point de ces fades réserves qui laissent poliment une échappatoire à l'adversaire aplati. C'est rasoir ! Vous n'êtes pas darwinien? Vous n'êtes pas homme. Ma foi ! il me semble entendre Pancrace : « Oui, ignorant que vous êtes, c'est ainsi qu'il faut penser ! »

Él. Je suis bien curieux de savoir ce que tu vas me dire là-dessus.

Ar. Oh ! je sais bien que le darwinisme, c'est votre grand cheval de bataille. Voyons comment le traite notre Hæckel. Il répond ici à l'objection qu'on lui fait, savoir : qu'au fond Darwin n'a émis qu'une *hypothèse*, et que dès lors on est en droit de lui opposer une autre *hypothèse*, celle d'après laquelle les espèces se sont développées non pas d'un père commun, mais chacune séparément. Voici sa réponse : « Mais tant qu'on n'a pas « montré *comment* cette origine est à concevoir et *quelle* « est cette loi de la nature ; tant qu'on ne pourra pas « même faire valoir des explications probables pouvant « militer en faveur d'une origine indépendante des es- « pèces d'animaux et de plantes, cette contre-hypothèse

<hr>

(1) Voir le chap. xxviii. et *passim*.
(2) Voir la page 259.

« ne sera en réalité pas une hypothèse du tout, mais
« une manière de parler qui ne dit rien, vide de
« sens (1). »

ÉL. Je suis de son avis.

AR. Tu ne vois pas alors que c'est là absolument ce
que l'on peut répondre mot à mot à l'endroit de votre
théorie darwinienne? C'est vous qui ne montrez pas
comment l'origine que vous supposez est possible; c'est
vous qui ne savez pas expliquer cette loi de la nature
que vous proclamez; c'est vous qui ne nous donnez pas
des explications probables d'une origine commune des
espèces; c'est vous enfin qui allez contre l'expérience
des siècles! Mais, en vérité, là-dessus vous avez, vous
autres, un toupet renversant! Hæckel ne dit-il pas
effrontément, quelques lignes plus bas, que « la doctrine
« de Darwin n'accepte pas ces sortes de relations incon-
« nues; qu'elle se fonde sur des propriétés générales des
« organismes, depuis longtemps reconnues? »

ÉL. Eh bien, c'est vrai!

AR. Ah! c'est vrai? Écoutons alors encore une fois
ton auteur : « L'hypothèse de la génération spontanée
« n'est pas démontrée positivement, en ce sens qu'on
« n'a jamais encore vu naître des organismes sans le
« concours d'aïeux (2). »

ÉL. C'est de la génération spontanée qu'il parle ici,
et nullement de l'évolution darwinienne.

AR. Les deux se tiennent, monsieur Éleuthère : l'une
ne va pas sans l'autre. Du moment qu'il n'y a eu besoin
de créer qu'un seul organisme pour les avoir tous, on
peut très-bien supposer un sarcode venu tout seul, par
spontéparité; et réciproquement, si le pigeon peut devenir un épervier, il n'y a pas de raison pour ne pas

(1) *Schöpfungsgeschichte,* page 27.
(2) *Studien über Moneren,* page 178.

admettre que le bœuf soit le descendant du rat, et le rat celui du monère né tout seul. Eh ! c'est bien là la grande vertu du darwinisme aux yeux de Hæckel ; il ne cesse de s'extasier sur la beauté du système, sur l'explication si simple qui en ressort de l'origine de toutes choses. Y a-t-il rien de plus clair ? Le carbone donne la vie :

« Les propriétés particulières chimico-physiques du
« carbone, et plus spécialement l'état d'agrégation semi-
« fluide et la décomposition facile des combinaisons car-
« boniques albuminoïdes si compliquées, sont EXCLU-
« SIVEMENT les causes mécaniques de ces phénomènes
« caractéristiques de mouvement, par lesquels les orga-
« nismes se distinguent des anorganes, et que l'on
« appelle ordinairement la *vie* dans son sens le plus
« restreint (1). »

ÉL. C'est pourtant ce qui résulte des faits !

AR. Vraiment ? C'est un fait que le carbone donne la vie ? Tous vos arguments sont de cette force-là. (*Se promenant.*) Voici le sarcode. Sous la protection du divin Hæckel, il devient un monère, puis ses vacuoles deviennent des cellules, et puis, ma foi, tirons à la courte paille pour voir si nous en ferons une plante ou un animal. Une plante ? Voilà le brin d'herbe qui devient une carotte, laquelle se transforme en pomme de terre, en betterave ; de là au rosier il n'y a qu'un pas : il en sort le bouleau, le marronnier, le chêne. Ah ! vous voulez un animal ? Vous n'avez qu'à demander : le monère se fait polype, celui-ci devient poisson, lequel se fait des ailes et finit par devenir passereau. Celui-ci se transforme en chauve-souris, laquelle probablement fait la bifurcation : d'un côté un rat, de l'autre un dindon, qui pourra devenir vautour. Quant au rat, évidemment il en sort un âne ; de là au

____

(1) *Schöpfungsgeschichte*, page 293.

singe, la transition est facile, et nous voilà à l'homme !
Ah ! que c'est beau, que c'est beau, que c'est beau !!

ÉL. (*vexé*). Il est facile de se moquer de la science,
et, ce que tu viens de me débiter pourra faire rire un
auditoire ignorant, mais n'empêchera ni le physiologiste
ni le paléontologue de continuer chacun ses recherches.

AR. A propos de paléontologie, sais-tu ce que dit ton
auteur sur la descendance de l'homme du singe ? (*Il ouvre
le volume.*) Écoute : « Ici, je veux nettement mettre en
« évidence ce qui au fond va de soi, savoir : que pas un
« seul de tous les singes actuellement existants, et dès
« lors aucun des anthropoïdes nommés ci-dessus, ne sau-
« rait être l'ancêtre de la race humaine (1). »

ÉL. Tu sais qu'ici (p. 574) il a démontré que l'homme
est l'évolution de la famille des *Catarrhins*, selon la division de Huxley.

AR. Démontré ? par la formation du nez et des mâ-
choires encore ? Tais-toi donc, et admire avec moi le haut
escamotage qu'il fait du corps du délit ! « Oui, messieurs,
« nous dit-il d'un air de Robert-Houdin, l'homme vient
« du singe, mais le singe père n'existe plus ! » C'est magnifique ! parez-moi celle-là, si vous pouvez ! « Peut-
« être, ajoute-t-il naïvement, trouverons-nous ses osse-
« ments fossiles dans les terrains tertiaires de l'Asie ou
« de l'Afrique méridionale. » Il n'est pas difficile lui :
pourvu qu'on les trouve ; où, ça lui est bien égal ! Et
cela s'appelle de la science ? Grand Dieu, que le monde
est niais ! Et, ce qu'il y a de plus comique, bien qu'il
avoue à contre-cœur que ce singe est encore à trouver,
il déclare qu'il faut lui assigner une place (2) ! Après
cela, il faut tirer l'échelle.

ÉL. Ce n'est pas sa faute, à lui, s'il manque un chaînon

____

(1) *Schöpfungsgeschichte,* page 577.
(2) *Ibidem.*

à la série des êtres ; et si le vide qui en résulte est évident, pourquoi ne pas y marquer la place de cet être pour le moment inconnu, mais que des recherches ultérieures pourront d'un jour à l'autre mettre à découvert ?

AR. Commençons par dire que ce vide n'est pas évident du tout et qu'il faut l'œil intéressé des darwinistes pour le découvrir. Je ne vais pas ici me lancer dans le dédale de la question des genres et des espèces : je me contente, quant à celles-ci, de l'excellente définition de Cuvier, savoir : que l'*espèce* est la réunion des individus descendus l'un de l'autre ou de parents communs, auxquels ils ressemblent comme ils se ressemblent entre eux (1). Avec cette définition basée sur la fécondité, tout ton darwinisme s'en va en fumée. La pierre de touche de la véritable espèce, c'est *la* FÉCONDITÉ *ne s'éteignant pas au bout d'une série indéfinie de générations.*

ÉL. Et pourquoi cette limitation ?

AR. Parce qu'elle exclut les métis. Alors, sans nous occuper de la conformation physique, nous appellerons GENRE *la réunion de toutes les espèces capables de se croiser entre elles et de produire des métis.* C'est là le seul caractère infaillible. Buffon reconnaît implicitement cette vérité, lorsqu'il s'écrie : « Comment pourra-t-on connaître autrement que par les résultats de l'union, mille et mille fois tentée, des animaux d'espèces différentes, leur degré de parenté (2) ? » Et depuis, la capacité de propagation a toujours été reconnue comme le réactif, pour m'exprimer chimiquement, par lequel on distingue les types. Darwin n'a jamais pu franchir les limites entre lesquelles sont restés les éleveurs. Quant aux mulets qui sortent des croisements entre espèces d'un même genre, je n'ai qu'à te citer Faivre, que tu as là-bas. (*Il prend le livre.*)

____

(1) Cuvier, *Règne animal*, introduction.
(2) Buffon, *Dégénération des animaux.*

« Les espèces congénères peuvent être aptes à se féconder ; il en naît alors une postérité hybride, dont les produits se succèdent pendant quelques générations ; mais les descendances ont un terme, l'hybridité ne formant pas d'espèces intermédiaires et permanentes (1). » As-tu quelque fait à citer en réfutation de cette vérité ? Ton professeur d'Iéna en cite-t-il ?

ÉL. Si, il en cite : regarde sur ces planches de la *Schöpfungsgeschichte*, page 272, les fœtus, d'une part, de la tortue et de la poule ; de l'autre, du chien et de l'homme : y trouves-tu des différences appréciables entre les figures de la planche II ou entre celles de la planche III ? Regarde surtout la petite queue de l'homme, absolument pareille à celle du chien dans la quatrième semaine de la gestation, et dis alors s'il n'a pas pu descendre du singe ?

AR. (*souriant*). Du chien plutôt. Ton grand physiologiste d'Iéna ne sait pourtant pas expliquer par quel mystère cette diversité s'opère dans la suite ? S'il croit pouvoir tirer un argument de cette ressemblance, le seul valable serait celui-ci : que le zoosperme de l'homme pût féconder l'œuf de la chienne. Or, cela arrive-t-il? Non ! Peut-il me dire *pourquoi* cela n'arrive pas? Pas davantage! Il m'apporte là un exemple qui l'écrase, lui et sa théorie de l'évolution. Cette ressemblance des fœtus laisse tout entier le FAIT capital que les *genres* ne se croisent pas entre eux. Ces cellules qui lui semblent identiques, et qui se groupent dans l'origine de manière à produire des formes semblables, sont différentes dans leur essence, et pourtant son microscope, qui doit tout expliquer, n'y voit que du feu. Et en présence de ce MYSTÈRE INSONDABLE, il a la fatuité de vouloir appuyer d'un argument simplement insensé sa théorie de la non-exis-

---

(1) Faivre, *la Variabilité des espèces et ses Limites*, page 144. Paris Germer-Baillière, 1868

tence de Dieu, en établissant une comparaison entre le monde matériel et le monde social. Comme les lois qui régissent ce dernier n'ont pas eu, selon lui, besoin de l'intervention d'un Dieu pour naître, de même les lois auxquelles obéit la matière se sont faites toutes seules! Pétition de principes partout. Où prend-il que les lois qui régissent les États ne viennent pas de Dieu?

Él. Et toi, comment prouverais-tu le contraire?

Ar. Pour les gens qui s'arrêtent à la surface, Dieu n'a sans doute rien à y voir. Les lois de finances, de douanes, de police, tout cela a l'air d'être terre à terre, d'être purement de convenance humaine. Mais d'où découlent-elles, en réalité? Des grands principes du droit de propriété, de la sécurité personnelle, de la famille, et, avant tout, du sentiment religieux. Voilà les sources de la prospérité des États, et ces sources, elles sont d'origine divine. Car aucun État qui y renonce ne peut subsister. Vois la France; depuis que ses sommités se sont vouées à l'athéisme, depuis qu'on y prêche les théories absurdes auxquelles on donne aujourd'hui en bloc le nom de *socialisme*, elle qui se croit à la tête de la civilisation, se trouve aujourd'hui, en Europe surtout, au bas de l'échelle. Car tout cela se tient. Holbach, nous l'avons vu, n'était pas socialiste : il attaquait seulement l'idée de la Divinité; ses successeurs sont allés plus loin et ont ébranlé tous les principes sur lesquels reposent les États, et plus généralement toute société humaine; à tel point que nous avons vu dernièrement s'émousser même ce sentiment autrefois si vivace de la PATRIE : il en est sorti la Commune. Voilà ce que c'est de ne pas avoir de Dieu!

Él. Peuh! tu prends cela de bien haut; et toi, qui accuses Hæckel, tu nous traites, lui, moi et tous ceux qui pensent comme nous, d'aveugles et d'insensés.

Ar. Je vous rends la pareille. Lis ce passage : « Il ne

« viendra à l'esprit d'aucun HOMME SENSÉ de vouloir re-
« connaître dans les lois qui régissent les États l'action
« d'un créateur surnaturel (1). » Or, puisque moi et
tous ceux qui pensent comme moi, nous y voyons précisément ce créateur surnaturel, nous sommes tous, selon
lui, des insensés. Donc, nous voilà quittes. Mais revenons à nos moutons. Contre le darwinisme je pourrais
te citer Baer (2), je pourrais te citer feu Louis Agassiz,
dont le chant du cygne a été une savante réfutation de
cette hallucination (3) ; mais un sac d'autorités ne vaut
pas ce que vaut une expérience. L'homme descend des
Catarrhins, n'est-ce pas (4) ?

ÉL. C'est Hæckel qui le dit, mais n'oublie pas que
cette race a disparu.

AR. Celle qui a fait l'homme, bien entendu : il l'a
escamotée. Toutefois, il en reste toujours dans l'Asie et
en Afrique. Or, comme, entre espèces du même genre, le
croisement est possible, tu vas, mon bon ami, te procurer
un petit harem de *catarrhines*, et tu t'y livreras au croisement.

ÉL. Ah ! va te promener !

AR. Il en naîtra immanquablement des *anthropopithè-*
ques. Tu vois, moi aussi je sais inventer des noms !

ÉL. (*haussant les épaules*). Est-ce que l'on répond à
de pareils arguments ?

AR. Comment ! je suis rigoureusement dans ta théorie.
L'homme est descendu du singe : nous savons même,
témoin Huxley et Hæckel, qu'il est sorti des catarrhins.
L'espèce précise a été escamotée : mais nous pouvons
en prendre une de celles qui existent; nous savons

(1) *Schöpfungsgeschichte*, page 269.
(2) *Allgemeine Zeitung*, suppl. du 10 mai 1873.
(3) Lire son *Type spécifique* dans la *Revue scientifique* du 28 mars 1874,
pages 916 et suiv. — Paris, chez Germer-Baillière.
(4) Voir la page 301.

qu'entre espèces le croisement est possible : le cheval et l'âne, le chien et le chacal sont là pour le prouver. Donc, si l'homme est sorti du catarrhin, n'importe de quelle espèce, le croisement entre ces deux est possible. De plus, comme, selon Darwin, le croisement peut amener la formation de nouvelles espèces, les *anthropopithèques* devront pouvoir se perpétuer, et alors seulement le darwinisme se sera établi. Ton pape Hæckel décidera plus tard si l'anthropopithèque doit jouir du don de la parole ou non.

ÉL. Va te promener.

AR. Je t'ai mis là une poire d'angoisse que tu ne cracheras pas de sitôt. A demain le coup de massue. Adieu.

ÉL. (*fort vexé*). Adieu.

CHAPITRE XXXII

Sixième dialogue. — Vie et âme.

ARISTE (*en entrant*). Eh bien ! maître Éleuthère, à en juger par ta figure, tu n'es pas enchanté de me voir aujourd'hui ?

ÉLEUTHÈRE (*assis, se curant les ongles*). Assieds-toi tout de même. Notre question, après tout, ne m'inspire pas un énorme intérêt. Tu veux qu'il y ait un Dieu, soit ! si ça te fait plaisir, ça m'est bien égal.

AR. Ah ! vraiment ? Je la prévoyais, cette nonchalance. Lorsque vous autres, vous vous sentez battus, vous n'avez pas assez de mépris pour le vainqueur.

ÉL. Oh ! oh ! battus... vainqueur !... Sois un peu modeste toi-même.

AR. Voyons : c'est peut-être le moment de te récapituler tout ce que je t'ai dit. Je t'ai d'abord fait voir que notre excellent Holbach a répondu par une fin de non-recevoir à la question de savoir d'où l'homme est venu (1).

ÉL. (*avec humeur*). Il y répond parfaitement.

AR. Ah! ce serait donc à recommencer? Tu ne m'y prendras pas; j'en ai assez, et je poursuis. Je t'ai fait sentir l'absurdité qu'il y a à supposer qu'une nature non intelligente puisse créer des êtres intelligents (2). Puis nous sommes revenus à la question des origines, à propos de certaines observations microscopiques auxquelles tu m'avais convié et qui ne prouvaient rien. C'est alors que tu m'as objecté ton fameux argument de l'*attraction* et de la *répulsion* (3).

ÉL. Auquel tu n'as pas répondu...

AR. Que j'ai anéanti, en te faisant d'abord fixer toi-même, logiquement, les CINQ ATTRIBUTS que doit avoir un Dieu, s'il existe (4); puis en te montrant que, de ton propre aveu, ce Dieu ne peut pas commettre les absurdités qne tu lui demandes (5).

ÉL. Je me rappelle aussi que c'est à ce propos que tu as nié la toute-puissance de Dieu...

AR. Hors des limites des CINQ ATTRIBUTS, bien entendu. Puis nous avons transporté le débat dans la paléontologie; je t'ai prouvé que le *progrès dans les formes* n'est qu'une niaiserie éclose dans les cerveaux de MM. les athées (6); j'ai réfuté les arguments des demi-dieux allemands que tu m'as cités; j'ai insisté pour apprendre de toi d'où est venu le premier œuf, puisque tu n'as pas pu nier qu'il y en ait eu, et enfin j'ai réduit à sa juste valeur ta magnifique tirade sur les germes

(1) Page 229.
(2) Pages 233 à 235.
(3) Pages 237 et 238.
(4) Page 242.
(5) Pages 244 à 246.
(6) Pages 250 à 251.

à des hauteurs inouïes (1). En causant, j'ai fait la découverte des *Barnums scientifiques.*

Él. C'est-à-dire que tu as insulté un des plus grands génies de notre siècle.

Ar. Je te défie de me citer un grand génie insulté par moi.

Él. Hæckel, parbleu !

Ar. Je ne l'ai pas insulté du tout ; j'ai seulement relevé les insultes qu'il a, lui, lancées contre nous autres déistes. Quant à lui, j'ai regretté que ses agissements se rapprochassent, *à son insu*, de ceux que l'on retrouve chez les Barnums. J'ai réduit ses *monères* à la valeur microscopique qu'ils méritent dans la science, et, quant à son athéisme, j'ai démontré que tous ses arguments pèchent par la base et se réduisent, en somme, à des pétitions de principes, comme ceux de Holbach. Ce dernier, c'est votre Ancien Testament ; Hæckel, c'est le Nouveau, l'Évangile, la « bonne nouvelle » des monères et du bathybius.

Él. C'est du persiflage que tout cela.

Ar. Je redeviens sérieux. Je t'ai fait voir que l'attraction moléculaire peut, en certaines circonstances, simuler la vie (2) ; j'ai établi la seule condition indispensable pour que les expériences de génération spontanée aient un caractère sérieux : il faut pour cela que l'on puisse créer des organismes par la chimie inorganique, *directement* (3) et sans aucun secours tiré du monde organique. Quant au *bathybius*, je t'ai montré que c'est de la haute comédie. Enfin, pour ce qui est du darwinisme, indépendamment du nombre incalculable d'arguments qui l'anéantissent, je t'ai fait voir l'escamo-

(1) Pages 261 à 264.
(2) Pages 289 et 290.
(3) Page 293.

tage pratiqué par Hæckel (1), et j'ai fini par exiger la seule preuve admissible de la descendance de l'homme du singe : celle qui consisterait à me montrer un fruit de l'union d'un individu de mon espèce et d'un individu de l'autre ; en un mot, un *anthropopithèque* capable de propagation indéfinie (2).

ÉL. Demander des impossibilités, ce n'est ni discuter ni prouver.

AR. Et proclamer des impossibilités sans les prouver, n'est-ce pas insensé ?

ÉL. Et, avec tout cela, tu ne m'as pas le moins du monde prouvé que Dieu existe !

AR. J'ai renversé tous les arguments sur lesquels tu te fondais pour le nier ; c'est déjà quelque chose. Tous vos arguments ne tendent qu'à prouver que tous les genres de plantes et d'animaux ne proviennent que d'une seule et unique souche. C'est pour nier la création de chaque espèce séparément ; c'est ingénieux, car alors une seule création, celle de votre bathybius par exemple, peut être remplacée par la spontéparité, dont vous affirmez l'existence, sans preuves, comme toujours, mais avec une obstination qui en tient lieu. Mais si chaque espèce est née indépendamment des autres, cette petite rouerie n'est plus possible : *Inde iræ !* Or, de votre propre aveu, la nature ne vous offre pas un seul cas de naissance sans aïeux, ni même un seul cas de transformation d'espèces.

ÉL. Cela viendra.

AR. Quand cela sera venu, nous en causerons. En attendant, non-seulement cela n'est pas venu dans le monde organique, mais le monde inorganique lui-même vous offre des espèces fixes, immuables, intransformables. Crois-tu à la transmutation des métaux ?

(1) Page 301.
(2) Page 305.

Éʟ. Il doit y avoir là aussi quelque chose que nous ne savons pas encore. Nous les appelons simples, parce que nos moyens ne nous permettent pas de les décomposer ; mais il doit y avoir là un élément commun à tous...

Aʀ. Un petit monère métallique, n'est-ce pas ? origine de tous les métaux ? Tu n'en serais pas fâché, dis donc ! Eh bien, vois-tu où te mène ton athéisme ? A l'alchimie tout droit.

Éʟ. Allons donc !

Aʀ. Il n'y a pas un seul des métaux que nous connaissons qui puisse se confondre avec un autre. Chacun a ses propriétés spéciales, et il n'y a pas moyen de dire que l'un soit sorti de l'autre. Ici donc, il y a conformité entre les deux mondes organique et inorganique. Quant à l'origine des métaux, ou, plus généralement, des corps simples, nous autres, nous disons qu'ils ont été créés à part ; vous autres, vous prétendez qu'ils n'ont pas été créés du tout et qu'ils ont existé de tout temps. Or, cette éternité de la matière est aussi inconcevable pour nous que l'est pour vous l'existence de Dieu, laquelle, tu sais, ne peut être imaginée que par une *multitude bornée*, par des *engourdis nébuleux*, des *stupides*... j'oublie les autres aménités dont on nous honore (1). Avec cela que vous démontrez joliment bien votre manière de voir ! Mais, dis donc, qu'est-ce que tu as là-bas, sur cette table, couvert d'un drap ?

Éʟ. C'est un cadavre qu'on vient de m'apporter.

Aʀ. Fais donc voir... Il était bien robuste ce jeune homme-là ?

Éʟ. Comme tu vois. Eh bien ! il n'en a pas moins succombé à une fièvre pernicieuse.

(1) Pages 283 à 286.

Ar. C'est toi qui l'as soigné?

Él. Non pas, mais je l'ai vu à l'hôpital, et comme je m'occupe beaucoup à rechercher la cause des fièvres intermittentes, que j'attribue à des nichées périodiques d'infusoires, je me suis arrangé pour avoir ce sujet-là.

Ar. Tu vas te dépêcher alors de le disséquer?

Él. Pour ce qui est de l'appareil digestif, qui m'intéresse particulièrement, je vais le faire dès demain matin. Le reste ne presse pas; je puis le conserver. Vois-tu, sous ces rayons, cette baignoire couverte? Elle est pleine d'alcool méthylique; il va aller là-dedans.

Ar. Ah! oui, oui... Tu peux empêcher la putréfaction, mais non la mort?

Él. Oh! pour celle-là, non.

Ar. C'est curieux pourtant. Comment expliques-tu cela?

Él. Quoi donc?

Ar. Que tu ne peux pas empêcher la mort, bien que tu puisses conserver le cadavre?

Él. Ah çà! est-ce que cela te paraît nouveau, dis donc?

Ar. Non pas, mais j'en cherche l'explication. Voici un cadavre : comment la vie s'est-elle éteinte chez lui? Prenons un acte essentiel de la vie : la respiration. Pourquoi a-t-elle cessé?

Él. Pour t'expliquer cela, j'aurais à te faire tout un cours de physiologie et de médecine par-dessus le marché. Disons en deux mots, puisqu'en effet l'asphyxie est la fin ordinaire de la plupart des maladies, que la respiration a cessé parce que l'échange nécessaire d'oxygène et d'acide carbonique dans les poumons a été empêché; qu'en un mot le sang veineux n'a pas pu redevenir artériel.

Ar. Cela veut donc dire que certains organes ont refusé leur service?

Él. Mais certainement; il y a pour cela des muscles et des nerfs spéciaux; le cœur reçoit le sang veineux à droite, le pousse dans les poumons, et reçoit ensuite ce même sang, devenu artériel, à gauche; il le pousse alors dans l'aorte, laquelle le distribue partout.

Ar. Très-bien. Maintenant, dis-moi, ce cadavre a-t-il encore ces muscles, ces nerfs, ces poumons, ces veines, ce cœur, ces artères? Diffère-t-il en rien de mon corps ou du tien?

Él. Tout y est, sans doute, mais cela ne fonctionne plus. C'est comme une machine à vapeur en repos: toutes ses parties y sont, mais elles ne marchent pas.

Ar. Il y a donc quelque chose qui manque à ce cadavre; ce quelque chose, peux-tu le trouver, ou au moins l'indiquer? Pourrais-tu, au besoin, conserver ce quelque chose dans une fiole?

Él. (*souriant*). Ah! je vois où tu veux en venir. C'est la vie que tu veux dire. Eh bien, non! la vie ne se met pas dans une fiole. Lis Claude Bernard; attends. (*Il cherche dans un paquet de fascicules.*) Voici un numéro de la *Revue scientifique*. Lis ce passage:

Ar. (*lit*). « Il est facile de voir, dès lors, que la vie « n'est pas un fait; c'est une idée, c'est un être de rai- « son, un substantif sans substance (1)... » Ah çà! j'ai donc la berlue? (*Il se frotte les yeux.*)

Él. Pourquoi la berlue, mon ami? Cette vie, que tu voudrais mettre dans une fiole, n'est autre chose, comme le dit fort bien Claude Bernard, qu'un être de raison; mais lis donc ce qui précède, cela te l'expliquera.

Ar. Cela ne me servirait à rien: je tiens sa conclusion, et elle est fausse.

____

(1) Claude Bernard, cité par le Dr Gustave Le Bon, dans *la Vie*, p. 906. — Paris, chez J. Rothschild, 1874.

ÉL. Tu ne t'inclines pas devant ce nom européen, qui a enrichi la science de tant de découvertes ?

AR. Mon ami, c'est des grands noms que je me méfie le plus, et lorsque, comme ici, un colosse de science me dit que la vie n'est pas un *fait*, j'avoue que je suis frappé de stupéfaction !

ÉL. As-tu une définition meilleure, plus concluante ?

AR. Dis-moi donc, est-ce un *fait* que nous sommes à causer ici ?

ÉL. Sans doute.

AR. Alors nous respirons ?

ÉL. Certainement.

AR. Mais alors nous vivons ? N'est-ce pas là un *fait ?*

ÉL. (*contrarié*). Ce n'est pas ainsi qu'il l'entend.

AR. Comment ! ce n'est pas ainsi ? Non content de dire que la vie n'est pas un *fait*, de peur qu'on ne se méprenne sur son opinion, il ajoute : « C'est une *idée*, c'est un *être* « *de raison*, un *substantif sans substance !* »

ÉL. Mais lis donc le reste !

AR. A quoi bon ? Mais enfin, pour te satisfaire… « Le « corps de l'animal est, en dernière analyse, un échafau- « dage, un agrégat d'éléments histologiques, véritables « organismes, individus protoplasmiques, minuscules, « existant pour leur propre compte, ayant leur figure « propre, leur évolution particulière, leurs propriétés « spéciales, leur façon de vivre et de mourir. Ces êtres « autonomes sont associés et harmonisés comme des mil- « liers de rouages qui concourraient au fonctionnement « d'un mécanisme plus complexe. Le résultat commun « pour lequel sont associés et disciplinés tous ces élé- « ments, l'harmonie qui résulte de leur concert, est ce « que l'on a appelé d'un mot, la *vie*. »

Puis vient le passage qui m'a horripilé, et il ajoute : « C'est l'ordre que nous appelons la vie. Scientifique-

« ment, je le répète, la vie n'est pas un fait, ni un prin-
« cipe, ni une force. Le seul fait réel, c'est l'existence
« de propriétés élémentaires dans les éléments anatomi-
« ques, propriétés qui se superposent et s'arrangent. La
« vie n'est nulle part concentrée, elle est partout répan-
« due, elle réside dans chaque élément organique. »

Eh bien ! je n'en suis pas plus édifié.

ÉL. Il ne te dit pourtant là que ce que je t'ai fait voir
sous le microscope il y a quelques jours (1).

AR. Je n'en disconviens pas, et j'ajoute que je ne me
sens pas autorisé à débattre la première partie de ce que
je viens de lire. Sur la seconde, le logicien peut demander à être entendu. Ainsi, lorsqu'il dit que « le résultat
commun pour lequel sont associés et disciplinés tous ces
éléments » s'appelle la *vie*, je réponds que voilà ton cadavre : il contient toute cette république d'éléments, et
pourtant la vie est partie.

ÉL. C'est qu'il n'y a plus « l'harmonie qui résulte de
leur concert ».

AR. Cela est-il un FAIT pour toi ?

ÉL. Incontestablement ; quelque chose est intervenu
pour rompre ce concert ; aucun remède n'ayant suffi pour
ramener l'harmonie, la mort est survenue.

AR. Alors, pour toi la mort est un FAIT ? Ce cadavre
est bel et bien à l'état de mort ?

ÉL. Oh ! c'est un FAIT.

AR. Alors, si la mort est un FAIT réel, palpable, comment expliques-tu que la vie ne soit pas un FAIT
aussi ?

ÉL. Mais Claude Bernard te l'explique : « c'est l'*ordre*
que nous appelons la *vie*. »

AR. Alors cela se réduit à un combat de mots ? Rayons

______

(1) Voir la page 236.

le mot *vie* du dictionnaire, et donnons-y au mot *ordre* une nouvelle signification. Est-ce là ce qu'il veut dire ?

ÉL. (*hésite*). C'est cela, je pense.

AR. Mais alors l'*ordre* est-il un FAIT ou non ?

ÉL. L'ordre... ?

AR. Si la vie est l'*ordre*, la mort doit être le *désordre ?*

ÉL. Sans doute.

AR. Mais la mort étant un FAIT, chose que tu viens de m'accorder, le *désordre* alors est un FAIT aussi ?

ÉL. Mais... oui...

AR. Alors, si le *désordre* est un FAIT, comment l'*ordre* n'en serait-il pas un ?

ÉL. (*réfléchit*).

AR. Mais nous venons de voir que l'*ordre* signifie la *vie*, donc la vie est un FAIT ?

ÉL. Claude Bernard a voulu ici se servir d'une métaphore.

AR. En science, il n'y a pas de métaphore ; on est précis. Lorsqu'un homme de science a recours à une métaphore, il avoue que le langage direct est impuissant à soutenir sa thèse, il sent que le sol se dérobe sous ses pieds et qu'il dit « la chose qui n'est pas ».

ÉL. Nous ne sommes pas dans ce cas du tout. Il explique sa pensée.

AR. Effectivement ; non content de dire que la vie n'est pas un fait, et de crainte qu'on ne prenne cela pour une métaphore, il ajoute : *C'est une idée, c'est un être de raison, un substantif sans substance !* Toi, mort, tu es un fait ; vivant, tu n'es qu'une idée.

ÉL. (*au désespoir*). Ce n'est pas ça !

AR. A moi maintenant l'explication de cet étrange phénomène. Voici devant nous le roi des physiologistes, l'homme devant qui s'incline toute la science du monde civilisé, l'expérimentateur par excellence, à qui nous devons les plus belles découvertes du siècle, et qui, par d'intenses études, s'est tellement incarné dans son scalpel et dans son microscope, qu'il ne voit pas au delà. Habitué à leur demander avec succès l'explication d'une foule de mystères, il se trouve enfin devant un secret qu'ils sont impuissants à lui révéler. Etonné, interdit, il les interroge encore, et encore... l'oracle, si obéissant jusqu'ici, reste muet. Alors, saisi de désespoir et ne pouvant ou ne voulant avouer l'impuissance de ses fidèles serviteurs, il s'est dit : « Ce qu'ils ne peuvent pas m'expliquer n'existe pas ! » Et alors il a lâché ce mot inconcevable que « la vie n'est pas un FAIT ».

ÉL. Il a pourtant fait une réserve ; il dit : « *Scientifiquement*, la vie n'est pas un fait. »

AR. Que signifie cette réserve ? Y a-t-il une vie scientifique et une vie non scientifique ? Je comprendrais une pareille distinction dans des questions de mots. *Absurde*, par exemple, signifie *insensé* dans la bouche du peuple ; scientifiquement, cela se dit de la coexistence de deux choses dont l'une exclut l'autre. S'agit-il de genres et d'espèces dans l'histoire naturelle ? la plante qu'on appelle populairement *laurier-rose* n'appartient scientifiquement ni au genre ni même à la classe du laurier : c'est un *nérium*. En astronomie, les équinoxes ne reviennent pas scientifiquement à des intervalles égaux, mais pour le vulgaire c'est toujours la même chose. Dans ces sortes de questions, je comprends parfaitement la distinction entre *scientifique* et *non scientifique ;* mais pour ce qui est de la *vie* et de la *mort*, monsieur Claude Bernard, veuillez me permettre de ne pas admettre une distinction pareille.

ÉL. Et pourtant, la mort, dans le sens vulgaire, n'est pas la même chose que la mort dans le sens scientifique.

Ar. Parce que la vie ne s'éteint que graduellement et qu'il en existe encore lorsqu'on ne la reconnaît plus au dehors ; est-ce là ce que tu veux dire ? Cela n'infirme en rien mon argument, qui est celui-ci : la vie est un FAIT, vulgairement et scientifiquement un FAIT, et je te défie de prouver le contraire.

Él. Et pourtant, puisqu'elle ne s'explique pas scientifiquement ?

Ar. Alors cela veut dire que *la science est* IMPUISSANTE *à l'expliquer*, mais le FAIT existe. Autrefois, on ne savait pas expliquer scientifiquement le FAIT que l'eau ne montait pas dans les tuyaux au delà d'une certaine hauteur ; mais a-t-on jamais songé alors à nier ce FAIT ? N'aurait-on pas ri au nez à quiconque fût venu dire aux fontainiers de Florence que c'était « une idée, un être de raison ? » Voilà, mon cher, ce que c'est que la PHILOSOPHIE ABSOLUE : elle vous prend par la gorge et ne veut que des FAITS ; mais lorsqu'elle tient un FAIT, elle ne se le laisse pas voler.

Él. (*au désespoir*). Nous saurons un jour faire l'albumine, et alors...

Ar. Alors la vie ne sera plus un FAIT ?

Él. Nous saurons l'expliquer, au moins.

Ar. Vous ne saurez *pas* l'expliquer. La chimie a, jusqu'ici, fait des prodiges en synthèse. Wœhler a composé l'urée ; Pelouze, l'acide formique ; Kolbe, l'acide acétique ; Berthelot, les carbures d'hydrogène, les alcools, les corps gras. Eh bien ! on en est encore là. On peut fabriquer les corps ternaires, *pourvu, toutefois, qu'ils ne soient pas organisés*. Je n'ai pas à t'expliquer la différence, l'abîme qui existe entre les corps *organiques* et les corps *organisés*. Quant aux premiers, vous savez en faire un grand nombre ; seulement, la nature vous défie de les faire par les moyens impénétrables qu'elle emploie. Mais quant aux seconds, vous ne savez pas faire la plus petite parcelle de tissu cellulaire, bien que vous ayez tourné et retourné la cellulose de toutes les façons. C'est la *vie*, la *vie* seule, cette *idée*, cet *être de raison*, qui s'arroge le monopole de cette fabrication. Mais fi donc! la vie n'est pas un *fait*, *ni un principe*, *ni* même *une force!*

ÉL. On y arrivera, pourtant, à briser ce monopole.

AR. Puisque tu as sur la table les *Comptes rendus* de cette semaine, je vais te faire voir les chances que tu as de le briser. Voici ce que te dit M. Pasteur :

L'univers est un ensemble dissymétrique, et je suis persuadé que la vie, telle qu'elle se manifeste à nous, est fonction de la dissymétrie de l'univers ou des conséquences qu'elle entraîne.... Jamais un rayon lumineux ne frappe en ligne droite et au repos la feuille où la vie végétale crée la matière organique.... De tout ce qui précède, je crois pouvoir déduire qu'on ne parviendra à franchir la barrière qu'établit, entre les deux règnes minéral et organique, l'*impossibilité* de produire par nos réactions de laboratoire des substances organiques dissymétriques, que si l'on arrive à introduire dans ces réactions des influences d'ordre dissymétrique (1).

Eh bien! mon garçon, c'est dire tout simplement ce que je t'ai soutenu jusqu'ici : tu ne peux faire l'*organisé* que par l'*organisé*. Du monde minéral au monde organisé la transition est IMPOSSIBLE. Prends-en ton parti. Tu feras un jour peut-être l'albumine, mais elle sera morte : la VIE, tu ne pourras jamais la lui donner.

ÉL. Mais alors, qu'est-elle donc la vie, selon toi?

AR. La vie? c'est l'AME, cette âme que vous niez parce qu'elle échappe à vos scalpels, à vos microscopes, à vos cornues!

ÉL. Alors, dis-moi au moins ce qu'elle est, cette âme?

(1) *Comptes rendus de l'Académie des sciences*, 1er juin 1874, page 1517.

Ar. Tout ce que je puis te dire là-dessus, c'est qu'elle est immatérielle, parce qu'elle échappe à tous nos instruments, à tous nos appareils, à tous nos réactifs. Cela seul est un FAIT, un FAIT réel, palpable, et, comme tel, il est du domaine de la PHILOSOPHIE ABSOLUE.

Él. Où prends-tu que ce soit un fait palpable ?

Ar. Sais-tu expliquer la vie autrement que par l'âme ?

Él. Parbleu ! il y a différents systèmes. Descartes, par exemple, ne regarde la vie que comme le mouvement.

Ar. En mécanique, tout mouvement suppose une force. Descartes l'a-t-il trouvée, cette force ?

Él. Ce n'est pas l'âme toujours, car celle-ci n'est, selon lui, occupée qu'à penser : *Cogito, ergo sum.*

Ar. C'est précisément là son erreur, d'avoir voulu séparer la pensée du mouvement. Si tu prends un livre, tu fais un mouvement, mais celui-ci résulte d'une *force :* cette force, c'est la pensée qui t'est venue de prendre le livre ; cette pensée vient de l'âme : c'est donc elle qui est la force d'où résulte le mouvement, manifestation de la vie. Il est impossible de séparer ces deux choses : *vie* et *âme.*

Él. Je ne suis pas cartésien, du reste, tant s'en faut. Je suis plutôt de l'école de Sylvius, qui attribue tout phénomène vital à des réactions chimiques.

Ar. Sais-tu faire la vie, alors, par la chimie ?

Él. Ce n'est pas une raison.

Ar. Comment ! ce n'est pas une raison ? Je ne te demande pas même de me faire du tissu cellulaire : le voici tout fait. Voici ton cadavre : rien ne lui manque. Allons, vite, prends tes flacons et donne-lui la vie.

Él. (*haussant les épaules*). C'est absurde !

Ar. Ce qui est absurde, c'est de croire que la vie soit

un produit de la chimie. Bichat, au moins, a reconnu aux organismes un principe vital, mais c'est toujours tourner autour du pot, car ce principe, quoi que tu fasses, est toujours insaisissable, donc il est immatériel, et c'est justement là ce que j'appelle l'*âme*. Quant à Barthez, qui veut que ce principe soit différent de l'âme, j'en attends la démonstration.

ÉL. Delioux de Savignac appelle la vie une force inhérente à la matière.

AR. Ce qui fait que la mort réduit au néant tout l'organisme. Or, regarde ton cadavre et vois s'il a encore ses organes. Tu veux même les dépécer.

ÉL. Bref, tu es aristotélien.

AR. Aristote n'était pas un sot, mais je ne suis pas absolument de son avis. Il veut, lui, que le principe vital soit une émanation de l'âme, et moi, je dis que c'est l'âme tout court. Peux-tu me prouver le contraire?

ÉL. Peux-tu, à ton tour, me démontrer l'affirmative?

AR. Je viens de le faire en te parlant du livre. Tu le prends poussé par une pensée; or, cette pensée est une action de l'âme, puisqu'aucun organe n'est capable de penser.

ÉL. Si, le cerveau!

AR. Voilà un cerveau; pense-t-il?

ÉL. Il est mort, parbleu!

AR. Eh bien! justement, triple sophiste que tu es! Il lui manque quelque chose : *il ne pense pas tout seul!* Ce qui lui manque, c'est l'AME.

ÉL. (*après une pause*). Quelles sont tes idées sur l'âme? Est-ce l'être pensant?

AR. Précisément. L'âme étant immatérielle comme Dieu, elle émane de lui.

ÉL. Est-elle immortelle, éternelle comme lui?

Ar. Je ne sais. C'est là une question de foi religieuse, que j'ai toujours exclue du débat.

Él. Quand on soutient qu'une chose existe, il faudrait au moins pouvoir en fixer les caractères.

Ar. Pour vous autres qui prétendez tout démontrer (et qui, nous l'avons vu, ne démontrez rien), cela peut être nécessaire. Mais nous, nous avouons franchement notre ignorance sur certains points, nous sommes les premiers à dire qu'il existe des mystères insondables, et, par cette sage réserve, nous évitons de tomber dans la folie de soutenir que la vie n'est *ni un fait, ni un principe, ni une force.*

Él. La vie donc, selon toi, c'est l'âme. Alors les animaux ont une âme, le plus petit vermisseau a une âme ?

Ar. Sans aucun doute.

Él. Ah ! alors le plus petit vermisseau pense ?

Ar. Indubitablement. L'âme, l'élément pensant, a besoin d'une machine pour manifester ou réaliser ses pensées. Si cette machine est d'une perfection semblable à celle de l'homme, l'âme se manifeste avec toute la vigueur qui fait la supériorité de notre espèce. Plus, au contraire, la machine est imparfaite, plus les manifestations de l'âme sont limitées, jusqu'à tomber au niveau du plus grossier instinct (1). L'âme du vermisseau est virtuellement égale à celle de l'homme ; seulement, emprisonnée dans une machine privée d'organes suffisants, elle est partiellement paralysée dans ses manifestations.

Él. (*riant aux éclats*). Ah çà ! tu passes à l'état de fakir ! Tu n'écraserais pas une chenille, de peur d'anéantir un de tes parents.

____
(1) Comparez les pages 212 et 213.

Ar. (*froidement*). Le fakir a tort, à son point de vue même, s'il n'écrase pas la chenille ; car il doit supposer que si son parent se trouve emprisonné dans ce corps, c'est par punition pour ses péchés, et que ce sera lui rendre service que d'écraser son enveloppe temporaire, puisque l'âme, mise en liberté par là, pourra obtenir de la miséricorde de Bouddha, neuvième avatâra de Vichnou, une demeure plus agréable et une nouvelle étape vers le *nirvana.*

Él. Diable ! tu es bien versé dans la matière.

Ar. Je t'ai démontré l'existence de Dieu et celle de l'âme ; tu n'as pas pu me réfuter ces deux points-là. Je t'ai, en même temps, exposé ma croyance, non démontrée celle-là, mais fort logique, que l'âme est une émanation de Dieu. Quant au reste, nous en savons aussi peu que vous en savez, vous autres, sur une foule de choses en astronomie, en géologie, en physique, en chimie. A partir du point où je m'arrête, c'est à la foi, à la révélation, à la tradition de décider. C'est de ces éléments que sortent les différentes religions, sur lesquelles je n'ai pas à me prononcer. S'il y a un bon et un mauvais principe, comme le veulent toutes les religions, excepté le bouddhisme ; s'il y a paradis, purgatoire et enfer, ou si l'un de ces éléments manque , ou bien s'il y a métempsycose ou *nirvana,* tout cela est hors de mon domaine. Ce que je t'ai prouvé, démontré sans réplique possible, c'est qu'il y a un Dieu supérieur à ta science, et une âme sans laquelle cette science te manquerait. Y crois-tu, maintenant?

Él. Non, morbleu !

Ar. Ne l'oublie pas ; maintenant ton athéisme est sorti du domaine des FAITS, et il est tombé à l'état de simple *croyance.* Or, des *croyances* tu n'en veux pas.

Él. Croyance pour croyance, j'aime mieux la mienne.

Ar. Alors c'est toi qui deviens fakir. Ce n'est plus la peine de discuter. Tu es comme les républicains, qui ne se rendent pas à l'évidence.

Él. En effet, je suis républicain.

Ar. Cela ne m'étonne pas. Nous restons amis, mais sans communauté d'idées. Adieu.

Él. Tu viendras me voir tout de même, n'est-ce pas?

Ar. Parfaitement : sans adieu, alors.

CHAPITRE XXXIII

La science. — Projet de loi sur les cultes.

Et voilà comme ils sont. Vous aurez beau leur apporter les arguments les plus concluants, ils n'en démordront pas. Quand j'ai imaginé mon Éleuthère, je ne savais pas encore qu'il était incarné dans un grand homme dont je ne parlerai jamais qu'avec respect.

Mais cette science qu'on invoque pour détrôner Dieu, est-elle donc toujours infaillible? Il est permis d'en douter.

M. Babinet a appelé les comètes des *riens visibles.* Le mot est joli, et il a fait fortune. Mais si les comètes sont des *riens,* comment se fait-il qu'elles marchent d'après les lois de la gravitation universelle? Répondez !

Autre question. Pour Newton, pour tous les physiciens jusqu'en 1830 environ, et même pour feu le Dr Brewster, avec qui j'ai eu l'honneur de converser à Édimbourg en 1866, la lumière était un corps lancé au loin par une source quelconque : c'est ce que l'on appelle la théorie *corpusculaire* ou de *l'émission,* et elle explique tout. Mais Huyghens et après lui Young et Fresnel ont si bien embrouillé un fait aussi clair, qu'aujourd'hui on ne veut plus entendre parler que d'un éther lumineux, qui *adhuc desideratur*, et qui est censé posséder des propriétés contradictoires entre elles. Les *vibrations* de cet éther seraient la cause de ce que nous appelons la lumière. Tout est vibration aujourd'hui, même la pesanteur (1). Mais on défend l'éther *unguibus et rostro*, on excommunie ceux qui ne l'acceptent pas, bien que cet éther soit introuvable, et malgré les propriétés impossibles qu'on lui prête. Et voilà la science, qui aspire à s'asseoir sur le trône de Dieu !

Selon les géologues, la terre n'était à l'origine qu'une goutte de matière incandescente. Par un refroidissement graduel, elle s'est trouvée encaissée dans une écorce d'une épaisseur de 50 à 500 kilomètres, — on ne sait pas au juste. Mais au centre de la terre s'agite encore une mer de matière en fusion ; la preuve, c'est que les volcans, véritables soupapes de sûreté, vomissent encore de la lave, et qu'à mesure que nous descendons dans les entrailles de la terre, la température augmente en raison d'un degré par 30 mètres ; de sorte qu'à une profondeur de 3,000 mètres on devrait trouver la température de l'eau bouillante.

Sait-on sur quoi se fonde ce beau calcul ? Sur des expériences faites dans les mines, dont pas une n'atteint une profondeur même de 1,000 mètres. Veut-on savoir maintenant quelle température a obtenue, sous une latitude N. de 25°, dans l'Atlantique, le *Challenger*, à

---

(1) Voir, dans les *Comptes rendus de l'Académie des sciences* du 23 mars 1863, pages 530 à 533, l'étonnant article de MM. F. A. E. et Em. Keller. J'ai, pour ma part, réfuté populairement la théorie de l'éther lumineux dans la *Revue contemporaine* de 1863 (2ᵉ sér., vol. XXXII, pages 805 et suiv.). Je suis tout étonné de me trouver d'accord en ceci avec Auguste Comte, et non moins étonné de voir qu'un savant, M. E. Martin, a récemment osé soutenir l'hérésie corpusculaire devant l'Académie des sciences (*Comptes rendus* du 11 mai 1874, page 1356).

3,000 mètres, où l'eau devrait bouillir ? *Deux degrés et demi !!* En a-t-il fallu de l'eau polaire, presque sous les tropiques, pour neutraliser à ce point la chaleur centrale (1) !

Et voilà la science ! Et si j'avais le temps et l'espace, j'en trouverais bien d'autres.

Je l'ai dit et je le répète : Sans religion il n'y a pas de patrie.

Car la patrie c'est l'Union ;

L'Union fait la Force ;

Or, il n'y a pas de force sans discipline,

Et la Religion, c'est la discipline de l'Esprit.

Dès lors, l'effet de la Grande Révolution, idole des partis extrêmes, a été de saper les bases du sentiment patriotique.

Quelle patrie peut-il y avoir pour celui qui croit n'être autre chose que chair et os ?

De quel droit exigeriez-vous du soldat qu'il allât se faire tuer sur le champ de bataille, si vous lui ôtez la croyance en une vie future ?

Pour détruire les quelques insectes qui infestaient ce grand arbre de la vie nationale, les philosophes du XVIII° siècle n'ont rien trouvé de mieux que d'abattre l'arbre tout entier.

L'exclusivisme en matière de religion avait fait murmurer.

Pour faire cesser les murmures, il suffisait d'ouvrir à deux battants les portes à tous ceux qui croyaient en Dieu. C'était trop simple. Mieux valait abattre Dieu, et on l'a abattu.

---

(1) Voir *Petermann's Mittheilungen*, Gotha, Justus Perthes ; XIX° vol., 1873, page 469. J'ai réfuté le reste de cette étrange théorie dans la *Revue contemporaine* de 1862, 2° série, vol. XXV, pages 406 et suiv.

Napoléon Ier reconnut le mal et y trouva le remède. Il rétablit le culte, mais il ne pouvait tout faire.

La Révolution avait, pour mieux détruire tout sentiment religieux, livré les actes de naissance, de mariage et de décès entre les mains de l'autorité civile. L'habitude de ce matérialisme s'était formée ; on était encore trop près des grands bouleversements : Napoléon jugea à propos de laisser faire.

S'il avait **vu**, comme nous, les enterrements civils servir de scandale politique, il y aurait mis bon ordre.

Le mal n'est pas sans remède, car la masse des Français est encore religieuse, et le nombre de ceux qui aiment à braver l'indignation publique est encore minime ; mais il importe d'y mettre un terme.

Il faut chercher à concilier les droits de l'autorité civile avec le respect dû au culte.

Il faut aussi imposer silence aux faux savants qui, dénaturant les enseignements de la science, veulent, du haut de leurs chaires, en faire un instrument de propagande anti-religieuse.

Il faut, en un mot, replanter l'arbre que la Révolution a déraciné.

C'est dans ce but que je me suis appliqué à rédiger le projet de loi suivant, dont certaines dispositions pourront paraître bizarres, mais dont aucune n'est illogique. Rendre obligatoires les pratiques religieuses qu'on s'efforce de faire disparaître, mettre en demeure le faux savant de se faire Dieu ou de subir la peine de sa présomption, voilà les vrais moyens d'arrêter l'athéisme, tout en respectant la liberté de conscience dans ce qu'elle a de légitime.

PROJET DE LOI SUR LES CULTES EN FRANCE

Titre Ier

Des cultes reconnus et des cultes tolérés.

Art. 1. La France reconnaît ou tolère toutes les croyances religieuses ayant pour base un Dieu immatériel et une âme également immatérielle.

Art. 2. Les cultes reconnus sont ceux dont les ministres sont rétribués par l'État. Ce sont les cultes catholique, calviniste, luthérien, israélite.

Art. 3. Les cultes tolérés sont ceux dont l'exercice est autorisé, mais dont les ministres, bien qu'agréés et toujours révocables par le gouvernement, ne sont pas rétribués par l'État.

Art. 4. En Algérie, l'islamisme est un culte reconnu; en France, il est toléré dans les localités (1) agréées par le gouvernement.

Art. 5. Les autres cultes tolérés sont ceux qui, établis chez les nations étrangères, ont obtenu une autorisation du ministre des cultes, sur l'instance d'un agent diplomatique accrédité auprès du gouvernement français.

Art. 6. Nul ne peut exercer le sacerdoce d'un culte toléré s'il n'est agréé par le ministre des cultes.

Titre II

De l'athéisme.

Art. 7. La loi appelle *athéisme* la négation de l'existence ou de l'immatérialité de Dieu et de l'âme, ou de l'un ou de l'autre de ces Etres.

(1) Les ports de mer de la Méditerranée, par exemple.

Art. 8. L'athéisme publiquement professé, sous une forme quelconque, constitue un délit du ressort des tribunaux correctionnels.

Titre III

Des actes de naissance.

Art. 9. La naissance d'un enfant doit être déclarée dans les vingt-quatre heures, par la personne indiquée à l'article 56 du Code civil, au ministre du culte auquel appartient la famille au sein de laquelle a eu lieu la naissance.

Art. 10. Le ministre du culte en question donne immédiatement acte par écrit de cette déclaration. Le certificat ainsi obtenu est aussitôt porté par le déclarant à la mairie, qui en donne récépissé. Si l'enfant n'est pas présenté à la mairie, les formalités civiles prescrites par la loi peuvent avoir lieu à domicile.

Art. 11. La cérémonie religieuse relative à la naissance doit avoir lieu, au plus tard, huit jours après la déclaration, à moins d'obstacle légitime. Elle peut se faire au lieu du culte, ou au domicile des parents, par le ministre compétent.

Art. 12. Le certificat dudit ministre, constatant l'exécution de la cérémonie religieuse et les nom et prénoms de l'enfant, est signé par les parents ou par deux témoins. Il est immédiatement porté à la mairie pour y être enregistré. Celle-ci délivre alors l'acte de naissance, dans lequel l'accomplissement de la cérémonie religieuse est spécialement mentionné.

Art. 13. Le registre des naissances tenu à la mairie doit constater, outre les noms et prénoms des parents, leur profession, leur culte, les nom et prénoms de l'enfant, et ceux du ministre du culte qui a célébré la cérémonie.

Titre IV

Des actes de mariage.

Art. 14. Les personnes autorisées à se marier selon la loi française devront remplir les formalités préliminaires à la mairie, laquelle leur délivrera un certificat constatant la régularité des papiers présentés et l'époque où commencera la publication des bans à la mairie.

Art. 15. Les parties déposent le certificat de la mairie au lieu de leur culte, contre récépissé du ministre, lequel fait publier les bans en même temps.

Art. 16. La cérémonie religieuse est célébrée au lieu du culte des parties, après expiration des délais légaux, s'il n'y a pas opposition.

Art. 17. Le ministre du culte délivre devant témoins un certificat à souche constatant la célébration religieuse du mariage.

Art. 18. Ce certificat est enregistré à la mairie et échangé contre un acte de mariage dans les formes prescrites par la loi, et où il est spécialement fait mention de la cérémonie religieuse.

Art. 19. Dans les cas de mariages entre Français et étrangers, le certificat obtenu par ces derniers du représentant diplomatique de leur nation respective, constatant qu'ils sont libres de se marier selon les lois de leur pays, tient lieu de tout document exigé par la loi française.

Titre V

Des actes de décès.

Art. 20. L'officier de l'état civil chargé, aux termes du livre Ier, titre 2e, chapitre IV, du Code civil, de dresser l'acte de décès, devra se faire représenter un certificat du ministre du culte auquel appartenait le décédé, déclarant qu'avis du décès a été reçu au lieu du culte et que l'inhumation sera accompagnée du service religieux d'usage.

Art. 21. Il sera fait mention expresse de ce certificat dans l'acte de décès.

Art. 22. A cet effet, toute personne reçue dans un hôpital ou lieu de détention devra, en entrant, déclarer le culte auquel elle appartient. Les passeports délivrés par le gouvernement français doivent également contenir la mention du culte auquel appartient le porteur, sur sa propre déclaration.

Art. 23. Tout enterrement purement civil avec apparat mortuaire public est interdit. Dans les cas douteux, la mairie désigne d'office un ministre du culte présumé.

Art. 24. Lorsque le moribond s'est déclaré athée ou a fait par écrit une disposition annonçant son désir d'être enterré civilement, le cadavre est enlevé nuitamment, à une heure non indiquée d'avance, et dans une charrette ordinaire, par ordre émanant de la mairie. Tout accompagnement du corps par la famille ou par les amis du défunt est interdit. L'inhumation a lieu dans un endroit secrètement désigné par l'autorité civile, et la fosse ne doit être marquée d'aucun signe visible. Il est défendu à la presse publique d'en parler. Les frais de l'inhumation et des mesures de sûreté prises par la police sont à la charge de la famille du défunt.

Art. 25. La famille a le droit d'annuler la volonté du défunt en ce qui concerne l'enterrement civil, et de réclamer l'inhumation religieuse.

Titre VI

Constatation du culte.

Art. 26. Dans le cas de mariage entre personnes du même culte, les descendants qui n'ont pas quitté la maison paternelle sont censés suivre le culte de leurs parents, à moins de déclaration contraire attestée par la mairie.

Art. 27. Dans tous les cas de mariage mixte, et à moins de conventions contraires entre les parties, et déclarées à la mairie, les garçons sont censés suivre la religion du père, les filles celle de la mère.

Art. 28. La personne majeure qui désirerait changer de culte en fera la déclaration à la mairie, qui lui en délivrera une attestation.

Titre VII

Dispositions pénales.

Art. 29. Si le délit d'athéisme a été commis par la voie de la parole dans un lieu public, ou par la voie de la presse, sans avoir été suivi d'autres faits criminels, le coupable sera condamné à la perte de la qualité de Français. Dans ce cas, le ministre de la justice pourra, à un moment quelconque, lui intimer de quitter la France et ses colonies.

Cette intimation est de rigueur dans le cas d'un étranger non domicilié en France.

Art. 30. Si le délit a été suivi de manifestations bruyantes ou hostiles à l'ordre établi, la peine pourra être aggravée d'un emprisonnement de quinze jours à un an, et d'une amende de quinze à deux cents francs.

Art. 31. Si un professeur public de sciences physiques, de chimie, de physiologie, ou en général de sciences naturelles quelconques, enseigne en chaire l'athéisme, en appuyant cet enseignement de faits empruntés aux sciences, la peine que prononcera contre lui le tribunal correctionnel sera celle de deux années de prison.

ART. 32. Dans tous les cas précités, il y a lieu à l'appel et à la prescription selon les dispositions du Code d'instruction criminelle.

ART. 33. Si le professeur dont il est question à l'article 31 est condamné en appel, il peut, à la dernière audience, se déclarer prêt à créer un être vivant sans autre secours que la chimie minérale et la physique.

ART. 34. Le tribunal prend acte de la déclaration et la transmet au ministre de l'instruction publique, en ordonnant l'arrestation provisoire de l'inculpé, ou sa mise en liberté sous caution.

ART. 35. Le ministre de l'instruction publique nomme aussitôt une commission pour surveiller les opérations de l'inculpé, lequel est alors enfermé dans un local muni d'un ample laboratoire de chimie et de physique. Toute communication avec le dehors lui est interdite, autrement que par l'intermédiaire de la commission.

ART. 36. Celle-ci lui fournira tous les corps simples de la chimie, tous les acides minéraux dont il pourra avoir besoin, l'eau distillée, les composés minéraux qu'il voudra demander, le combustible et le gaz d'éclairage. La commission est chargée de prendre toutes les précautions nécessaires pour déjouer les supercheries qui pourraient être tentées.

ART. 37. L'être vivant que le ministre lui prescrira de créer devra être d'un volume assez grand pour qu'il ne puisse pas être introduit frauduleusement dans le laboratoire, lequel devra être tous les soirs scellé par la commission.

Art. 38. Il est accordé au prévenu deux mois pour son opération. Chaque mois qu'il demandera en plus augmentera d'une année le terme de son emprisonnement en cas de non-réussite.

Art. 39. S'il parvient à créer avec ces seules ressources l'être vivant demandé, non-seulement il sera acquitté, mais l'État lui accordera une indemnité de dix millions de francs. Dans le cas contraire, il subira sa peine, laquelle sera doublée en cas de fraude.

Art. 40. Tout officier de l'état civil qui aura refusé ou négligé d'enregistrer le culte des parties intéressées dans les actes de naissance, de mariage ou de décès, est passible pour chaque omission d'une amende de cinq cents francs.

Art. 41. La même amende sera encourue par le ministre d'un culte reconnu ou toléré, si, étant requis, il refuse son concours pour la cérémonie religieuse demandée.

Art. 42. Pareille amende est encourue par la personne ou par la famille qui tenterait de se soustraire aux dispositions de la présente loi.

Titre VIII

Dispositions transitoires.

Art. 43. Aussitôt après la promulgation de la présente loi, il sera ouvert, dans toutes les mairies de la France et des colonies, des registres où devront être consignées les déclarations du culte que devront faire les habitants.

Art. 44. Le père de famille, ou, à son défaut, la personne agissant en cette qualité, fait la déclaration au nom de tous les membres de la famille vivant en commun.

Art. 45. Les domestiques, valets, servantes, etc., feront la déclaration séparément.

Art. 46. Tout majeur, vivant seul, fera sa déclaration séparément.

Art. 47. Si les membres d'une même famille appartiennent à des cultes différents, ils peuvent faire des déclarations à part.

Art. 48. Les déclarations ainsi recueillies restent valables tant qu'elles ne sont pas révoquées par une nouvelle déclaration.

Art. 49. Les registres seront clos à l'expiration de quatre mois.

Pour chaque déclaration individuelle ou collective, aux termes de l'article 43, il sera perçu un droit d'un décime pendant le premier mois, de quatre fois cette somme pendant le deuxième, de seize fois la même somme pendant le troisième, et de trente-deux fois la même somme pendant le quatrième.

Les déclarations pourront se faire par lettre chargée contenant la somme due en timbres de l'État.

Art. 50. Dès que les registres sont clos, les personnes qui ne se seraient pas présentées seront soumises à une amende de 25 francs, plus les frais de poursuite.

Art. 51. Toute déclaration ayant pour but d'annuler une déclaration déjà faite, afin de substituer un culte à un autre, est taxée à cinq francs.

Art. 52. Les sommes ainsi recueillies sont destinées à couvrir les frais de l'opération. S'il y a un excédant, il est versé dans la caisse de l'Assistance publique.

TABLE DES MATIÈRES

I. SECTION ADMINISTRATIVE

II. SECTION PHILOSOPHIQUE.

Paris. — Imp. Gauthier-Villars, 55, quai des Grands-Augustins.

OUVRAGES DU MÊME AUTEUR

De l'Enseignement secondaire en Angleterre et en Écosse, rapport adressé au Ministre de l'Instruction publique, par MM. Demogeot et Montucci. Paris, chez Hachette, 1868. Un vol. gr. in-8º. Prix...................................... 12 fr.

De l'Enseignement supérieur en Angleterre et en Écosse, rapport adressé au Ministre de l'Instruction publique, par MM. Demogeot et Montucci. Paris, chez Hachette, 1870. Un vol. gr. in-8º. Prix...................................... 12 fr.

Résolution numérique complète des Équations du cinquième degré, *et abaissement des Équations trinômes de tous les degrés.* Paris, chez Delagrave et Cⁱᵉ, 1869. Brochure grand in-8o, par M. Montucci. Prix........................ 1 fr. 50

Voir les Conférences de l'auteur sur la Philosophie absolue, ou *Identité des Lois physiques et des Lois sociales*, dans les livraisons de juillet et août 1870 de la Revue populaire de Paris.

Paris. — Imp. Gauthier-Villars, quai des Grands-Augustins, 55. — 2782-74.